大学論を組み替える

新たな議論のために

広田照幸 著
Teruyuki Hirota

名古屋大学出版会

大学論を組み替える　目　次

III　大学の分野別教育の質保証をめぐって

はじめに

一九九一年の大学設置基準の大綱化以来、日本の大学はとめどない改革の波にさらされてきている。改革論や実際の改革の中には、現場の一大学教員の目から見て、おかしなものが少なくない。この大学改革の流れをどう考えたらよいのか――これが本書の中心的な問いである。

大学について考えてみようと思って文献を探すと、これまた一九九〇年代半ばごろから爆発的な増加が始まり、近年は山のように出されていることがわかる。しかし、そこには何かが足りないような思いを感じてきた。

データベースで文献を探していくと、主に三種類の文献があることがわかる。第一に、大学教育の特定の科目の担当教員が書いた、授業の改善を扱ったものである。分析も考察もない実践レポートのようなものから、きちんとした考察を含んだものまで多種多様である。これらは共通して、「どうすればうまくいくのか」「どうすれば効果があるのか」という技術論的関心で書かれている。個別の科目の教育の改善には資すると思うけれども、大学改革の流れをとらえ直したいという関心には答えてくれない。

第二に、大学改革の動向に関するものである。中央の政策動向をいち早く解説するものから、「うちの大学（ないしは学部）ではこんなことをした」といった報告書のようなものまで、これまた多種多様である。最新の政策動向についての情報は有益だし、個別の事例は自分のところの改革への対応に関してヒントになりそうな有益な情報を提供してくれる。しかしやはり、それらは大学改革の流れ自体を問い直すようなものではない。

第三に、高等教育研究者による研究論文や研究書である。これは、近年の政策動向に注意を払いながら書かれたもので、次の三種類があるように思われる。一つ目は、海外での高等教育改革の動向や海外の高等教育の実態を調査して、そこから日本の大学改革への示唆を得ようとするものである。二つ目は、日本の大学を対象にした調査を行い、改革の必要性を主張したり、改革の成果（あるいはその失敗）を実証的に明らかにしたりしようとするものである。三つ目は、政策の決定過程や実施過程を実証的に考察して、どういうメカニズムや論理が存在しているのかを探ろうとする研究である。

本来ならば、この高等教育研究者による研究が大学改革の流れ自体を学問的な吟味にかけてくれるはずなのだろうが、残念ながらそういう視野をもった研究は必ずしも多くない。

羽田貴史は、「高等教育研究で流布される言説」を次のように痛烈に批判している（羽田 二〇一九、二九八〜二九九頁）。「まず最初に、「現在のトレンド（動向）がこうだ」と語られる……。次に、それは、「いいか悪いかは別としても避けられない」と断定する……。／そして、「日本では対応するためにこれが必要だ」と主張する……」。要するに、なしくずしの政策追随である。それが学問の論理として大きな問題があるのは、羽田が指摘する通りだと私も思う。高等教育研究者はたくさんの実証研究を進めてくれていて参考になることも多いのだが、その議論の大半は、現在の大学改革の流れの性格を根本的なところから問い直してみようという関心が欠けているのである。

結局のところ、実証研究も山ほどなされているし、現場での実践的努力もおびただしく積み上げられてきている。では何が足りないのか。私に言わせると、「大学とは何か／大学は何をなすべきか／大学は何をなすべきでないのか」といった点をめぐる大学論が足りないのではないかと思う。大学に関する理想や価値や規範をめぐる議論である。

「その改革は有害だ」ときっぱり言うためには、大学に関する明確な規範論が必要である。しかし、大学に関する理想や価値や規範についての考え方が高等教育研究者や大学人の側で不明確になってきている。だから、改革を批判する論理を十分に構築できないでいるのではないだろうか。

また、大学改革をめぐる議論は、ややもすると「これまでの大学／改革による新たな事態」という単純な二分法でなされがちなのだが、大学に関する明確な規範論が構築できていないため、その単純さを批判できないでいるのではないか。もしくは、高等教育研究者も大学人もその二分法の枠組みにとらわれてしまっているから、与えられた改革プランをそのまま鵜呑みにするか、あるいは「足して二で割る」以上の発想をもちえていないのではないか。つまり、「これまでの大学／今提示されている改革案」という単純な二分法で大学が語られてしまうから、「いいか悪いかは別としても避けられない」という思考の枠組みから抜け出せない、ということである。

本来ならば、われわれは、過去の大学に戻るのではなく、同時に、今の目の前の改革（案）を無批判に受け容れてしまうのでもなく、それらとは違う形で、もっといい大学を作り出せるはずではないのか。「AかBか」ではなくて、それらとは違うCやDを思い描く想像力である。そうした想像力をもつためには、「大学とは何か／大学は何をなすべきか／大学は何をなすべきでないのか」という大学論の次元の議論こそ、今もっとなされるべきではないだろうか。

もちろん、そういう主題で書かれた優れた大学論がこれまでにもなかったわけではない。たとえば、猪木武徳（二〇〇九）は、目配りよくバランスのとれた大学論を展開してくれている。また山口裕之（二〇一七）は、大学と社会との関係を根本から見つめ直すのに有用な議論をしてくれている。吉見俊哉（二〇一一、二〇一六）は、希望や夢を抱いて大学を語り直すために示唆的な議論をしてくれている。若手が集まって大学改革の現状を批判的にとらえ直した藤本夕衣他編（二〇一七）も刺激的で興味深い。本書もまた私なりの大学論を示そうと思うのだが、大学教育、評価、学問の自由など、個別のトピックに焦点を当てた議論を通して大学論を考えていっている点に特色があるかもしれない。

以上のような問題意識から、私は本書の書名を「大学論を組み替える」とした。高等教育研究者の方々には、何をなぜ実証的に研究するべきかという点で、新しいことを考え出していくヒントになるものがあれば、と思っている。また、大学の現場にいる人たちには、たくさんの改革（案）が降ってくる中で、何を守り何を見直していけばよいのかを考えるための材料を提示できれば、と思う。また、大学改革の政策論議に関わる人には、よい改革論とダメな改革論との区別を考えてもらうための問題提起として読んでいただければ、と思う。

文　献

猪木武徳　二〇〇九『大学の反省』ＮＴＴ出版。
羽田貴史　二〇一九『大学の組織とガバナンス』東信堂。

藤本夕衣他編 二〇一七『反「大学改革」論――若手からの問題提起』ナカニシヤ出版。
山口裕之 二〇一七『「大学改革」という病――学問の自由・財政基盤・競争主義から検証する』明石書店。
吉見俊哉 二〇一一『大学とは何か』岩波新書。
吉見俊哉 二〇一六『「文系学部廃止」の衝撃』集英社新書。

I
総　論

第1章　日本の大学とグローバリゼーション

はじめに

グローバリゼーションが進む中で、日本の大学政策では、ネオリベラルなイデオロギーを背景にもつ政策アイデアの大規模な借用が進んでいる。潮木守一（二〇〇八、二三三～二三四頁）は、「フンボルト理念は終わった」と主張する中央教育審議会の委員の発言を拾っているが、それは、借用する新たな政策によって、日本の大学の原理を根本から作りかえようとする発言である。だが、その主張自体がこれまでの理念を無効化させようとするイデオロギー的なものであるとすると、どうだろうか。本章では、グローバリゼーションをどう考えるかという点から話をはじめ、教育研究の「質」という観点からこれまでの日本の大学のあり方をとらえ直し、そこから、近年の改革の危うさとこれから必要なことについて考えてみたい。

1　グローバリゼーションの衝撃

（1）「国際化」とグローバリゼーション

近代国家の庇護を受けた近代大学の登場とともに自国内で相対的に完結してきた、旧来の大学の存在のあり方が、グローバリゼーションと呼ばれる大きな社会変動が進む中で、大きく揺さぶられている。ただし、グローバリゼーションをめぐる議論は、概念が混乱しているので、あらかじめこれについて少し論じておく。

「国際化」と「グローバリゼーション」とは、異なる概念である。P・アルトバックに言わせれば、両者の違いはコントロール（制御）の点にある。「いかなるアクターやその集団といえども、グローバリゼーションとその影響を制御することはできない。しかしながら、国際化はグローバリゼーションにより社会や組織に課された多くの要求に対応するための戦略であり、高等教育においては学生達にグローバル化した世界に関与していく準備をさせるための一つの方法と考えられる」（アルトバック二〇一〇、七頁）。

近代国家は、長い間それぞれの国が、教育制度・教授法・教育内容などに関して、多国の教育政策から学び、それを選択的に受容する政策をとってきた。「政策借用（policy borrowing）」あるいは「政策学習（policy learning）」である（Dale 1999）。いずれも、受け手の側のまったくの主体的な判断に基づく選択である。政策が動き出すスタートから、制度が作られ、学校が作られ、教育がなされ、卒業生が送り出される、その過程全体が、自国内のみによって決定される。ときに、必要に応じて、他の国の教育が参照され、選択的に採用されてきた。

しかしながら、一九九〇年代以降に生じているのは、そのような各国家の選択的な動きとはまったく異なる動きがつけ加わったことである。グローバリゼーションは超国家的（transnational）な変動であり、世界じゅうに広がるさまざまなアクターが、一国内の教育制度のあり方に対して、直接的・間接的に大きな影響を外部から及ぼすようになってきたといえる。

グローバリゼーションの影響を受ける教育政策の変容に関してR・デール（Dale 1999）が言うのは、旧来の「政策借用」「政策学習」のほかに、国外からのさまざまな政策転移のメカニズムが見られるようになったということである。たとえば、国の権限を他のレベルの政体に一部移譲し、合意を経てそれが要求する政策を実施していくもので、EUがその典型である「調和化（harmonization）」がある。ほかにも、OECDのように、研究・調査を通じてさまざまな政策領域にアジェンダが設定され、各国がそれに取り組む、といった形をとる「普及（dissemination）」、各国の教育における政策や制度の構築の際に参照されるべき基準をさまざまな国際機関が「世界標準」として定める「標準化（standardization）」、世界銀行の構造調整に見られるような特定政策の「押しつけ（imposition）」、などがある。

このようなさまざまな新しい政策転移のメカニズムに関して、デールは、①国家の外側にある「作動可能な場」が、②直接的でない形態の権力を行使し、③内発的ではなく外発的に政策の転換や立案を迫り、④その転換は、政策過程だけでなく政策目標に及ぶ、といった特徴を挙げている。間接的でソフトにではあるが、国外の諸主体が国内の政策に変更を迫る、という事態が生じているわけである。

一九九〇年代以降の各国の教育政策が「グローバル対応」を迫られるようになった背景には、UNESCO、OECD、ILO、世界銀行、EUなど、それぞれ思惑に満ちた国際機関の活動があると同時に、世界的に進行する教育の市場化・商品化の流れがあるといわれる。それら二つの力が、個々の国民国家の教育政策に制約を加えたり、方向づけたりしているのである（Martens et al. 2007）。あるいは、教育サービスを含めた自由貿易の原則や知的財産権に関わるルールを押しつける主体として米国が果たしている役割を重視する議論もあるし、多国籍企業の展開によるグローバルな労働市場や資本の移動を重視する議論もある（Brown et al. 2001）。

ただし、とても重要なことをここで論じておきたい。「グローバリゼーション」は現実でもあると同時にイデオロギーでもある、ということである。F・リズビとB・リンガードは、進行するグローバリゼーションは、歴史的な不可避性をもった客観的な過程ではなく、ネオリベラルな解釈（あるいはイメージ）が現実への力を及ぼしていることに注意をうながしている（Rizvi & Lingard 2010, pp. 31–33）。解釈が現実に対して影響を与えているがゆえに、彼らは、グローバリゼーションの主観的側面と客観的側面とを切り分けるR・コーエンらの見方（Cohen & Kennedy 2000）を「不十分なもの」と断じている。「今の世界はこうなっている（こう動いている）、だから……」というグローバリゼーションについての諸言説は、現実を描く側面とともに、規範や価値や信念や物語を含み込んでいるのである。この点は後の議論に関わってくる。

（2）日本の大学へのインパクト

日本の大学政策がグローバリゼーションの影響を受けるようになったのは、一九九〇年代以降であろう。一九七一年の中教審答申（いわゆる「四六答申」）では、研究交流の活発化や留学生を増やすこと、外国人教員を国立大学に導入することなど、日本の大学の「国際化」の方針が強調された。しかしそこでいう「国際化」は、日本が積極的に外のものを取り込もうとする自主的な動きであった。一九八〇年代の中曽根康弘内閣のときの「留学生一〇万人計画」も、まだ同じく「国際化」の文脈にあった。

一九九〇年代になると、こうした自国内に完結した仕組みが変化し始めた。最初の段階は、部分的なものであった。たとえば、一九九一年の大学審答申では、規制を緩和する（大学設置基準の大綱化）代わりに、自己点検・自己評価の推奨と、シラバス、セメスター制、FD（ファカルティ・ディベロップメント：教育改善の組織的取り組み）、授業評価など、「アメリカ生まれの（したがってマス化に適合的な）教育の「小道具」」（天野 二〇〇三、二六〇頁）が提示された。いわば国内の大学問題（マス化に対応した大学教育の改善）のための「つまみ食い」的な借用であった。

ところが、九〇年代が進んでいく間に、研究体制や大学制度のあり方全体を見直す論議が始まっていった。そこでは、「大学がどうあるべきか」についての理念、アイデア、組織原理、ツールが一体となって、これまでのあり方を全面的に見直すという方向で、海外の制度や政策、実践が借用されるという事態が登場したのである。「これまでまったく別の組織原理に基づくものとされてきた大学と企業を同一視、ないし同型化し、競争原理を持ち込んで活性化することにより、経済の活性化に役立てようとする考え方が、規制緩和や行財政改革の理論的担い手である自由主義経済学者たちを中心に強く打ち出され、政権・政策担当者の支持を得る状況が生まれた」（同、一四頁）わけである。

一九九八年には大学等技術移転促進法（ＴＬＯ法）施行により、産学連携の体制が本格的に進み始めた。それとともに、大学審答申（いわゆる「二一世紀答申」）では、「国際的な通用性の高い制度へと、教育研究システムをより柔構造化していくことが必要である」とされ、第三者評価の導入や、評価に基づく資源配分の考え方が打ち出された。さらに二〇〇〇年の大学審答申（いわゆる「グローバル化答申」）では、「高等教育制度及び教育研究水準の両面にわたって、国際的な通用性・共通性の向上と国際競争力の強化を目指した改革を進めることが求められる」とされた。

その後も、「トップ三〇」（後の「二一世紀ＣＯＥ」）を打ち出した二〇〇一年の「大学を起点とする日本経済活性化のための構造改革プラン」（いわゆる「遠山プラン」）、二〇〇四年の国立大学法人の発足と認証評価機関による評価の制度化、二〇〇八年の「留学生三〇万人計画」、二〇〇九年から開始された「グローバル三〇（国際化拠点整備事業）」など、グローバリゼーションを意識した政策が展開してきている。

こうした歩みを詳細にたどる紙幅の余裕はないが、このような動きのほとんどは、明らさまな「外圧」によって進んでいるのではない。日本の教育政策に対する国際機関の影響は間接的・誘引的なものにとどまっているし、ヨーロッパとは異なって東アジアではリージョナルな調和化の動きはまだ模索段階である。それゆえ、進行するグローバリゼーションに対応すべく、日本の政府や他のさまざまなアクターが、内発的に大規模な政策借用を行ってきていると見るべきだろう。

(3) イデオロギーとしてのグローバリゼーション

こうした改革は、一見すると、旧来の日本の大学の欠点を是正し、新たな時代に対応させようとする技術的レベルの課題であるように見える。しかしながら、そうした見方では重要な側面を見のがしてしまう。少し前で、私はグローバリゼーションが現実でもあると同時にイデオロギーでもある、ということを述べておいた。そうであるならば、今述べてきた「グローバリゼーションへの対応」は、ある特定のイデオロギーを色濃く反映した改革群だといえるからである。

もう少し述べよう。イデオロギーであることによって、次の二つが留意される必要がある。

第一に、グローバリゼーションのとらえ方には価値や物語が含まれている。それゆえ、そのとらえ方や「対応」は、ある一面性をはらむことになる。もう少しいうと、グローバリゼーションに対応する政策借用では、①現実の文脈をふまえた対応、②予測的な対応、③現実の文脈を無視した手法やモデルの模倣、の三つが混在しているように思われる。①は現実に存在する技術的な課題に対して、適切な方策がとられるという状況である。②はこれから起こるであろう事態を予測して、先取りして対処するために採用される方策である。「予測」であるがゆえに当たることもあるし、その方策の採用によって現実が変化することもあるが、当然外れることもある(見込みちがい)。③は、参照する海外の事例を無批判に採用するもので、その事例が当該国でもっていた社会的・制度的文脈が無視されて導入されることが多い。

③を理解してもらうために、次のような、よく見かける議論を考えてみよう。「Xという機能を充足するためには、(外国で採用されている) Aという手法が必要だ」という議論である。しかし、Xと

いう機能を充足するためにはもっと適切なBやCの手法もありうるかもしれない。また、Aという手法が日本のこれまでのシステムでは充足されていた機能Yを阻害するかもしれない。つまり、それぞれの社会や組織の文脈の違いをふまえない借用や模倣は問題を生みがちだ、ということである。天野郁夫は、「大学・高等教育システムは文化的・社会的に規定された存在であ」り、「アメリカの誇る開放的で競争的なシステムと個性的な大学群自体、……アメリカ合衆国という多元的で開放的な国家の歴史的な、ということはたぶんに偶然的な産物であり、そのすべてが無前提にグローバル・スタンダードたりうるわけではない」と述べている（天野 二〇〇三、二四九頁）。その通りである。

これら三つが混在し、慎重に吟味されないままになっているがゆえに、グローバリゼーションに対応しようとするすべての改革はポジティブな結果を期待して行われるのだが、しばしば期待した結果をもたらしてきていない。たとえば、L・ハーヴェイとJ・ウィリアムズが *Quality in Higher Education* 誌に掲載された一五年間分の研究論文をレビューして指摘しているのは、アカウンタビリティを強く要求するような外部評価は、全体として大学の質を高めることには成功してきておらず、むしろ「信頼の解体（dissolution of trust）」を生んできた、という皮肉な結果をもたらしていることである（Harvey & Williams 2010）。

第二に、現在のグローバリゼーションについての支配的な描かれ方には、ネオリベラルなイデオロギーが、深く染みこんでいる。特定の世界像・社会像・組織像（及びそれらの変容像）を下敷きにしているのである。大学に関していうと、行政セクターへの民間の経営手法の導入（経営管理主義 managerialism）と評価に基づく資源配分、アカウンタビリティや効率性の強調、民営化、市場化、学生消費者主義、等々(ローダー他編 二〇一二)。これらは、ネオリベラルなイデオロギーによって正当化された諸制度や諸手法である。中立的な技術というよりは、その有効性について必ずしも実証されてはいない「教義」にすぎない側面が強い。

問題は、その特定のイデオロギーの席巻によって、排除されたり無力化されたりするものがあるということである。ネオリベラルな改革論はすなわち、大学の役割を経済成長に限定し、社会を経済次元の一元的な論理で再編成しようとするイデオロギーなので、そこで失われてしまうもの、見落とされてしまうものがどうしても出てきてしまう。

「グローバリゼーションに対応する」という現代日本の改革が、純粋に技術的な課題ではなく、イデオロギー的な要素をはらむ問題だとすると、当然そこには、別のイデオロギーとの対立が生じる。旧来の「望ましい大学像」と新来のネオリベラルなそれとの対立である。ここでは、「大学教育の質」という視点から、この両者の対立をとらえ直してみることにしよう。

2　「大学教育の質」をめぐる日本的文脈

(1) 二つの「質」問題

近年の日本の大学改革をめぐる論議では、エリート大学から底辺大学まで、その教育の「質」が批判の対象になっている。その「質」をめぐる議論には、大きく分けて二種類のものが存在しているように思われる。

一つは、グローバリゼーションに対応する「卓越した大学」への質の追求の議論である。「グローバルCOE」、「グローバル三〇」、「グローバル人材育成計画」など、「グローバル」という語を冠して、国際的に活躍する卓越した人材の育成や、国際競争力の上昇に資する卓越した教育研究のための体制づくりが叫ばれてきている。国際的な大学ランキングも、いいかげんな指標であるにもかかわらず関係者の注目を浴びているし、高度な専門職の国際的な資格の通用性に向けた組織やカリキュラムづくりもまた問題になっている。もはや、素朴に日本国内の研究水準のトップを狙うというのでもなくなっているし、日本国内の最も権威のある職業への人材輩出の高さを競うのでもなくなっている。トップ層を占める大学では、グローバルな研究市場や専門職市場でどの程度のプレゼンスを示すかが競われるようになっているのである。

もう一つは、グローバリゼーションに対応する大学教育の「質保証」の議論である。EUのボローニャ・プロセスの事例のように、今後ますます留学生や卒業生が国境を越えて移動することが増加していくと見込まれる中で、各国の高等教育システム間の互換性や同等性の問題が浮上している。「国内では「大学」「大学教育」「大学卒業生」と認めていても、それらが海外で通用するのか?」という問題である。特に、高等教育のマス化・ユニバーサル化の問題とからんで、この点が語られている。移動のための情報の面でも、それぞれの国や高等教育機関が、自らの教育研究の現状を説明するような情報発信をすることが求められることになる。ヨーロッパをはじめとする世界じゅうでこの三〇年ほどの間に進んできたのは、高等教育機関における教育の質を評価する評価機関の設置と、それによる「質の説明」である。国や地域によってその「質保証」のあり方は異なっているが、何らかの形で自国の高等教育システムと個々の教育機関における教育の「質」とを説明する枠組みは、どこでも作られてきている。日本でも、二〇〇四年から認証評価機関による評価が義務づけられるとともに、さまざまな形での「質保証」の動きがなされてきている。アジア太平洋質保証ネットワークなど、アジア地域における横断的な取り組みも進んできている。これらは、日本の「学士」を国際的に通用させるための包括的な仕掛けである。

これら二つは、二〇〇〇年の大学審答申で掲げられた「国際競争力の強化」と「国際的な通用性・共通性の向上」と対応している。今起きていることは、これまで国内での最高という地位に安住してきた頂点大学の戦略の組み直しの問題と、これまで公式的には同格の「大学」と位置づけられつつ実際には暗黙の序列づけで事態を処理されてきた、大学間の多様性の問題をどうするのか、という問題とが、グローバルな変動の中で問い直されている、ということである。

それらの問題は、大学の階層構造がピラミッド状に形成され、新規参入私学がその底辺層を成すという、従来の日本的な高等教育の特徴を反映したものである。単純に考えると、次のような議論が出てくる。研究と教育を区別して大学を機能別に分化させ、資源配分にメリハリをつける。同時に、厳格な標準化や評価の仕組みで大学同士を競争させ、競争に勝ち残れない大学は退場させる。――そうすれば問題が片づくように見える。しかし、それでよいのだろうか。これを考えるために、歴史を振りかえってみよう。

（2）過去の拡大期における「質」問題

日本で帝国大学が発足した一八八六年以来、大学教育の「質」が問われるような事態は何度かあった。大学への進学希望者が増加する、あるいは、大学卒業者への需要が増加すると、大学は量的な拡大が必要になる。しかし、国の財政も私立大学の法人も、潤沢な予算をそれに充てることはできない。そこで、質と量とのジレンマが起きる。過去の三度の拡大期には、その都度「質の低い大学」がたくさん作られた。

最初は、大学令（一九一八年）によって起きた大学の増殖である。それまで帝国大学四校をもつにすぎなかった日本は、一九四一年までに、帝国大学七、官立大学一一、公立大学二、私立大学二六校を有するに至った（天野 二〇〇九）。

二回目は、第二次大戦後の新制大学の発足による、国立大学・私立大学の激増である。旧来の官立大学に加え、官立の高等学校や専門学校が地域ごとに異なる組合せで合体してできた国立大学は七〇校（一九四九年）、戦時期にたくさん作られた専門学校が緩い基準で昇格を認められていった私立大学は一〇五校（一九五〇年）に及んだ（天野 一九八六）。

三回目は、一九六〇年代後半～七〇年代初頭の大学進学者の急増期である。私立の水増し定員が一・八一倍（一九七二年）まで許容されるとともに、大学設置基準が緩和された一九六一～七〇年の間に一三四校もの私立大学が新設された（天野 一九八六）。

国の財政状況が厳しい中で、日本が採用してきた戦略は、一つには、帝国大学・国立大学に手厚い庇護を加えて「学術の中心」として機能させるという戦略であった。特に旧帝国大学の伝統大学は、たくさんの国立大学が全国に作られた第二次大戦後も、二〇〇〇年代初頭に至るまで、講座制／学科目制の区分によって財政上、地方国立大学とは差をつけられてきたことはよく知られている。戦後作られた教育組織としての大学院に関しても、地方国立大学の大半にはなかなか博士課程が作られず、研究者養成の機能は旧帝大系などの一部の国立大学が担い、他の地方国立大はもっぱら修士課程までの学生の教育に機能が限定されるという構造をとっていた。

日本で採用されてきたもう一つの戦略は、私学を量の調整弁にするというものであった。国家財政の制約がある中で、帝国大学を大量増設することは困難であり負担でもあったし、戦後の高度成長期などにおいても、国立大学を大量に新設することは同様に困難であった。そこで採用されたのが、設置認可の要求基準を官立の標準よりも低くして私立大学の設置を許す、というやり方であった。しかもそれは、必要に応じて緩められたりもした。

大学令の時代の私立大学の創設は、「設置認可の基準はたしかに、帝国大学に準ずる水準に設定されたが、私立大学に対しては、その基準がさまざまな形で現状に適応的に、ということは本来の想定されたそれよりも低い水準で適用され、運用されることになった。それは「大学の名」を与えたあとで、「大学たるの実」が形成されることを期待しての設置認可であり、昇格であったのである」(天野 二〇〇九、四〇九頁)。一九六〇年代の大学新増設ブームも、池田正之輔科学技術庁長官の勧告を受けて、大学設置基準の運用緩和がなされた結果であった(天野 二〇〇三、一八一頁)。

この安上がりな民間の活用は、日本の高等教育の構造や機能を考えるうえで、無視できない重要な特徴である。米国の場合には、一九五〇〜六〇年代の高等教育の拡大期に、公財政が投入され、たく

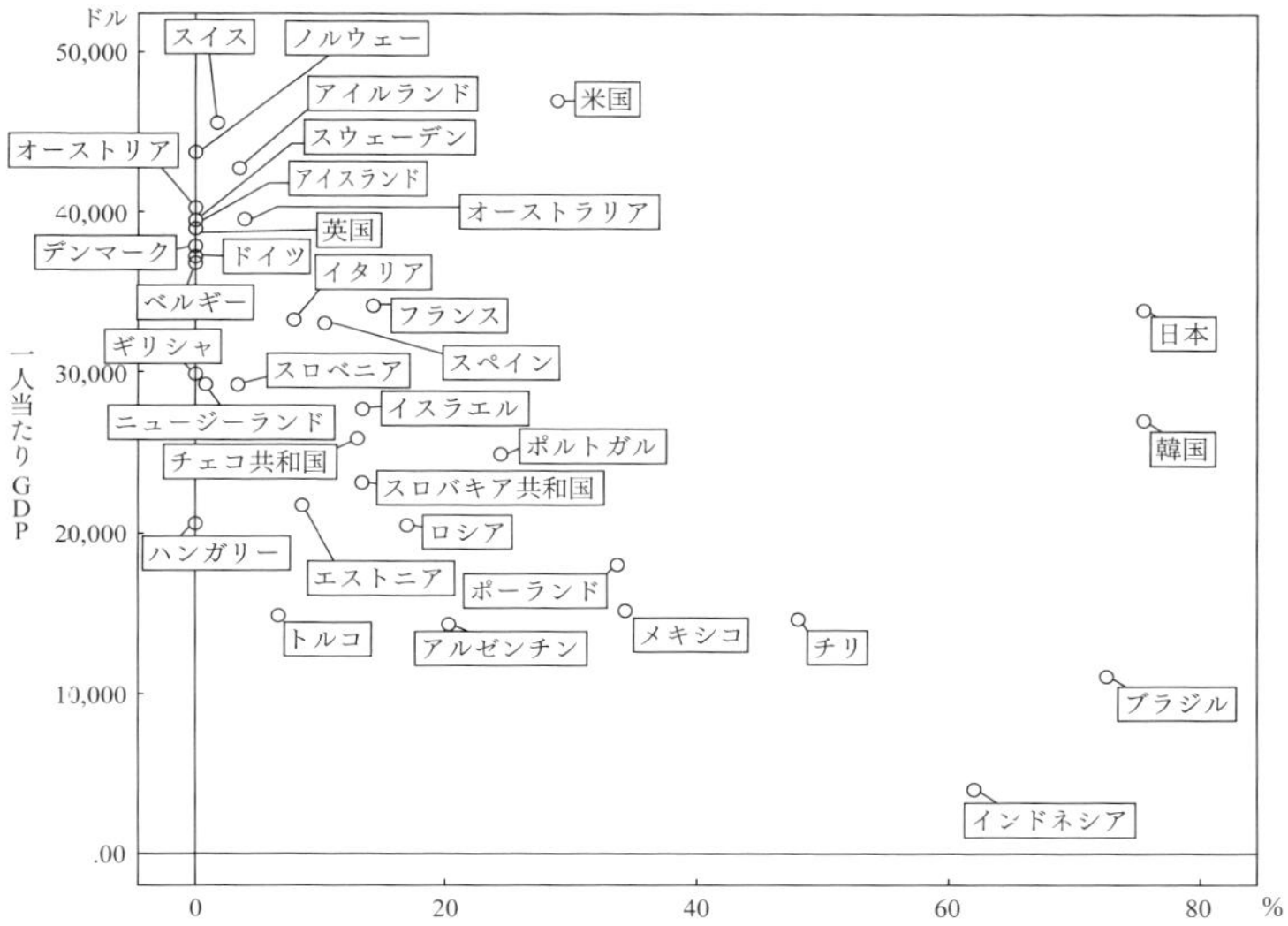

図 1-1　大学入学者私学率の国際比較

出典：Reisz & Stock (2012).

さんのコミュニティ・カレッジが作られていった。私立大学の占める割合は低く抑えられ、高等教育のピラミッドの幅広い最底辺層を公立の機関が担う構造が作られたのである。また、欧州では長らく高等教育は公的機関として続いてきており、近年になって初めて「大学の商業化」が進んだが、それでも、EU全体で見ると、私立大学のシェアはまだ一五％ほどにとどまっている（Levy 2012）。

このような米国や欧州と比較すると、違いは歴然としている（図1-1）（Reisz & Stock 2012）。日本は、韓国などとならんで、進学意欲が国民全体に旺盛で国家財政が貧弱な中で高等教育の拡大を進めたため、私学に量的な受け皿を任せる形で発展してきた。教育研究の面で十分な条件と実績を生んでいる一部の国立（官立）の大学がピラミッドの頂点に位置づき、後発で参入した私立大学が、十分な資金やスタッフの乏しい中で底辺に位置づく、という構造に特徴があるわけである。

急な拡大の時期における新設大学の「質」を担保してきたのは、日本では文部省の統制と支援であった。特に、私学の統制と支援はその教育研究の「質」に大きな影響を与えてきた。天野郁夫が論じているように、大学の新設にあたっては、設置者の財産や教員の資格の面で厳しい基準を設定することで、インチキ大学が叢生しないようなチェック機能が働いた。戦後も、一九五六年から文部省は大学設置基準をときには緩め、ときには厳しく運用しながら、新設される大学・学部の質を統制しつづけてきている。また、教員資格などの専門職資格、あるいは資格試験の受験資格など、文部省などが行う課程認定もまた、大学教育の「質」に関する標準化や水準確保の仕組みの一つであった（しばしば行きすぎた統制を生んでいるが）。また、文部省は私立大学への補助金支出による支援も行ってきた。一九七五年に私立学校振興助成法が作られ、一九八〇年には私学の経常的経費の二九・五％まで助成がなされたりした（二〇〇七年には一一・一％）。

最低基準を変動させ、それをクリアさせる。財政支出による支援を出したり減らしたりする。――国立の大学をたくさん作る代わりに、そのような統制手段を用いることで、結果的にこのように私学が多い国ができあがったわけである。

（3）もう一つの「質」向上へのドライブ

このように書いてくると、設置認可の権限と補助金支出により、かろうじて国が大学の質を保証してきたように見える。だが、その見方によって欠落してしまうのは、大学人自身が、目の前の教育研究の質に不満をもち、より良い教育研究への努力をしてきたという面である。

ピラミッドの底辺はいつまでも劣悪な教育研究環境で、名前だけの「大学」を続けていったわけではない。教育研究の中身、すなわち、実際にどういう教育をしていくのか、また、教員がどの程度研究や教育に熱心に取り組むのかは、設置後の各大学の構成員による自主的な努力によってきた部分が大きかったはずである。ここで主張したいことは、過去の三度の大学拡張期のあとに、大学人に広く共有されていた「あるべき大学」像に向けて改善を図っていく上向きのドライブが大学内部で働いていたのではないか、ということである。

新設された大学や学部では、その都度、ピラミッドの頂点に位置する大学に範をとった「大学らしさ」の理想を内部の成員の多くが共有し、それをはるか高みにある目標として、内部的な質の改善を図ってきた。教員資格の厳しい要件は、そうした大学のアカデミックな文化の中で育った教員を供給したはずである。ここでいう「大学らしさ」は、学校教育法や大学設置基準にあるような外形的なものではなく、「フンボルト理念」とか、「学問の府」とか、「真理探究の場」とか、「教育・研究の統一」「知の共同体」など、さまざまなスローガンで言い表されてきた、漠然としているけれどもある時期までの大学関係者に共有されてきたエートスのようなものである。教授会自治など大学構成員がそれを支え、それを判断できるとされた。ここではそれを、「古い理想」と呼んでおくことにしよう。

確かに、理想論はいつも仮構物であり、空疎な「タテマエ」に見える。潮木守一（二〇〇八）が述べているように、「フンボルト理念」自体が二〇世紀初頭になって、後から創作されたものであったし、ドイツでも米国でも日本でも、現実の学生の多くは、その理念からほど遠い学生生活を経験していた。また、その理想論が逆に、現実の教育研究環境の放置を容認する論理にもなってきたことも無視できない。「学生の自主的な学習の場」という大学教育観は学生の放置を生み、「勉強しない困った学生」言説は、教育研究能力の低い大学教員の無能さを隠蔽する役割を果たしてきたともいえる。

しかしながら、イデオロギーは実践や行動に結びつくことで、現実に対して影響を与える。この点は、ネオリベラルなイデオロギーも「古い理想」も同じである。「古い理想」のさまざまなスローガンが、地味で累積的な改善の積み重ねの具体的な方向を指示し、その動機づけにもなって、現実を変化させてきた面もあったはずだというのが、ここで言いたいことである。

たとえば「駅弁大学」と揶揄された地方国立大学のその後の状況を考えてみればよい。戦後改革で生まれた地方国立大学は、まだ人員も設備も不十分であった。戦時中に専門学校に昇格したばかりの師範学校を含め、官立の専門学校や単科大学が寄り集まって作ったそれらの大学は、スタート時点では帝国大学などとははるかに距離があった。だが、その後は次第に教育研究の質を高めていった。制度レベルでいうと、大学院の開設、理系学部の設置、研究所・研究施設の設置などにより「『中央』大学との形態上の類似性を強め」た（天野 一九八六、一二二頁）。

多くの私立大学も、限られた資源の制約の中でではあれ、研究条件の改善や授業改善を積み重ねてきた（たとえば、大沢 一九八一、二六八〜二八二頁）。「研究と教育の統一」という理念からは、さまざまな分野をカバーするための専任教員の増員、研究者養成に向けた大学院の設置や、研究センターや研究所の設置などにつながった。あるいは、研究を活性化するための研究費の確保や研究奨励金などの制度化、教育のレベルをできるだけ高くするための設備や蔵書の充実、少人数のゼミや卒論の制度化、外国の大学との提携や留学支援など、数えるときりがない。

一九六〇年代末の大学紛争を契機に作られた抜本的な大学改革案のほとんどは実施に移されなかったものの、小さな改善はたくさん実行された。「履修単位の代替」「履修年次の変更」「自由選択制の拡大」「新科目やゼミの増開設」「総合科目の新設」などである（喜多村 二〇〇一、五七～五八頁）。

教授会自治は、厳しい財政状況の中で「古い理想」に照らした主張の場やそれと逆行する案に対する抵抗の足場になった面がある。私立大学を考えてみればよい。経営側からいえば、大学の財政上の思惑が何よりも優先するから、しばしば学生を水増しし教育研究環境を切りつめて、収入を増やし支出を抑えようとする。下向きのドライブである。それに対して、教授会の構成員は、日常的なレベルでの教育条件の改善や研究環境の充実を求めて、それに反発をする。学部長や学長などが内部で選挙によって選ばれるという体制もまた、そうした下向きのドライブの作動を食い止め、「内部からの質の充実」にとってプラスに働いたはずである。設置基準に定められた教員の最低人数を超えるスタッフを大学当局に要求したり、カリキュラムや設備の不十分さを訴えて、本当に必要な人や物の充実を図ったりしてきたのは、大学内部からの「声」であったし、今でもそうである。

私立大学や地方国立大学など日本の多くの大学は、歴史的な経緯によって貧弱な財政の中でやりくりすることを余儀なくされてきた。特に私学では財政上の目的が教育研究を貧弱化させる下向きのドライブとして常に働いていた。それでもなんとかそれらの大学が少しずつ教育研究の「質」を改善してきたのは、「古い理想」のイデオロギーが、上向きのドライブとして作動してきたからではなかったのか。十分な論証をすることは別の機会にせざるをえないが、問題提起的な仮説としてここでは提出しておきたい。

3　方向性を見失う「質」

(1)「四度目」の新しさと空虚さ

文部省は一九九〇年代初頭の臨時定員増の事後処理の段階で、一九七〇年代半ば以降続けていた総定員抑制策（それは同時に質の充実を図る諸政策の時期でもあった）を廃止した。それから現在まで、四年制大学の新増設のブームが続いてきている。日本ではこれが四度目の大学の拡大である。

これまでの三度と異なるのは、旧来の「あるべき大学」論とは真っ向から対立する、ネオリベラルな大学像がここでは支配的になっているということである。「これまでの古ぼけた大学論は捨てて、ユニバーサル化とグローバリゼーションに対応した大学システムに変わる必要がある」というものである。確かに、時代の変化は考慮しないといけない。だが、そこで提案され実施されてきているものは、本当にそれでよいのか。今の改革の論理は教育研究の「質」に関する危うさをはらんでおり、その結果、「あるべき大学」についての座標軸が見失なわれてしまうのではないか。以下、改革の四つの側面にしぼって論じてみたい。

第一に、ガバナンス改革の危うさである。近年の議論では、経営と教学を分離して経営は外部者による理事会が方針を決めるべきだとか、学長は選挙によらず理事会等によって選出されるべきだとか、教授会の権限を縮小せよとかいった案が出され、実行に移されている。

そこには、「外部者こそが「よい大学」とは何かを知っている」という、かなり危なっかしい仮説が前提されている。公共選択理論の中のプロバイダー・キャプチャー（provider capture）というレトリックが、それを正当化している（ローダー 二〇〇五）。内部者はみな「既得権者」というラベルを貼られ、発言を封じられてしまうのである。だが、財政基盤の脆弱な日本の大学において、教育研究の世界をよく知らない外部者が改革を主導していくならば、教育研究の質の充実の方向よりも、重点は経営基盤の安定化の方向に向かいかねない。なにしろ、産学連携、大学発ベンチャー、知的財産権への対応、外部資金の導入など、大学の収益追求志向が強まっているように、かつては貧乏私学が存立のために仕方なくやっていた「金儲け」を、すべての大学がミッションとして求められる時代になっている。もはや価値は反転してしまった。教育研究を支えるために（やむをえず）金儲けをするのではなく、金を儲ける教育研究ビジネスの装置たれ、というわけだから。

第二に、理念なき評価や尺度の横行である。「質保証」の議論が進む中で、大学の外部の諸機関が作成した評価の尺度や項目による「大学評価」が拡大している。認証評価機関によるものだけでなく、海外で作られる（怪しい）ランキングや、学協会によるものなども出てきている。そこでは、誰かによって作られた尺度や項目の設定が、個々の大学における教育の「質」のあり方を定義し、実際にその「質」を判定することになる。大学内部の者は、最も重要であるはずの「質の定義」には関与できないのである。

そこでは、大学教育に関する高邁な理想とは無縁な、くだらない評価や思いつきのような評価項目が、大学教育の地味で多面的なふくらみをそぎ落としていくことになる。結果的に、「評価で高い点数をとれることが日常の活動の「目的」になり、評価に盛り込まれた項目で高い得点をとれるように活動の焦点が設定されていく」という「評価のシニシズム」が生じることになる（北原・広田 二〇一二、二六頁→本書第7章）。

第三に、「学生のニーズ」への追随がはらむ無定見さである。近年の大学改革の中で、「あるべき教育」の準拠点の一つとして浮上しているのが、「学生のニーズ」である。具体的には、授業評価や詳細なシラバスの作成、対話型授業の導入などもあるが、何よりも、近年の改革論の中では、「学生が求めるものが提供されていない」という素朴な大学教育批判の言説がそれを端的にあらわしている。

この背景には、「供給者／消費者」という市場のアナロジーで位置づけられた「消費者としての学生」論が存在している（ネイドゥ＆ジャーミソン 二〇一二）。「消費者」として尊重される学生は、かつての「全構成員自治」の一員として共同体の内部者に位置づけられた学生（渡辺 一九八二）とはまったく異なっている。「知の共同体」とは無縁な、組織の外部者として教育サービスの質を判定する市場的な存在なのである。

もちろん、教育の受け手である学生の立場が尊重されるべきことはいうまでもない。この点で、日本の大学はまだまだ改善すべき点はある。しかしながら、「学生のニーズ」への応答を追求せよという教育には危うさがある（サックス 二〇〇〇）。教育というサービスは、それを受け取る者はまだ学習していないため、何が自分にとって望ましいのかを決定できないという性質がある（小浜 一九八五）。

大学教育も同じである。「学生のニーズ」は、しばしば近視眼的で浅薄なものである。場合によっては反知性主義的ですらあったりする。「学生のニーズ」に応答することに追われる中で、大学はより高次の目指すべき方向を見失っていくことになる。大学は職業に直結した内容を提供すべきという議論もまた、大学教育が潜在的にもっている多様な役割を切り落としてしまうものになる（広田 二〇一二）。

第四に、「機能別分化」論に見られるような「教育と研究の分離の制度化」が、「大学」という統一性を解体させかねない点である。階層化した高等教育機関を機能別に純化させようとする議論は、日本ではくり返し提案されてきた（一九五一年の政令改正諮問委員会の報告書、一九六三年、一九七一年の中教審答申など）。しかし、近年の議論で明確なポイントになっているのは、研究と教育を大学別に、あるいは大学内の組織レベルで分離しようとするものである。二〇〇五年の中教審答申に出てきた、大学を七種類の機能別に分化させようとする議論がその典型である。

だが、舘昭（二〇〇七、四六頁）は、「研究にもとづく教育と教育に刺激された研究こそ大学の本領であって、教育と研究の分離の標語化は、大学の自殺宣言に等しい」と述べる。「教育と切り離された研究が主眼なら一般の研究所で行えばいいし、研究に裏打ちされない教育なら専門学校で行えばいいということになる。あるいは、分離の理念にもとづいて大学を改革していくならば、大学といいながらその実は研究所か専門学校であったり、その集まりにすぎなかったりということになる」と言うのである。

第三回目の拡大期までの大学においては、階層構造の上下に沿って教育研究の「質」の上下はあったし、研究に重点を置く大学と、教育に重点を置く大学との実質的な分化はあった。だが、「研究と教育の統一」という目指すべき理念が、その多様な大学群をかろうじて一つの同質的なものにまとめてきていたといえるのではないだろうか。

もしも研究と教育をミッションのレベルで明確に分離していくとすると、機能を純化すればするほど、機関間、組織間の距離は離れていくことになる。余計な機能をそぎ落とすことが「望ましい改革」とされるのであるから、誰もそれを止められない。すでに二〇〇二年三月の大学設置基準改正によって、大学教授の資格基準から研究能力が削除され、教育能力だけで足りることになっている。教育しかできない教員を多く集めた大学は、教育に最新の研究を反映させようとするドライブは働かないから、研究とは無縁な教育をする「大学」になる。

現代の「機能別分化」論は、結果的に、目指すべき大学像を多元化させ、別々の方向に向けた改革を正当化し、結果的にまったく共通性のない「大学」群を生み出す可能性がある。教育機能のみを純化させて、学問的な伝統とも最新の研究とも無縁な教育を行う「大学」が出てくることを止められないのである（むしろ賞揚される?）。もしも仮に新しく作られる「大学」が、研究機能もなく教養教育も学術的な専門性もない、資格試験対策に特化した教育をしたとしたら、果たしてそれは大学と呼べるのだろうか。

以上、現在進行中の改革の新しさがはらむ四つの点を述べてきたが、それらを通して全体としていえるのは、「目指すべき方向」の決定権が多様なアクターに分散してしまい、大学が共通に目指すべき理念や哲学をもたない、という点である。この点、すなわち、座標軸を壊してしまい、多様な諸力の合成で、「望ましい大学」を追求させようとすることになる点に、大きな問題がはらまれているのではないだろうか。そこにあるのは、経営を効率化し、過程を可視化し、消費者のニーズに応え、そのパフォーマンスを最適化させる、ということ（だけ）である。それは、実現すべき究極の目標や価値を何も含んでいない。「空虚な改革」、あるいは「シニシズムに満ちた改革」と述べてもよいかもしれない。それぞれの大学が「望ましさ」を追求していっても、それは大学が本来その役割を保持してきた正義や善や公正などの高次の諸価値とはまったく無関係なものになってしまいかねない。

（2）「古い理想」は死んだのか？

冒頭で紹介した「フンボルト理念は終わった」と主張する中教審の委員の判断は本当に適切なのか。「古い理想」はもはや死んで葬られてしまったのか。私に言わせるとそれはまちがいである。二つの意味で、「古い理想」は生き続けている。

一つには、ネオリベラルな大学改革は、それ自体「あるべき教育研究」の準拠枠をもたないということである。それゆえ、「古い理想」からさまざまなものを密輸して、かろうじてシステムを構築できている。ネオリベラルな改革は「古い理想」に寄生し、そこから養分を吸って葉を茂らせる、寄生《やど》木《ぎ》のようなものだといってもよいかもしれない（寄生木が宿主を枯らしてしまわないことを祈りたい）。

たとえば、「質保証」の議論の中に出てくる大学教育の「質」の尺度や項目がそうである。何が「教育の質」として望ましいのかは、外部者によって設定されると述べたが、その尺度や項目の妥当性は、その外部の専門家には明証しえない。それらの尺度や項目が適切なものなのかどうかの最終的な判定は、大学で教育研究に携わる者（当事者）だけができるはずなのである（「こういう無意味な尺度はやめてほしい」というように）。逆にいうと、当の大学教員が定義する「望ましい教育」が、最終的な準拠点として生き続けている　といえるだろう。

産学連携や営利追求に向かう「ガバナンス改革」もまた同様である。市川昭午（二〇〇二、一二頁）は、大学が「知の企業体」と化した場合、果たして大学といえるのか、という興味深い問いを発している。大学が「知の共同体」から「知の企業体」へと変身したとしても、企業の側にも「知の企業体」となるものが出てくるだろうから、果たしてそのときに両者は区別できるのか、というのである。大学が大学であり続けるためには、営利企業（教育産業を含め）とは異なる特別な「何か」をもっていないといけない。その地点では、「知のための知」や「研究と教育の統一」など、「古い理想」が呼び戻されることになるはずである。

近年の大学改革で、結局のところ、「大学の自律性」に委ねられる事項がたくさんあるのも、大学は「古い理想」を捨てないだろうと見込んでいることを示しているのではないか（資格試験大学などにはならない、という前提）。「よい研究」「よい教育」を定義したり決定したりすることは、市場や外部者には最終的にはできないのである。

もう一つには、ネオリベラルな大学改革に対して、「古い理想」からの抵抗が続いていることである。そこには、「既得権をもつ者たち」の守旧的な側面がないとはいわないが、理念や哲学の面で空虚な改革が、高い志や理想を掘り崩してしまうことに対する抵抗である側面が、確かにある。

たとえば、二〇〇五年の答申（いわゆる将来像答申）に向けて中教審の議論が進んでいたとき、公立大学協会から出された意見書には、「研究と教育の分離」論を批判するくだりがある。「「フンボルト的大学観」とされてきた理念には、他方で〝教育と研究の結合〟への高い評価が内包されており、一定の積極的な意味を有していた」というのである（公立大学協会 二〇〇四）。

このような対立、すなわち旧来のアカデミックな共同体としての大学という理念と、大学の外から持ち込まれる異質な原理とが対立しているのは、日本だけではない（Teelken 2012, スローター＆ローズ 二〇一二など）。

おわりに

歴史的に見ると、安上がりの大学をたくさん作ってきた日本で、大学のあるべき姿に関する「古い理想」が「質」を支える重要なイデオロギーだったのではないかということ、そのイデオロギーを無効化させて取って代わろうとする近年のネオリベラルな大学像は、究極の理念や哲学に欠けており、多くの問題をはらんでいること、そして、「古い理想」はまだ死んでいないことを、ここでは論じてきた。

もちろん、「古い理想」を旧来のままの内容で保持していくこともできなくなっている。グローバリゼーションの大きな流れは、日本の大学システムに一定の対応を迫っているし、マス化・ユニバーサル化は「古い理想」の有効力を減殺させてきた。それゆえ、今やるべきことは、「古い理想」か、ネオリベラルな改革か、という二分法でどちらかを選択することではないだろう。一方ではグローバリゼーションの多様な次元に注意を払いつつ、他方でマス化・ユニバーサル化による学生の変化に合わせて、「古い理想」に込められていた高邁な理念・哲学を鍛え直すことが求められているのではないだろうか。

ここでは議論を紹介する余裕がないが、高等教育を論じる少なくない論者は、ネオリベラルな次元でのグローバリゼーションではない、別のグローバリゼーションの側面に目を向けるよう注意をうながしている（Cowan 2006, Santos 2010, Rizvi & Lingard 2010）。

別のグローバリゼーションの可能性に目を向けるなら、グローバルな環境危機や不平等の拡大が典型であるように、現在進行しているような多くの問題をはらむ今のグローバリゼーションの過程を、よりましなものへと制御したり変化させるための知を生み出すことも、大学の使命であるはずである。また、現在の経済至上主義的なグローバリゼーションとは無関係に、保持・伝達されたり発展させたりするべき文化を守るのも、大学の使命であるはずである。現実に進行する大学制度・組織の改革は別の方向に向かっていきがちだが、大学審の答申でも中教審の答申でも、よく読むと、大学がもつべきそのような多面的な公共的役割は注意深く書き込まれている。

また、マス化・ユニバーサル化による学生の変化への配慮も必要である。たとえば法政大学では、すでに一九六〇年代後半期には、全学の研究教育を見直す白書（一九六七年）の中で、「大衆教育機関化傾向が顕著であ」り、「研究水準の高度化・学問領域の拡大化とあいまって、今日の研究水準・学問領域をそのまま教育（講義）水準および領域とすることが困難となりつつ」あるから、「研究と教育の新しい均衡、新しいアカデミズムの形成こそ、克服すべき第一の課題である」と論じられていた(大沢 一九八一、二五七頁から再引用)。いま必要なのは、この課題を解くことである。十分な知識や知的スキルをもたないまま大学に入学した学生たちに、研究とのつながりを失わず、幅広い教養も与えるような大学教育の理念・哲学がどう組み立てられ、それを具体化した教育内容や方法をどう編み出せるのか。

「古い理念」を鍛え直して、これら二つの課題を解く新しい理念や哲学を作り出さなければいけない。大学が公共的な役割を果たしていくために。

文献

天野郁夫 一九八六『高等教育の日本的構造』玉川大学出版部。
天野郁夫 二〇〇三『日本の高等教育システム――変革と創造』東京大学出版会。
天野郁夫 二〇〇九『大学の誕生』下、中公新書。
アルトバック、フィリップ 二〇一〇「高等教育におけるグローバリゼーションと国際化」我妻鉄也訳『桜美林高等教育研究』第二号。
市川昭午 二〇〇二「日本の大学――その過去形と未来形」『高等教育研究叢書(RIHE)』第七一号、広島大学高等教育研究開発センター。
潮木守一 二〇〇八『フンボルト理念の終焉?――現代大学の新次元』東信堂。
大沢勝 一九八一『日本の私立大学――私学教育の危機と大学経営の課題 第3版』青木書店。
喜多村和之 二〇〇一『現代大学の変革と政策――歴史的・比較的考察』玉川大学出版部。
北原和夫・広田照幸 二〇一二「教育研究の評価をどう考えるか」北原編『大学における教育研究活動の評価に関す

る調査研究』東京理科大学大学院科学教育研究科北原和夫研究室（文部科学省平成23年度先導的大学改革推進委託事業研究報告書）。

公立大学協会 二〇〇四『「我が国の高等教育の将来像（審議の概要）」に関する公立大学協会の意見』。

小浜逸郎 一九八五『学校の現象学のために』大和書房。

サックス、ピーター 二〇〇〇『恐るべきお子さま大学生たち――崩壊するアメリカの大学』後藤将之訳、草思社。

スローター、S&ローズ、G 二〇一二『アカデミック・キャピタリズムとニュー・エコノミー――市場・国家・高等教育』成定薫監訳、法政大学出版局。

舘昭 二〇〇七『改めて「大学制度とは何か」を問う』東信堂。

ネイドゥ、R&ジャーミソン、I 二〇一二「学生のエンパワメントか学習の崩壊か？――高等教育における学生消費者主義のインパクトに関する研究課題」ヒュー・ローダー他編『グローバル化・社会変動と教育1 市場と労働の教育社会学』広田照幸他編訳、東京大学出版会。

広田照幸 二〇一一「学校の役割を再考する――職業教育主義を超えて」神野直彦・宮本太郎編『自壊社会からの脱却――もう一つの日本への構想』岩波書店。

ローダー、ヒュー 二〇〇五「教育・民主主義・経済」A・H・ハルゼー他編『教育社会学――第三のソリューション』住田正樹他編訳、九州大学出版会。

ローダー、ヒュー他編 二〇一二『グローバル化・社会変動と教育1 市場と労働の教育社会学』広田照幸他編訳、東京大学出版会。

渡辺洋三 一九八二「現代における大学の自治と学問の自由」大沢勝他編『講座日本の大学改革1 現代社会と大学』青木書店。

Brown, Phillip, Green, Andy & Lauder, Hugh 2001, *High Skills : Globalization, Competitiveness and Skill Formation*, Oxford University Press.

Cohen, Robin & Kennedy, Paul 2000, *Global Sociology*, New York University Press.

Cowan, Robin 2006, "Universities and the Knowledge Economy", in Brian Kahin & Dominique Foray (eds.), *Advancing*

Knowledge and the Knowledge Economy, The MIT Press.

Dale, Roger 1999, "Specifying Globalization Effects on National Policy : A Focus on the Mechanisms", *Journal of Education Policy*, Vol. 14, No. 1, pp. 1–17.

Harvey, Lee & Williams, James 2010, "Fifteen Years of Quality in Higher Education", *Quality in Higher Education*, Vol. 16, No. 1, pp. 3–36.

Levy, Daniel C. 2012, "How Important Is Private Higher Education in Europe? A Regional Analysis in Global Context", *European Journal of Education*, Vol. 47, No. 2, pp. 178–197.

Martens, Kerstin, Rusconi, Alessandra & Leuze, Kathrin (eds.) 2007, *New Arenas of Education Governance : The Impact of International Organizations and Markets on Educational Policy Making*, Palgrave Macmillan.

Reisz, Robert D. & Stock, Manfred 2012, "Private Higher Education and Economic Development", *European Journal of Education*, Vol. 47, No. 2, pp. 198–212.

Rizvi, Fazal & Lingard, Bob 2010, *Globalizing Educational Policy*, Routledge.

Santos, Boaventura de Sousa 2010, "The University in the Twenty-first Century : Toward a Democratic and Emancipatory University Reform", in Michael W. Apple, Stephen J. Ball & Luis Armando Gandin (eds.), *The Routledge International Handbook of the Sociology of Education*, Routledge.

Teelken, C. 2012, "Compliance or Pragmatism : How Do Academics Deal with Managerialism in Higher Education? A Comparative Study in Three Countries", *Studies in Higher Education*, Vol. 37, No. 3, pp. 271–290.

II

大学の組織と教育改善

第2章　大学の組織と機能

はじめに

ここでは、主に日本の大学を対象として想定しながら、近年の社会の変化の中で、大学という組織や制度がどのように変貌を遂げつつあるのか／どこに向かうべきなのかを考察する。ここで「組織」とは、個別の大学の次元でのハイアラーキカルな権限と活動との体系を指す。

この章ではまず、少し抽象度の高いところから大学という組織の特徴を考え、近年の改革の性格を考えてみる。そのうえで、個々の大学を超えた一般的な次元での「大学像」をどう考えるかについて論じることで、あらためて現代の大学改革の性格を問い直したい。

1　「進まない改革」それとも「果てしない改革」?

一九九一年の大学設置基準の大綱化以降、日本の大学では（というか、日本の大学でも）ガバナンス改革が進められてきた。たとえば、自己点検・自己評価の制度化に始まり、FDの導入と義務づけ、第三者評価の導入から認証評価機関による大学評価の制度化へといった改革がなされてきた。国立大学の法人化や、学長のリーダーシップの強化、教授会の権限の明確化などのように、組織の性格を根本から変える改革もなされた。

また、たくさんの改革の中には、シラバスのウェブ公開やシラバスの書き方への注文、特定の大学情報の公開・発信の義務づけ、コア・カリキュラムの作成など、細かなレベルのものもある。さらには、授業評価や学生FDなど、学生の関与も浮上している。SD（スタッフ・ディベロップメント）や大学職員を主体とした学会や彼らのための大学院の課程の登場など、大学職員のあり方の改革も進んできた。

大学改革のこうした状況に対して、まったく対照的な見方が存在する。上からの改革を進めたい人たちから見ると、「頑迷な大学人」の抵抗のせいで、改革が十分に進んでいないように見える。既得権に安住する現場の保守性のゆえに、必要な改革がなされていない、という見方である。しかしもう一方では、筋違いの改革が進められてきたせいで、大学の自治・自律性が危機に陥るとともに、果てしなく続く改革の結果、現場は疲弊・荒廃してきている、という見方がある。見る角度によって違った絵が浮かび上がる「騙し絵」のような感じである。この対立する二つの見方をどう考えればよいのだろうか。

2 大学という奇妙な組織

大学人が上から降ってくる改革に抵抗しているという現象は、どうやら日本だけではない。欧州三カ国四八人のさまざまな地位や年齢の大学人（大学院生から学長まで）に対して行ったインタビュー調査を分析したC・ティールケンは、高等教育の中に入りつつある新しいガバナンスのやり方（managerialism）、特に研究評価や教育評価を肯定的に受け止めているのは少数にすぎないと結論づけている。多くの大学人の態度は、政策次元の公式的な議論とは大きく異なっている。企業的経営手法の浸透によって教育研究の質の一般的な改善が期待できるとは思っておらず、形だけ恭順するか、あるいは、現実主義的でプラグマティックな態度で改革と向き合っているというのである（Teelken 2012）。彼らの多くは、原理的な理由からあるいはしばしばもっとプラグマティックな理由から、企業的経営手法を受け入れないでおく（out of their doors）必要があると感じていた。適切な文脈では企業的経営手法が役に立ちうると認める者もいたが、現実の効果は政策意図とはかけ離れていた。特にトップダウンでなされた改革がそうであった。

大学のさまざまな側面でアカデミック・キャピタリズムが席巻する米国でも、彼らが「公共的な知と学問の体制」と呼ぶ旧来の大学のあり方は消えたわけではなく、共存している。「知識の私有化と利益の獲得に重きが置かれ、公的なものよりも機関、発明した教員、企業が優先される。科学的な商品に対する公的な利害関心は、強力な知識経済から期待される経済成長に集約される」アカデミック・キャピタリズムに対して、「公共的な知と学問の体制」では、「知を市民が求める公共財とみなし、「学問の自由に留意し、教授の研究の自由を尊重し、好きなように発見する権利を認める」ものである。前者が後者に対して優勢になってきているが、「二つの体制は共存し、交差し、重なり合っている」とS・スローターらは言う（スローター&ローズ 二〇一二、三九～四一頁）。

同様に、J・ニュートン（Newton 2010）は、「大学教育の質」のとらえ方は競争的なものであり、現場の第一線の教員と管理者との間で違っていることを指摘している。一九九〇年代にアカウンタビリティの要請と結びついて、「大学教育の質」の議論が改革に持ち込まれた。しかし、それはモラル・ハザードを引き起こすものとなった。さまざまな外部者が「質」の定義を売り込んだものの、彼らはそれが現実に質の向上につながるのか、学生の経験がより良くなるのかを顧慮しなかったからである。その結果、第一線の大学人では、政策立案者の次元とは異なり、「質」は重荷（burden）、官僚制（bureaucracy）、ゲームプレイング（game playing）として経験されている、というのである。

日本だけでなくどこでもそうであるとすると、「騙し絵」のように映る問題は、「日本の大学人は守旧的で……」というローカルな文脈の問題ではなく、他の種類の組織とは異なる組織的特徴を世界じゅうの大学が共通にもつことから生じている問題として考えることができるのではないだろうか。

この点で示唆的なのは、大学のガバナンスに関わるシステムを四つのレベルに分けて、その相互関

表 2-1　Becher & Kogan（1992）による組織変容と要素の関係

組織のレベル	要素／構成物（者）	規範様式		運営様式	
		内部	外部	内部	外部
中央権力	・全体計画 ・資源配分 ・モニタリング	質，妥当性，有効性の基準の維持と監視	経済的，政治的，社会的期待への適合	資源利用の最適化，発展の支援	社会的，経済的需要への適合
機関	・法律で規定された個別機関	学術的規制の維持	社会/経済/文化的価値との対応	機関の維持，将来計画，方針の実施	社会/経済/文化的要求への対応
基本単位	・デパートメント ・スクール ・学士課程カリキュラムの内容を提供する教師集団	同僚集団の規範と価値の維持	専門職規範，社会/経済/文化的価値の反映	学務（student provision），カリキュラム，研究	社会/経済/文化的要求への対応
個人	・教育・研究スタッフ ・行政管理者 ・補助労働者 ・学生	役割実現と個人的目標の達成	専門職規範，社会/経済/文化的価値の反映	教育，研究，サービスの業績	社会/経済/文化的要求への対応

出典：羽田（2007a）4 頁の表を一部修正して作成。

係として整理したT・ビーチャーとM・コーガンのモデルである（Becher & Kogan 1992）。ビーチャーらは、二つの整理の軸を用意する（表2-1）。一つは、まず中央権力―機関―基本単位―個人という四つのレベル（層）である。もう一つの軸は、「アカデミックな世界の日常の中にある二つの構成要素」を抜き出したもので、「規範様式（normative mode）」と「運営様式（operational mode）」の二つに区別される。規範様式とは、価値のモニタリングと維持に関わる様式で、いわば、その組織のレベルにおいて何が重要だとみなされるかを概念化したものである。運営様式とは、実際上の課題を遂行することに関わる様式であり、いわば人々が何をし、制度的に何をすべきと求められるかを概念化したものである。それぞれ、内部から生じてくるものと、外部から持ち込まれるものとがある。

一つひとつのセルの中身を説明する余裕はないが、たとえば、中央権力は同時代の社会的・経済的需要への適合（財政の制約など）を考えつつ（「運営様式・外部」）、経済や政治の将来に向けた大学の役割を視野に入れて（「規範様式・外部」）、具体的には資源利用効率の最大化や各機関の発展の支援に向けて（「運営様式・内部」）、全体計画を立てたり、大学の質、妥当性、有効性の基準の維持と監視の仕組みを作って作動させる（「規範様式・内部」）。

ここで重要なことは、中央権力から個人までの四つのレベル（層）の間には、実現すべき価値について、重要な差異があるということである。ビーチャーらの議論を紹介した羽田貴史は、「高等教育は、組織の総体としてのシステム―個別機関（大学）―中間組織（部局）―基礎組織（学科・講座）―個人の各レベルで変化をもたらす最大要因が異なる複雑系システムであ」り、「階層によって変動要因が異なる以上、状況の変化は単一の解（改革方策）を導かない」と述べている（羽田 二〇〇七a、五頁）。

システムの上部と下部とでは、まったく異なる価値や目標に準拠した活動がなされている。だから、そこには必然的に対立や葛藤が生じることになる。資源利用の最適化を中央政府が望んだとしても、システムの最底辺の個々の教員は、資源の効率的な利用を目標にして学生の教育をするわけではない。大学の維持・存続を目指して戦略的な目標を設定しようとする学長と、専門職規範に導かれて目の前の教育研究を充実させることに傾倒している個々の教員とは、まったく別のものに向けた情熱や使命感に導かれている。システム内の各層によって、追究される価値が異なるのである。

その点を大学組織の特徴という点からもう少し掘り下げてみよう。注目するのは、第一線の（すなわち末端の）大学教員の特殊な位置である。小中学校の教員や会社の一般職員とは大きく違う点がいくつかある。

第一に、どの分野の教員であれ、特定の分野の特定の課題を専門とする教員は、一つの機関あるいは部局に一人しかいない。みんなが違う専門性をもつのだ。私は日本大学文理学部の教育学科で「教育の社会学」を担当しているが、私の同僚は「西洋教育史」「日本教育史」「教育方法学」……などの担当であって、専門は重なっていない。それぞれのポストが、異なる内容の教育研究を期待されている。同一教科担当で同一の内容を教えることが期待されている小中学校の教員とも、ジョブ・ローテーションやチーム労働が普通に見られる会社員の世界とも異なっている。適切な教育内容や方法を選び、研究テーマを決めるのは、個々人に委ねざるをえない面があるのである。

しかしながら、この個々の授業科目の内容や方法について個々の教員の裁量が大きいことは、組織的な教育改善の取り組みを困難なものにしている一因でもある。たとえば、複数の科目をどう組み合わせて提供するのか、科目の改廃をどうするかなどは、学科や学部など、集合的なレベルでの取り組みが必要であるのだが、日本の大学ではこれまで、そうしたカリキュラムの体系性への配慮が弱くなりがちであった。この点はあとでもう一度触れる。

第二に、専門性の基盤となる研究面では、個々の教員は機関の外の世界に準拠集団（アカデミック・コミュニティ）をもっている。表2-1の「個人―規範様式・外部」で「専門職規範」とされているのがそれである。研究者としての能力の評価は、採用や昇進の際を除くと、普段は大学の外の学術団体や研究者のネットワークに委ねられている。自分の専門に関わる新しい情報は、そうした同じ分野のネットワークや組織から得られる。大規模な調査研究は通常、所属大学の垣根を越えたグループが組織されることで成果を上げている。

そうであるがゆえに、個々の教員の研究面の正確な評価は、組織内部のメンバーによってはできない。私が大学紀要に書いた論文の価値を最も正確に評価してくれるのは、よその大学にいる研究仲間なのである。高度な専門レベルの教育に関してもそうである。

うわさによると、近年は「教員は教育に専念してくれればよいから、研究関連の活動は不要だ」と管理者が言い放つ大学も現れてきているらしい。しかし、それは大学の自殺行為だ。どの分野も一〇年・二〇年の間に知は進展し、リニューアルされる。教科書は一〇年もすると古くなる。それゆえ、アカデミック・コミュニティとの関係をもたないままの大学教員は、研究能力を喪失するだけでなく、教育面でもいずれ時代遅れになってしまう。古ぼけた頭の教員ばかりを抱える大学になるか、あるいは教員を使い捨てにする「ブラック大学」になってしまうだろう。

だから、この面でも、大学教員の世界は小中学校の教員や会社員の世界とは異なっている。大学教員の仕事は、同僚や上司がその内容に踏みこんで正確に評価することができないことが普通なのである。すなわち、ある大学教員の教育の中身が専門性に照らして適切かどうか、また、研究成果の水準がどの程度かといったことは、所属する機関の中の物差しでは適切には測られない（せいぜい、シラバスをきちんと書いているか、論文を何本書いたかなど、外形的・些末な事項に限られる）。彼／彼女の教育研究の中身をリニューアルしたり判断したりするのは、外部のアカデミック・コミュニティなのである。

第三に、個々の大学教員の研究（やそれを反映した教育）は、機関が設定する戦略的な目標や価値とは別次元にある、知の普遍的価値や真理に直接つながっているものとして受け取られている。国家レベルであれ大学機関レベルであれ、競争への最適な適応を目的とすることは、それ自体は人間にとっての善でも正義でもない。普遍的な善や正義や真理に対する情熱をもつ末端の大学人はそう考える。その場合は、中央権力や機関が設定する目標が特殊利害に左右された狭いものにすぎず、末端の大学人の設定する目標のほうが、より普遍的であったり包括的であったりするということが起きる。「大学に所属している科学者は世界的共同体の一員として活動することを当然のこととしている。彼らの学問的視点と利害は容易に国境を越える」からである（クラーク 一九九四、三五頁）。

それゆえ、上からの改革への大学人の抵抗のある部分は、狭く特殊な価値や目標を押しつけてくる改革に対して、普遍的な価値や目標に向けた営みを擁護しようとする動きであると理解することができる（Cowan 2006）。

第四に、そして最も重要なのが、知的創造性が発現するような教育研究には、高度な自律性が必要である、という点である。ビーチャーらは、基本単位レベル及び個人レベルでの自律性が、高等教育に不可欠であると考えている。「基本単位とその中で活動する個人の自律性は、高等教育を成り立たせる機能的必要条件である。自律性が必要なのは、高等教育が、知的能力や技術的訓練、個人の創造性や、それらを十分に遂行しようとするモチベーションに強く依存する諸活動群が具体化されたものだからである」（Becher & Kogan 1992, p. 100）。もしも別の誰かによって標準化され、細かく内容を定められたカリキュラムが押しつけられるとしたら、知的刺激を学生に与えるという意味での大学教員の教育力は低下するに違いない。与えられた課題を決められたやり方で研究させられる研究者は、思いがけない発見には到達しないだろう。

ここで再び表2-1に戻ってみる。四つの層のどこに自分の視点を置くかによって、上から持ち込まれる価値や目標に対する見え方は異なってくる。特に焦点になるのは、上からの改革の動きと、下からの自律性擁護の動きとの関係である。ビーチャーらに言わせると、機関レベルに身を置く者は、二重の矛盾する期待の下に置かれるという。大学が公的資金を投入されるものである限り学長のリーダーシップによる改革を求めるという中央権力からの期待と、自律性を尊重するアカデミックな価値の強力な擁護者としての組織の構成員からの期待という、二重の期待の間での板挟みになる、というのである。それに対して、基本単位のレベルでは、自律性のほうが尊重されている、とビーチャーらは述べる。「基本単位こそが、おそらく、外部から押しつけられた改革に対する最も強力な防護壁である。その防護壁によって、個々の大学人は、望まない方向の変化から最も有効に守られるのである」(ibid., p. 136) と。

ビーチャーらのこの議論は、一九九〇年代初頭の英国の大学を対象として論じられたものである。しかし、日本の現状を見てもある程度あてはまるように思われる。図2-1・図2-2は、国立大学・私立大学の学長・部局長・学科長に対して、大学の管理運営の問題に関わって、「今後どの組織や機関の権限を強めるのが望ましいでしょうか」と尋ねた質問への回答である。「強くする」「やや強くする」「やや弱くする」「弱くする」の四択の設問において、「強くする」「やや強くする」を選んだ者の

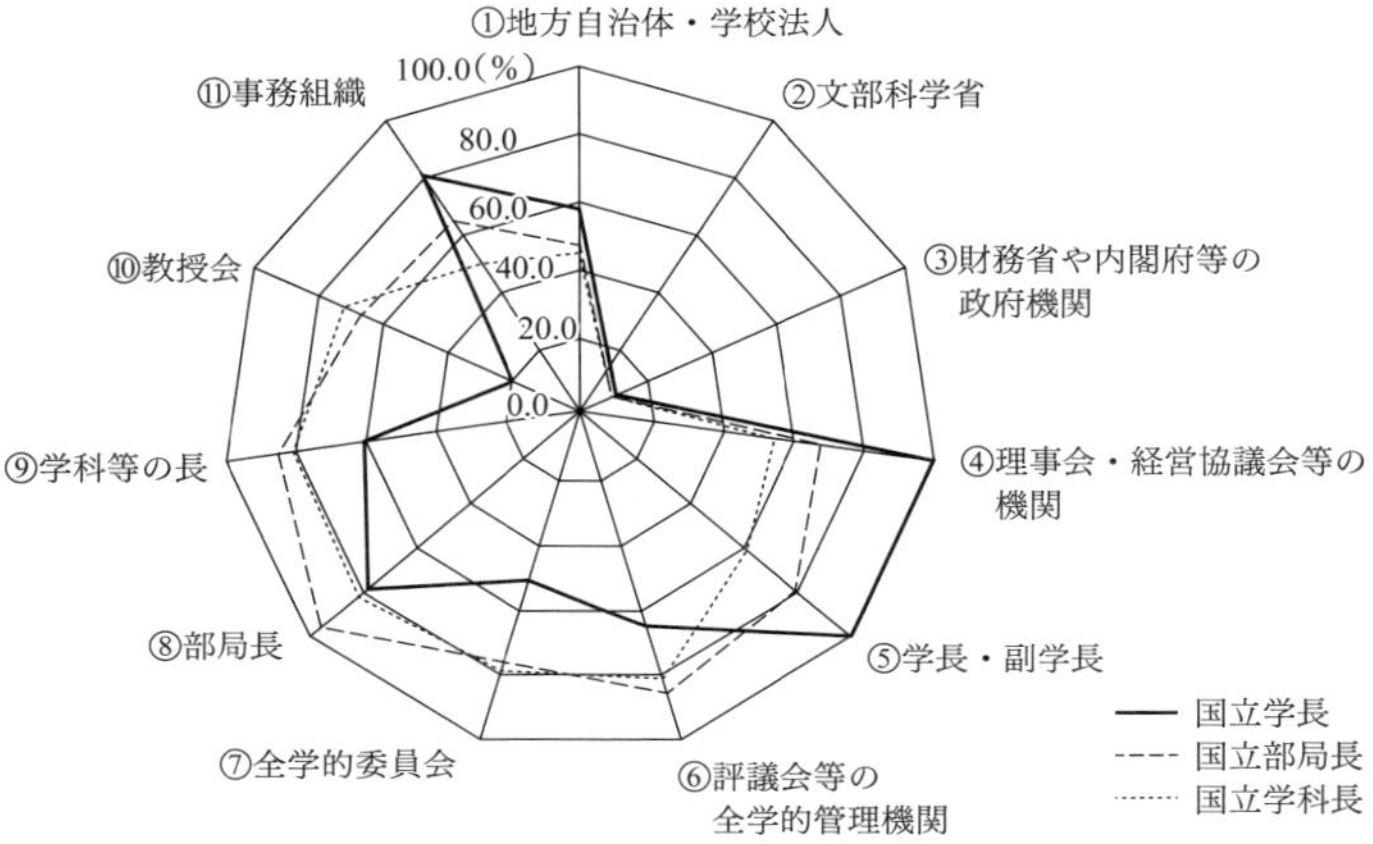

図 2-1　これから強化する主体（国立）

出典：羽田（2007b）54 頁より作成。

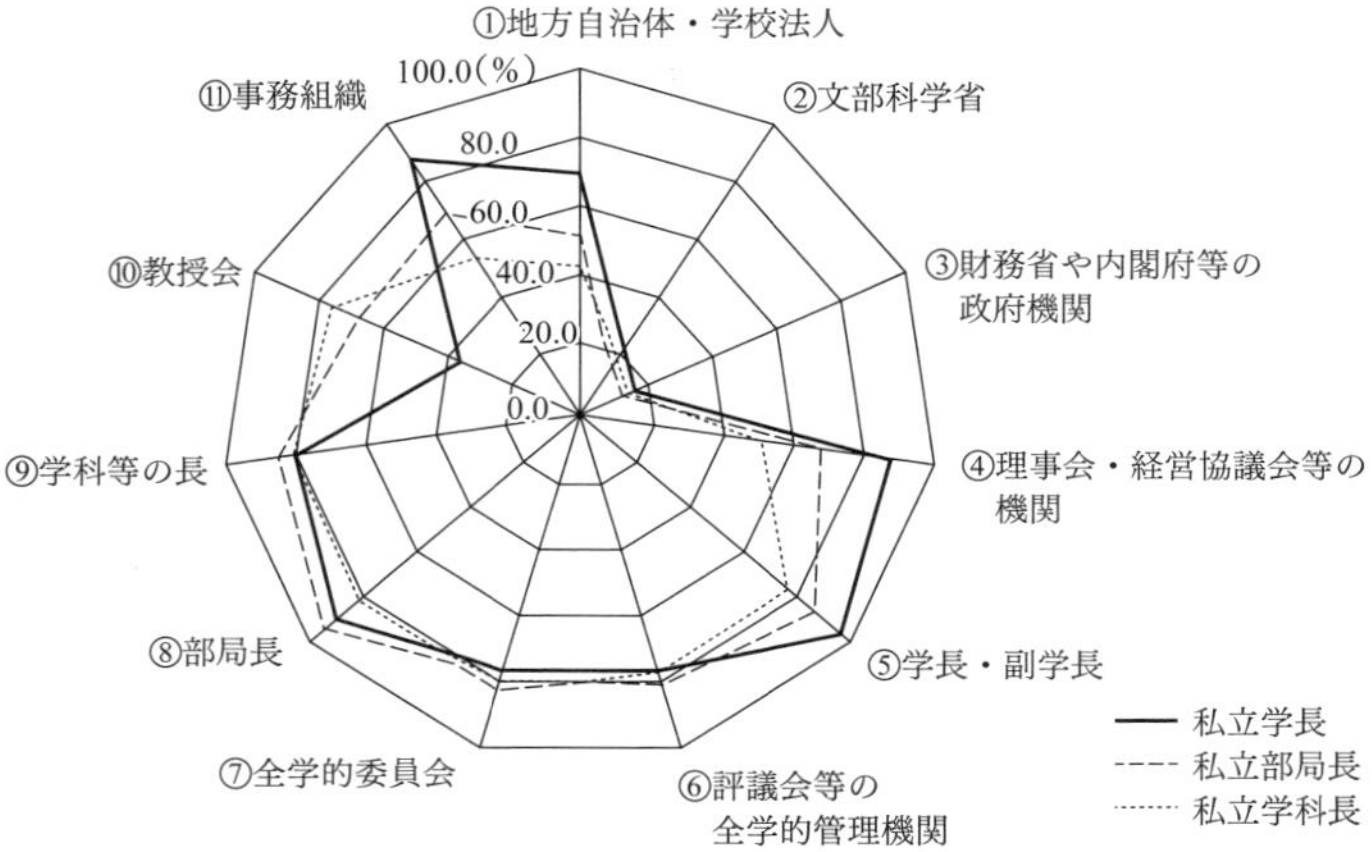

図 2-2　これから強化する主体（私立）

出典：同上。

割合が示されている（羽田 二〇〇七b）。

国立・私立ともに、そして学長〜学科長共通に、「②文部科学省」や「③財務省や内閣府等の政府機関」の権限を強化してほしいと思う者の割合はきわめて低い。機関内の上（学長）でも下（この場合は学科長）でも、中央権力に対する大学の自律性が重視されていることがわかる。だが、もっと興味深いのは、「⑩教授会」に対する見方が分かれている点である。国立でも私立でも、学長は教授会の権限をもっと強めるべきと考える者は多くない（国立：一八・八％、私立：三七・一％）。ところが部局長や学科長のレベルでは、「強めるべき」が七割前後にのぼっているのである。分析をした羽田は、「機関の階層レベルによって規範が異なり、設置形態を越えた共通性があることが、このデータから裏付けられる」と述べている（同、五四頁）。

以上のことから、最初の疑問に答えることができよう。「進まない改革」像と「果てしない改革」像とが対立しているのは、大学という組織が層によって異なる価値や目標をもっているからである。そうであるがゆえに、上から見た組織の管理運営の改革と下から見たそれとが、まったく違って見えるのは当然なのである。

3　四つのレベルと対立・葛藤

以上のような考察を下敷きにして、図2-3のようなモデルを作ってみた。中央権力―機関―基本

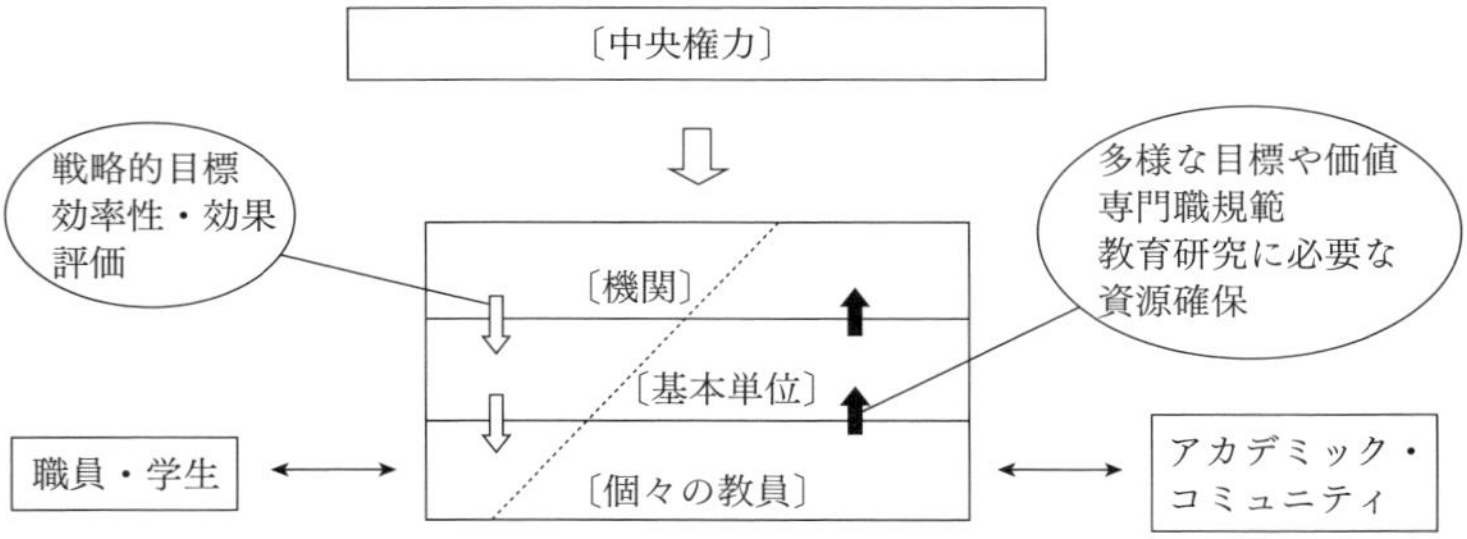

図 2-3　大学組織をめぐる力学

単位―個人の四層構造はそのままだが、「個人」レベルを大学教員のみに限定して、職員と学生とを別に置いてみた。一九七〇年ごろに高揚した「全構成員自治」の理念にもかかわらず、現実には教員集団と管理者とが大学組織の管理運営の中核を担ってきたからであり、また、職員や学生の独自の位置づけが、これからの大学の管理運営の重要なポイントになってきているからである。また、ビーチャーらが大学組織の「外部」に位置づくものとしてモデルから排除していた「アカデミック・コミュニティ」を図の中に配置してみた。それは、前節で述べたように、教員の行動について、単なる組織人としてとは異なる規範を提供し、教育研究の中身を実質的に左右する専門性の基盤となる、重要な主体だと考えるからである。

もう少し、この図を説明しよう。上からの改革案の多くのアイデアは、中央権力から個々の機関に提示されてくる。拘束的な場合もあるし、誘導的な場合もある。中央権力の中においても複数の政策イシューや改革モデルが対立競合（たとえば文部科学省と財務省の大学観の違いなど）したり、時期によってその性格が変化していたりする（この点については、羽田 二〇〇七 a を参照）。

中央権力からの大学への影響だけでなく、大学組織の外部からは、

表2-1にあるような大学の外側にある社会・経済・文化的価値などが大きな影響をもっている（たとえば卒業生の就職市場や大学に対する世論など）のだが、これは大学組織のどのレベルに対しても影響を与えるから、この図では煩雑さを避けるため省略してある。

個々の機関は、戦略的な目標を立て、効率性や効果を追求し、評価を通して個々の現場をコントロールしようとするのが、近年の改革の手法である。大学のガバナンスのあり方を変える重要な物差しとなっているのが、効率性（efficiency）と効果（effectiveness）である。効率性とは、ある財政支出に対して最大のアウトカムが得られること、効果とは、あらかじめ立てられたある目標に対してどれだけ達成されたか、というものである（Rizvi & Lingard 2010）。評価はこの二つを高めるための具体的な装置といってよいであろう。

それに対して、個々の教員から基本単位へ、さらに機関のレベルへと上がっていくのが、教育研究の自律性を擁護しようというベクトルである。最底辺は、外部の多様なアカデミック・コミュニティと個別的なつながりをもった個々の教員である。彼ら／彼女らは、教育研究の分散的で多様な目標追求を日々のモチベーションにしている。基本単位の学科や教授会は、そうした分散的な自律性をもった個々の教員の集合体として、成員の意見や利害を調整し、集合的な意見の集約や意思決定をする場である。特に教授会は、機関に対して一定程度の自律性をもつことが制度的および慣行的に認められてきているのが普通である。教授会が力をもちすぎると、機関としての戦略的・機動的な改革が困難になるが、逆に、教授会の権限が有名無実化してしまうと、現場の実態に即さないトップダウンの指示を是正できないようなケースも起きてしまう。

小沢弘明（二〇一三）は、大学の管理運営についての質問紙調査の結果から、大学教員自身は大学運営の方向性について自治・自律を望んでいることを示したうえで、次のように論じている。「大学における教育・研究・管理の各側面ともが現実には分権的であって、学長権限の強化や学外からの介入によるだけでは、その分権性と対立するだけであることを示しているだろう。ここでは、リーダーシップそのものの意味内容を検討する必要があるのではなかろうか」。図2-3でいうと、上向きのベクトルにきちんと配慮していかないと、トップダウンの改革は筋違いのものになってしまって、組織の下部との間で単なる不毛な対立を生んでしまう、ということだろう。

上から下向きのベクトルが常に悪で、下から上向きのベクトルが常に善であるわけではない。限られた財政や人員の制約の中で、機関が戦略的な目標を立てて計画的に組織の刷新を図ることは好ましい場合もある。効率性や効果がまったく無視されたままでは、教育研究の改善・向上の道は開けない。評価も適切な形で制度化・実施されたら、教育研究の改善・向上につながるかもしれない。ただし、大学の教育研究を適切に評価するのは、技術的にはむずかしい（北原・広田 二〇一二→本書第7章）。

また、教育の内容や方法に関する権限を個々の教員に完全に委ねてしまっていては、大学教育としての効果が対外的に説明しにくいものにならざるをえないのは確かである。この点は明らかに、分散的な自律性の弱点であるといえる。「教育の充実」を考えればカリキュラムの体系化や協働的な授業などが必要になってきているのだが、ボトムアップを期待していてもその動きはなかなか進まない。そうした状況下では、文科省や学長などがトップダウンでカリキュラム改革などを促進・推進せざるをえない、と考える者は少なくない。文科省が大学のカリキュラムに口を出すのは行きすぎだと思うけれども、私も、個々の教員の自律性や専門性を損なってしまわない範囲で、大学内の関係者が集まって集団的にカリキュラムの体系の見直しを議論することは好ましいと思っている、また、同様に、積み上げ型のカリキュラムを前提にする分野や、異なる専門領域を組み合わせて学際的な教育を作り上げる新領域・複合領域のような分野では、機関や学部レベルでの上からのリーダーシップによるカリキュラムや授業の改善が必要なこともある。

逆に、下から上向きのベクトルが常に悪で、上から下向きのベクトルが常に善であるわけでもない。機関が設定する戦略的目標は、個々の教員が教育研究において追求している普遍性をもった目標や価値を損なうものであるかもしれない。思慮の浅い効率性の追求がよい教育研究に必要な資源を奪うものになったり、狭い目標を定めた効果の追求や現場の実情に合わない物差しでなされる評価が教育研究を歪めてしまうかもしれない。この点は、後であらためて述べる。そもそも、先に挙げた意味での「効率性」は教育研究の中身について何も顧慮しない空虚な価値だし、「効果」は狭い価値尺度に対応したものにすぎない。

江原武一（二〇一三）は、イアン・マクネイ（McNay 1995）の大学組織モデルに依拠して、近年の大学ガバナンスの変化を同僚制的管理運営から企業経営的管理運営へという流れだと整理している。しかし、江原はもう一方で、「重要なのは、教育や研究、社会サービスなどに関する問題には教学側、とくにそれらの活動を直接担当する大学教員の考え方を尊重して対処する必要があることである」とも指摘している。「トップダウンだけでも大学は動かないし、ボトムアップだけでは大局からの的確な判断は難しいので、大学の管理運営はうまくいかないからだ」と。この指摘は正しいだろう。

そう考えると、改革をめぐる大学組織内の対立・葛藤は、善と悪との闘いではなく、レベル（層）によってまったく異なる原理や価値を信奉する者の間での「対話」だ、と考えてみるとよいのかもしれない。

とはいうものの、全体として見ると、中央で立案される近年の改革案には、案自体が適切でない場合や、適切でない形で制度化されていくようなことが、しばしばあるように思われる。米国の大学改革に詳しい川嶋太津夫（二〇一八）は、シラバスやＦＤを事例にして、日本では米国とまったく異なるいびつな形で制度化が進んで、おかしなことが生じてしまったことを指摘している。羽田貴史（二〇一九、第五章）は、内閣に設置された組織や文科省が打ち出してきた二〇一〇年代の大学組織改革論が、分析も根拠も伴っていない、いかがわしいものであることを指摘している。羽田に言わせると、「既定路線である」ことは、「政策の妥当性を示すものではない」し、中央での改革論はデータや分析に基づかない「願望」や、それまでの政策文書を根拠とするような「自家撞着」などに満ちている。改革案自体に問題があるわけである。

そういう場合には、中央から押しつけられる改革案に関して、大学の中でいかに「対話」を進めても、消耗や混乱は避けられない。中央での決定がダメなら、それに従った改革は、個々の大学内のレベルではどうやってもダメな改革になってしまうのである。

4　大学の機能をとらえ直す

日々の教育研究に携わる大学教員として大学という組織のボトムのレベルから私が見たとき、近年の改革案への批判は四つある。

一つ目は、改革案が適切ではなく、そのままではおかしなことが生じてしまう、というものである（改革案の不適切さ）。二つ目は、改革案を実施すると、それなりにうまくやってきていた教育研究にダメージが生じるというものである（現状へのマイナス）。三つ目は、改革を行うことができる資源、すなわち改革を進めるために必要な人や時間、お金がないということである（資源の欠如）。そして第四に、「大学というものは、改革案が描くような、そんなものじゃないでしょう」という批判である（大学像のズレ）。

ここでは、以上の四つの論点のうち、四つ目の点を、大学が果たすべき機能の面から掘り下げて考えてみたい（図2-4）。

大学という組織を社会学的な観点から徹底して理論化を試みたバートン・クラークは、「高等教育はその使命が多方面にわたること、その組織が無数の全く共通点のない要素から成り立つこと、という二重の意味から集塊状（Conglomeration）なのである」と述べている（クラーク 一九九四、三〇頁）。一つの大学の機関全体が広範で包括的な「使命」をもち、それが細部に降ろされていくのではなく、むしろ、知識を基本的実体とした教育研究に関する組織のボトムにおける個々のユニットのレベルで、

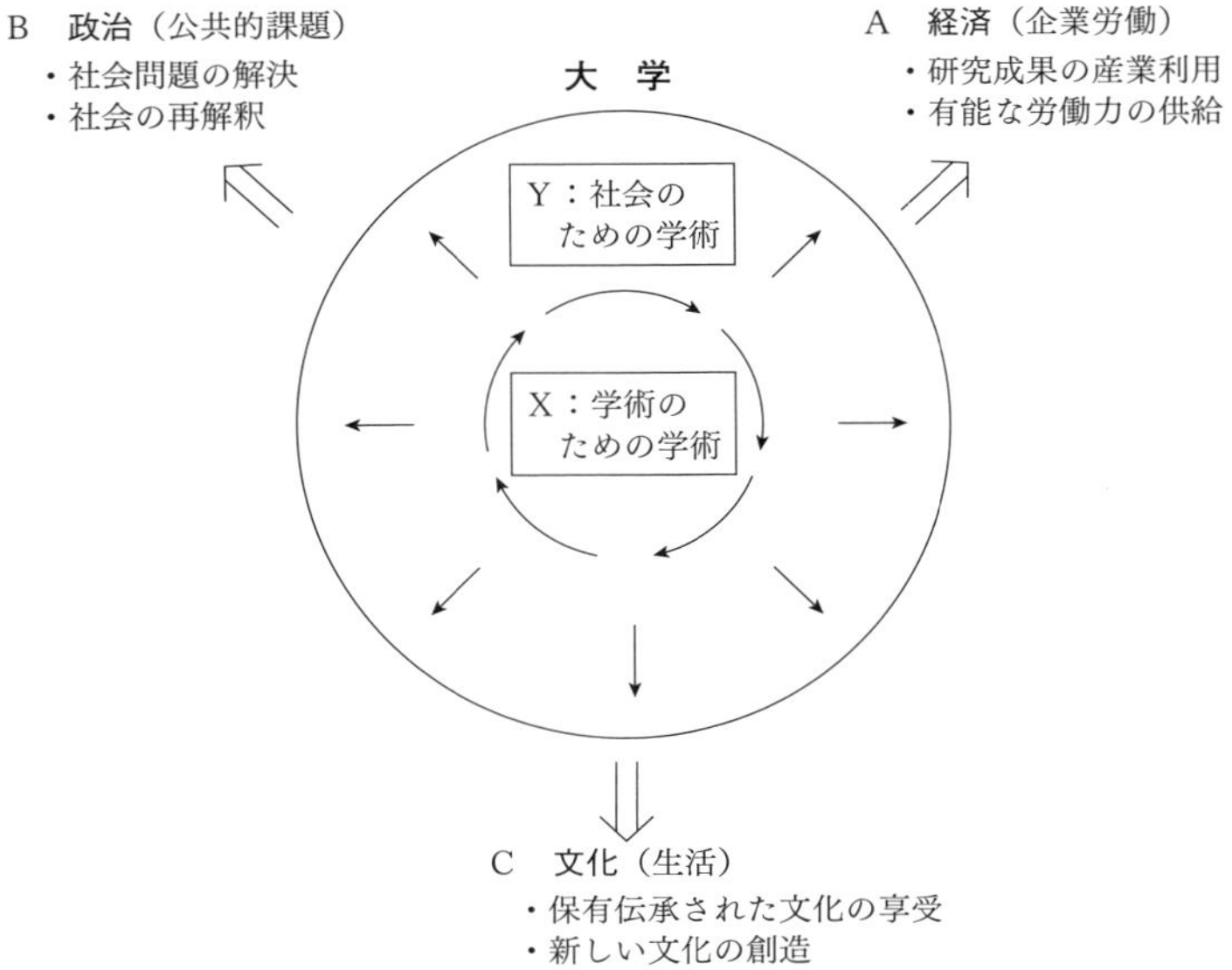

図 2-4　大学の社会的機能

「何をすべきか」が明確になっている。しかも、それらは緩やかに並列していて寄り集まっている、というのである。トップダウンの官僚制組織モデルとは対極にあるような組織モデルで、きわめて興味深い。

クラークは、大学全体の目的を述べることはむずかしい、と言う。それは、特定の（限定された）目的を追求する場ではないからである。しかし、だからといって、大学がまったく目的や目標を見失っているわけではない。むしろ、大学の組織を構成する個々のユニットのレベルでは、教育研究として何をするべきなのかは明確に理解されている、というのである。「学科、講座、あるいは研究所では、行為者たちは自らが行っていることをなぜ行っているかをはっきりわきまえているのだ。しかし機関全体の意味と目的を簡潔に述べるように求められると、その彼らは他の誰かれと同じように頭を掻きむしってつまらない声明にたちもどってしまう」（同、二八頁）というふうなのである。

だから、多元的に権力が分割された中で多様な活動を通して複数の目的や目標が追求されている組織、として大学を見ていく必要がある（同、第八章）。

このような目的や目標の複数性や、それを追求する組織・活動の多元性や多様性を、大学に不可欠な組織的特性ととらえた場合、社会の多様な側面への知的な貢献の可能性を考えることができる。実際、大学の教育研究（及び、それを基盤とした社会的活動）は、複数の社会的な機能を果たしてきたし、今後も果たしていく必要があるだろう。

第一に、経済への貢献（図2-4のA）である。研究面では研究成果の産業での利用があるし、教育面では有能な労働力を労働市場に供給してきた。これについては、説明の必要もないだろう。

第二に、政治への貢献（B）、すなわち社会の公共的課題への対処についての貢献である。それは、社会問題を解決するという直接的で技術的な面での知や人材の提供もあるし、社会のさまざまな事象をとらえ直したり、目標を問い直したりするような、社会の再解釈に関わる面もある。

第三に、文化への貢献（C）である。大学が文化の保存や伝承に関わることで、社会の人々はそれを享受することができる。また、大学は研究を通して新しい文化の価値や意義を同定したり、学生の教育を通して社会に創造的な人材を供給したりすることによって、新しい文化を創造する場としても機能する。

近年の大学改革論の主たる関心は大学をもっと経済に貢献させようとすることに置かれているけれども、大学が果たす社会的機能はそれだけにはとどまらないのである。

このことを研究について確認してみよう。一例として、日本学術会議が二〇一〇年に作成した『日本の展望――学術からの提言』を見てみると、第2章「二一世紀の世界において学術研究が立ち向かう課題」では、持続可能な世界を実現するための課題を四つの領域の再構築問題として考察し、学術が取り組んでいくべき社会的課題を整理している。やや長いけれども要点がまとめられた概要の部分から引用しておく（日本学術会議 二〇一〇、ii～iii頁）。

第1の課題：「人類の生存基盤の再構築」

持続可能な世界は、世代間の衡平および地球規模での地域間の衡平を確保することを課題とする。そのためには、「人間の安全保障」の考え方の下に、地球環境問題の克服を目指す取組みを進め、生命維持を脅かすリスクの回避を追求し、個人の安全を第一義とするヒューマン・セキュリティのためのシステムを地球規模で構築しなければならない。ここでは、人間と環境の関係の意識的転換を図り、地球環境の生命維持システムの恒常性を確保することが必要である。学術研究は、これらの課題に向かって、科学技術を含め学術の総ての分野の知を結集し統合的研究を進め、国際的協働に立った学術の総合力を強力に発揮しなければならない。

第2の課題：「人間と人間の関係の再構築」

①国際的レベルでの課題は、世界で最も動態的であり、かつ、世界の問題が集約されたアジアにお

いて「互恵・互啓・協働の原則」に基づく交流を促進することである。世界にとっても重要であり日本が大きな役割を果たすべきこの課題において、学術がアジアにおける知的交流と知的活動のネットワークを積極的に展開することが必要である。

②国家レベルでの課題は、個人と国家、私と公の二元的関係の現代的再構築を目指して、新たな公共性の形成や国家・市場・共同体と個人の関係の再編を追求することであり、またそこにおいては、一方で権利を媒介にした個人と公共の関係の原理的あり方、他方で「自足しえない存在」として個人を把握する意義が検討されなければならない。

③社会を構想する課題は、全ての人の個人の尊厳と社会参加の保障を実現するべく、税制、社会保障、雇用政策、医療等の持続可能なシステムの設計を、必要な条件および設計上の留意点を踏まえて追求することである。グランドデザインは、人々の多様な生き方、人々の参加可能性、また有機的で多様な方法を視野に入れることが必要である。

第3の課題：「人間と科学技術の関係の再構築」

学術は、「科学技術」が人間にもたらす成果と問題をどのように受け止め持続可能な社会の構築に導くことができるか。ここでは、二つの重要問題、リスク社会および情報社会の問題に即して明らかにする。

①科学・技術のさらなる進展は、新たなリスクの出現を不可避としている。リスクに対応できる社会を構築するためには、存在するリスク把握のための「リスク指標」の構築、「安全の科学」の確立と振興および「先進技術の社会的影響評価」の制度化が鍵である。「安全の科学」は、学術

の総合力の表現としての「統合の科学」の重要なモデルとなる。

②安全で持続的な情報社会の実現は、現代社会の不可欠の基盤である。そのためには、情報技術の研究開発と相関する法・社会制度の整備の促進、科学情報の社会資産としての形成と重要情報の永続的保存、そしてグローバル化・国際標準化に対応する個別の研究分野を超えた総合的かつ実践的方策の学術による推進が必須の課題である。

第4の課題：「知の再構築」

二一世紀の人類社会が対応すべき課題の錯綜化と多様化は、現代市民の知的基盤としての教養と教養教育のあり方、および学術の拠点としての大学における人材育成のあり方の再構築を求めている。

①現代市民の教養および教養教育のあり方は、(i)個人の主体性・自律性の尊重、(ii)個人の尊厳・個性とその多様性の尊重の下での、人間相互の依存性・共生性・協働性についての理解と承認、(iii)個別の専門分野を越境する統合的な知性と課題解決に取り組み協働する実践的知性の形成、の三つを視点として構想されなければならない。

②大学は、教養教育の課題を踏まえ、専門基礎の学部教育、専門教育の完成を目指す修士課程、専門分野の最先端研究を目指す博士課程の役割を再確認し、総合的な観点から人材育成を図り、また、市民の生涯教育の機会を整備すべきである。成熟した世界観・社会観をもって主体的で能動的な知の探究と社会への参加を続ける人材の育成が必要である。

ここに見られるのは、経済への貢献に特化しているわけでもなく、国益に終始しているわけでもない学術のあり方である。「持続可能な世界を実現する」という、人間全体の未来に関して最も重要な課題に対して学術が責任をもとうとすると、必然的に政治や文化の次元の諸課題も含めた広い射程に向けた知が志向されるのである。もっともこの報告における「学術」の担い手には、企業や官庁の研究所が含まれていると思うけれども、おそらく大学がその担い手の中心として想定されているだろう。

さて、図2-4に戻って説明を続けよう。真ん中の円が大学だがその中のコアにあるのが、「学術のための学術」の研究と教育（X）である。「学術のための学術」の研究と教育は、社会において役立つということからいったん切り離された知の探究と伝達なので、大学内部に完結したサイクル（内側の矢印の循環）をもつ。そういう知を教育する場合にも、学ぶ側も研究者も世間の有用性から切り離された知自体を目的として探究する。学生もまた、「何の役に立つのか」という点から切り離された学びによって、知自体のおもしろさや奥行きを味わうことになるのである。学問分野ごとに濃淡はあるけれども、どの学問分野においても、この「知のための知」の研究や教育が、その分野の知的基盤の部分を作っている。

その外側にある外向きの矢印は、「社会のための学術」の研究と教育（Y）である。仕事に役立つ知とか、社会の問題の改善に取り組む知、文化の発信に向けた知など、社会に向けた方向はさまざまである。また、研究が具体的で社会的な課題やニーズに応えようとするものもあるし、教育を通して、あるいは教育の素材が社会と接点をもつものもある。

あえて、「学術のための学術」Xと「社会のための学術」Yとを分けたのは、両方が大学にとって必要だと思うからである。教育基本法第七条では、大学について、「大学は、学術の中心として、高い教養と専門的能力を培うとともに、深く真理を探究して新たな知見を創造し、これらの成果を広く社会に提供することにより、社会の発展に寄与するものとする」とされている。「深く真理を探究する」というのは、結果としてそれの一部が「社会の発展に寄与する」としても、両者は独立した関係だと思うから、XとYとを別にした。

実際、先ほど紹介した日本学術会議の『日本の展望——学術からの提言 二〇一〇』においても、学術と社会との関係について、「学術のための学術」と「社会のための学術」との両方が必要であることが謳われている。

学術は、社会に対して大きく分けると二つの異なった関わり方を持っている。一つは、社会的に承認されている価値や目的から独立に、自然や社会現象などの「あるもの」について認識し、理解を深めること、すなわち「学術のための学術」としての関わりである。もう一つは、人間社会における利益の促進、あるいは問題解決のための実用を目的とし、制度や技術を開発すること、すなわち「社会のための学術」としての関わりである。「学術のための学術」は、社会の知識基盤を形成するという基礎的な役割を果たし、人々の知る喜びに応えて社会の文化を豊かにすることにおいてすでに「社会のための学術」と言うことができ、また、たとえば量子力学の知見が半導体の技術開発につながったように、長期的スパンにおいて見れば「社会のための学術」の基盤を作り出す。このように、「学術のための学術」は、社会に不可欠の独自の意義を発揮しながら、また「社会のた

めの学術」と相携えて社会において重要な役割を果たすのである。（日本学術会議 二〇一〇、四頁）

この図2-4を使っていくつかの説明をしたい。

第一に、産業界から高唱される、世の中に役に立たない、大学の研究や教育はムダで、もっと経済に役立つ大学になれ、という議論はまちがっているし、歪んでいる。社会の有用性の基準から距離をとってなされる「学術のための学術」の研究や教育は、むしろ大学の知のコアになる部分（X）である。社会への接点をもった知（Y）のみを大学に求めている点で、その議論はまちがいである。

いまの日本の大学改革論は、経済からの要請ばかりが強くて、政治や文化への配慮が欠落している。研究成果が産業とつながっていて経済成長と連動した分野には巨額の資金が投入される代わりに、有用性が社会で理解されにくい「学術のための学術」は、競争的環境の中で厳しい状況に置かれている。それどころか、多様な研究者の安定した研究の基盤である国立大学法人の運営費交付金は漸減が続いたうえ、競争資金化することで、ますますコアの部分の存立が危うくなってきている。

また、大学は、経済（A）に対してだけでなく、政治（B）や文化（C）に対して役立つ必要がある。産業利用ができる研究や有能な労働力の育成ばかりに向けて、大学が機能を純化させ、それらの面からの尺度で大学の組織改編やカリキュラム改革などがなされていったとしたら、大学の教育研究はいびつなものになってしまう。その意味で、経済界からの議論は歪んでいる。

近年のような経済への貢献に特化した大学改革は、社会にとってマイナス面を含んでいる。ヨーロッパでも経済からの圧力が強いけれども、ボローニャ宣言（一九九九年）に見られる通り、EU市民を育成するための場としての大学教育の側面も重視されてきたし、社会の公共的課題に対する専門的な知識をもった市民や幅広い教養を身につけた市民を大学が育成することが、民主主義の発展やグローバルな公共課題の解決に不可欠だと考える論者は少なくない（たとえば、重本 二〇〇九、Haigh 2008, Rizvi & Lingard 2010, Santos 2010）。

羽田貴史は「経済的効果のみ扱っていた教育の成果としての人的資本概念の再構築が国際的に進んでいる」ことを指摘しつつ、「民主主義の危機は世界共通であるのに、驚くべきことに、日本の高等教育政策も研究も、この問題を直視しない」（羽田 二〇一九、一五頁）と、日本の状況を批判している。その通りだと思う。大学教育が政治や文化に果たす機能が軽視されてしまっているのである。

第二に、大学教員の研究についてである。現在の大学改革の中では、各教員が役にも立たない研究を、思い思いに自分の好き勝手なテーマで進めているかのようなイメージで大学の研究が非難されることがある。しかしそれは違う。

役に立たないように映るのは、社会とのダイレクトな接点をもたない「学術のための学術」の研究であったり、社会に対してまだ発信性をもつに至っていない「社会のための学術」の途上の研究であったりすることがよくあるのである。また、各自が好き勝手なテーマで研究を進めているのではなく、「学術のための学術」であれ、「社会のための学術」であれ、学会や研究ネットワークなどによって、お互いにつながった中で研究をしているのである。

個々の大学レベルで見ると孤立していて風変わりに映る大学教員の研究は、実は大きな知のネットワークやサイクルの中に位置している。それによって、「学術のための学術」、あるいは「知のための知」は、実は広い世界とつながっている。普段はいささか常識外れの人で、しかも不思議なテーマで研究をしている大学教員が、実はヨーロッパの世界的に有名な研究者との間で知の最先端を競っている、といったことだってあるのだ（私はそういう人を知っている）。

第三に、研究と教育との関係についてである。この図2-4では、研究と教育とを区別した整理をしていないが、その二つには密接な関係があるからだ。先にもふれたように、大学は、研究によって新しい知が生み出され、その研究の成果が教育の内容をリニューアルしていくことによって成り立っている。どんな分野の教育であっても、ある時代にスタンダードだとされる教育内容は、二〇年、三〇年もすると、そのままでは古くさい、時代遅れのものになってしまう。教育内容は不断に見直されていくのだが、そこには、既存の枠組みでの研究の進展や、新たな枠組みでの研究の展開の成果が反映している。「学術のための学術」の研究と「社会のための学術」の研究との両面で研究が進み、既存の知が見直されていく中で、教育内容も不断に更新されるわけである。

だから、個々の研究者が手がけている研究の主題は狭いし、学生の教育とは無縁に見えるものが多い。しかし、それらが学会などを足場にして、ある分野の研究全体の流れを形作ることで、全体として見ると、既存の教科書を書き換えていく力になるのである。いわば、個々の研究者の研究は山奥に湧く小さな湧き水の一つひとつで、それらがたくさん合流して大河になると、それぞれの時期におけるその分野の学生を教育するためのスタンダードな知識が形成されるのだ。「大学で何が教えられるべきか」は、その分野の研究が内容を決めることになる。大学がもつ知の生産・刷新の機能は、最新の内容で大学教育がなされていくための必要条件であるといえる。

おわりに

二〇〇五年の中教審答申（「我が国の高等教育の将来像」）以来、高等教育政策では「選択と集中」の原理が打ち出され、財政支出をできるだけ抑制しながら、競争と評価による研究教育の水準の高度化が目指されてきた。しかし、大学の教育研究の実情をよく知らない外部の人たちの改革アイデアには問題が多いし、ろくにお金も出さないでおいて教育研究の高度化を求め続けるのには無理がある。

大学の組織というレベルの話でいうと、部局の統廃合やガバナンス改革が進んできたが、さらに国立大学法人の統合や国公私をまたがった新法人の創設などの話も出てきている。教授会の権限を吸い上げて学長のリーダーシップを強めるという改革も行われた。しかし、そうした改革案自体が適切なのかどうかにも問題があるし、大学の組織をいくらいじくりまわしてみても改善にはおのずと限界がある。というか、もう限界まできている（たとえば平野 二〇一六などを参照）。

各大学レベルでは、組織のボトムからの声をきちんと拾い上げる仕組みをあらためて作っていくことが必要である。教育研究の改善は、トップダウンの押しつけでうまくいくわけがない。個々の大学レベルでは、「トップの判断こそが最善」という見方が改められる必要がある。

制度レベルでは、大学へ公的財政からもっとしっかり支出していくことである。目先の経済にのみ貢献するやせ細った大学への道をたどらず、日本の大学が長期的に多様な機能を十全に果たしていくためには、図2-4の大学の教育研究のコア（X）や政治・文化への機能（B・C）まで抱え込んで、公的財政支援でしっかりと支えられていく必要がある。高等教育政策の基本的な考え方として、「選択と集中」からの発想の転換が必要である。

文献

江原武一 二〇一三「大学と国家・市場」広田照幸編『シリーズ大学6 組織としての大学――役割や機能をどうみるか』岩波書店。
小沢弘明 二〇一三「大学の自律と管理――新自由主義時代における」広田照幸他編『シリーズ大学6 組織としての大学――役割や機能をどうみるか』岩波書店。
川嶋太津夫 二〇一八「日本の大学はなぜ変わらないのか？ 変われないのか？――四半世紀にわたる個人的体験を通して」佐藤郁哉編著『五〇年目の「大学解体」二〇年後の大学再生――高等教育政策をめぐる知の貧困を越えて』京都大学学術出版会。
北原和夫・広田照幸 二〇一二「教育研究の評価をどう考えるか」『大学における教育研究活動の評価に関する調査研究』（文部科学省平成23年度先導的大学改革推進委託事業・研究成果報告書）。
クラーク、バートン・R 一九九四『高等教育システム――大学組織の比較社会学』有本章訳、東信堂。
重本直利 二〇〇九『大学経営学序説――市民的公共性と大学経営』晃洋書房。
スローター、S＆ローズ、G 二〇一二『アカデミック・キャピタリズムとニュー・エコノミー――市場、国家、高等教育』成定薫監訳、法政大学出版局。
日本学術会議 二〇一〇『日本の展望――学術からの提言 二〇一〇』（http://www.scj.go.jp/ja/info/kohyo/pdf/kohyo-21-tsoukai.pdf）
羽田貴史 二〇〇七a「大学組織とガバナンスの変容――戦後日本型高等教育の着地点」広島大学高等教育研究開発センター編『大学の組織変容に関する調査研究（ＣＯＥ研究シリーズ27）』同センター。

羽田貴史 二〇〇七b「大学管理運営の動向」広島大学高等教育研究開発センター編『大学の組織変容に関する調査研究（COE研究シリーズ27）』同センター。

羽田貴史 二〇一九『大学の組織とガバナンス』東信堂。

平野幸彦 二〇一六「人文学部ヒラの准教授の目から見た地方国立大学の現実」『現代思想』第四四巻第二一号。

Becher, Tony & Kogan, Maurice 1992, *Process and Structure in Higher Education*, 2nd ed., Routledge.

Cowan, Robin 2006, "Universities and the Knowledge Economy", in Brian Kahin & Dominique Foray (eds.), *Advancing Knowledge and the Knowledge Economy*, The MIT Press.

Haigh, Martin 2008, "Internationalisation, Planetary Citizenship and Higher Education Inc.", *Compare*, Vol. 38, No. 4, pp. 427–440.

McNay, Ian 1995, "From Collegial Academy to the Corporate Enterprise : The Changing Cultures of Universities", in Tom Schuller (ed.), *The Changing University?*, Open University Press.

Newton, Jethro 2010, "A Tale of Two 'Qualitys': Reflections on the Quality Revolution in Higher Education", *Quality in Higher Education*, Vol. 16, No. 1, pp. 51–53.

Rizvi, Fazal & Lingard, Bob 2010, *Globalizing Education Policy*, Routledge.

Santos, Boaventura de Sousa 2010, "The University in the Twenty-first Century : Toward a Democratic and Emancipatory University Reform", in Michael W. Apple, Stephen J. Ball & Luis Armando Gandion (eds.), *The Routledge International Handbook of the Sociology of Education*, Routledge.

Teelken, Christine 2012, "Compliance or Pragmatism : How do Academics Deal with Managerialism in Higher Education? A Comparative Study in Three Countries", *Studies in Higher Education*, Vol. 37, No. 3, pp. 271–290.

第3章　大学教育の改善・改革をどう考えるか

はじめに

一九九〇年代以降、多面的に展開してきた日本の大学改革の中でも、教育の改革は、最も焦点が当てられてきたものの一つであっただろう。一九九〇年代の大学審議会の答申や二〇〇〇年代の中教審の答申では、大学教育のあるべき方向がくり返し描き出され、それに向けた誘導的あるいは強制的な諸政策が積み上げられてきた。

それらを改革の契機としながら、個々の大学レベルでも教育のあり方の見直しがくり返し議論され、実施に移されてきた。たとえばカリキュラムに関しては、一九九一年の設置基準の大綱化による一般教育と専門教育との区分の撤廃の後、しばしば組織の改組を伴いながらどの大学でもカリキュラムの見直しが進められてきた。個々の授業のレベルでも、おそらく三〇年前とはずいぶん違う感じになってきている。ＦＤの導入と義務化、詳細なシラバスの作成の義務づけ、学生による授業評価の導入・

利用など、いわゆる「改革の小道具」がさまざまに導入されたことによる受け身的な部分もあるし、大学教育を「教育」と考えて、積極的に改善工夫していこうとする自主的な姿勢の部分もある。

学術雑誌論文のデータベースであるCiNii Articlesで、試しに「大学×学生×授業」のキイワードで検索をかけてみたら、近年では膨大な数の論文が書かれていることがわかる。一九五〇年代にはわずか四件だったのが、一九六〇年代以降の一〇年ごとの数字を挙げると、一二件、五六件、二四〇件、一三三三件、四七一七件と爆発的に増加している。二〇〇〇年代の長大な文献リストを眺めていると、「大学教員は教育に関心をもっていない」という紋切り型の批判はまったく時代遅れのものに見えてしまう。

学生の側の姿勢を見ても一昔前と比べるとずいぶん熱心に授業を受けるようになっている。溝上慎一（二〇〇四、一六頁）は、さまざまな学生調査の結果から、「授業出席率やキャンパスライフにおける学業の位置づけが、一九九〇年代以降軒並み上昇している」と述べている。

マス大学の典型であるといわれる日本大学の学生生活実態調査で確かめてみても、このことは確認できる。一九八八～二〇〇九年の学生の受講態度の変化を見てみると、図3-1のようになっている。「他人のノートのコピーですます」者や「授業以外の課外活動等に打ち込む」者の割合は減少し、「教科書・ノート中心に勉強する」者の割合が、三九・一％（一九八八年）から五八・八％（二〇〇九年）に増加している。授業への出席率のデータを見ても、出席をとる授業もとらない授業も、総合教育科目も専門科目も、いずれも上昇している。

しかも、同調査では学生たちの授業への満足度も上がっている（図3-2）。義務感だけで学生の出

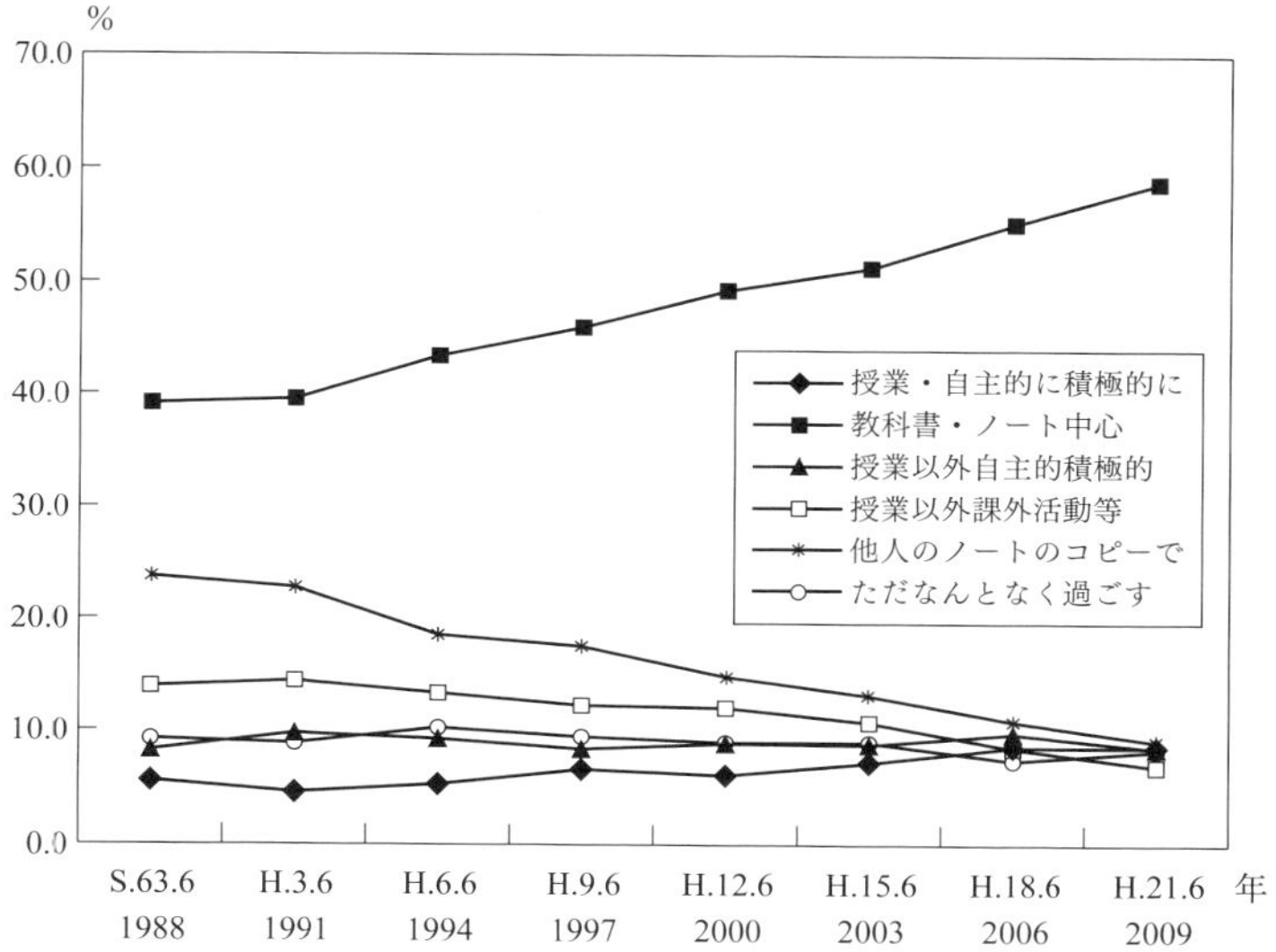

図 3-1　勉学態度

出典：「平成 21 年度第 8 回日本大学学生生活実態調査」。

席率が高まっているわけでもなさそうだ。教員が授業をいろいろ工夫するようになって、学生にとって興味深い授業が増えたのかもしれない。あるいは、学生の側がまじめになってきて、授業に出席してじっくり講義を聴いてみたら存外おもしろかった、ということなのかもしれない。期待を込めていうと、おそらく両方だろうという気がする。

しかしながら、学生たちが授業にきちんと出席してノートをとるようになってきているからといって、それでよいのか、という問題がある。大学教育のあり方に関して、もっと見直してみるべきことはないのか。「そもそも大学教育を改善する」とは何なのか。大学教育をめぐる議論がしばしば対立や軋轢を伴っていることを考えると、単

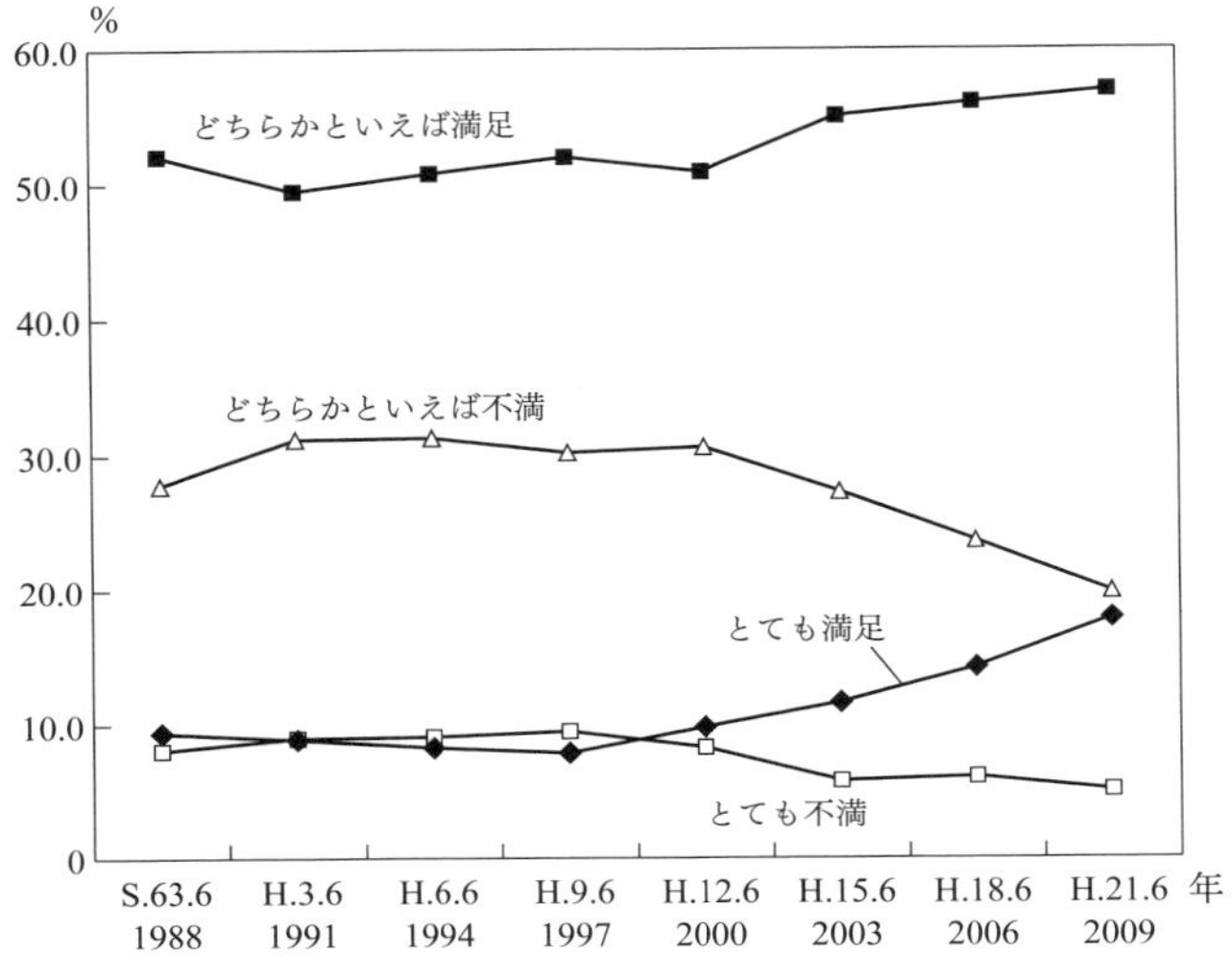

図 3–2　専門科目の授業

出典：同前。

純に「問題のある現実—問題を解消する解決策」という構図ではないことがわかる。むしろ、多様な大学教育論はさまざまな価値や理想と結びついており、「誰が誰に、何をどのように教えるべきなのか、そしてそれは何のためか」をめぐる議論は、常に係争的なものである。

ここでは、近年の大学教育改革について、二つの視点から考えていく。一つ目は、「教える—学ぶ」という関係の変容をどう見るかという問題である（第一節）。二つ目は、大学教育と職業との関係の次元から見た大学教育の問題である（第二節）。最後に、それらをふまえて、まとめと若干の問題提起をしたい。

1　大学の学校化をどう超えるか

まずは、「教える―学ぶ」という大学教育のミクロな関係のレベルに注目してみよう。改革が叫ばれるようになる以前の大学において、教育がなかったわけではないし、大学生は何も学ばないで卒業したわけではない。今のわれわれの目から見て教育が不在に見えるのは、教育モデルが近年のものとは異なっていたからである。ここでいう「教育モデル」とは、個々の授業や科目、カリキュラムや教育組織を一貫して枠づける、基本的な「教える―学ぶ」関係に関する理念と呼んでもよい。いわば大学教育という装置の基本的なOS（オペレーティング・システム）である。

かつての時代のそれは、「学びたい者が自ら学ぶ」という像であった。すなわち、知的な意欲をもった学習者（すなわち学生）が学問共同体の中に周辺から徐々に参加していくという像である。「自律的学習者モデル」と呼んでおこう。そこでは、知識は個々の教員によって思い思いに、すなわちバラバラに提供され、あるいは一方的に提供されるのが当然で、場合によっては明示的には提示されないこともよくあった（学習者の側が独力で学ぶ）。理科系の場合は比較的カリキュラムの体系化がなされてきていたが、それでも正規の授業外で、研究室に所属してそこでの活動に参加していく中で身につけることが期待されるものは多かった。

この教育モデルのもとでは、断片的な知をつなぎ合わせ、明示的には提示されていない知やスキルを読み取り、授業に出てこない知を自ら学び、体系的な知へと綜合化するのは、学習者の側の責任で行われるべきものであった。

だが、実際には、この教育モデルでは理念と現実とのギャップが大きかった。学生の全員が学問的な探究心を豊かにもっていたわけではないし、バラバラな知識を学生自らが綜合化することも簡単ではなかった。また、企業が大学卒業生の専門的知識や成績を重視しない採用のやり方を続けていく中で、大学が甘い成績評価でともかく学生を卒業させてしまうという慣行がすっかり広がってしまったので、「学びたい」と思わない者でも簡単に卒業ができてきた。特に日本の大学は、学生の授業料に依存する私学が占める割合が高かったから、学ぶ意欲の低い者でも喜んで入学させたし、厳格な成績評価を徹底するドライブも働かなかった（それは今でもそうである）。実際、一九六〇年代の大学進学率の上昇以降は、十分な基礎学力や知的関心をもたない層にまで大学進学者層が拡大してきたため、そうした理念と現実のギャップは埋めがたいものになってしまった。

また、学生自身にとっても、大学生活において専門的知識の獲得だけが唯一のなすべきことではなかった。天野郁夫は、明治期の個性的な私学が、「知識よりも（あるいは知識以上に）、人間形成を求める、多くは裕福で知的な階層出身の若者たちの心をとらえた」と述べている（天野 一九九二、九六頁）。生まれ育った狭い世界を離れて知的な雰囲気の中に身を置き、多様な人たちと出会う場である高等教育機関が、人間的な成熟の場として機能してきたことは、昔も今も同じである。

戦後改革によって日本の大学は、専門教育課程の旧制大学と高等普通教育の旧制高校・大学予科とが合体させられる形で発足した。そこでは、かつての高等普通教育を継承した一般教育が市民形成の役割を期待されたものの、現実にはその機能を十分に果たせず、代わりに、多様なキャンパス文化

（学生運動やアルバイトも含む）が、学生たちの市民・社会人としての人格の成熟機能を果たすことになった。人格だけ成熟して、専門的知識がさっぱり身につかなかった者がたくさん卒業したのが、残念ながらある時期までの日本の大学であった（今でもそういう学生がいないことはない）。

近年起きていることは、別の教育モデルに基づいた大学教育の再編である。教える側が、何をどう教え、どう学ばせるのかをあらかじめパッケージのように体系化・組織化しておき、密度の濃い、隙間のない教育空間を作り上げようとするやり方である。「教育プログラム・モデル」と呼んでおこう。カリキュラムは段階づけられ体系化されるとともに、教授―学習の過程は事前のシナリオに沿った展開が期待される（プログラム化）。そして、学習成果の評価、教育プログラムの評価など、教育に関する多重の評価が、教育改善のループや資源配分の基準へと活用されていく。

かつての教育モデルに比べて今支配的になってきている教育モデルが手放しでよいとは限らない。たとえば、その教育モデルには自主的・自発的な学習者は存在しうるかもしれないが、自律的な学習者は存在しない。学ぶべき知は自らの手で綜合化されるのではなく、パッケージ化されたものとして他者から投げ与えられるものでしかないからである。現在の大学教育の変化を「教育から学習へ」と形容する論者は少なくないが、今述べた視点から見ると、「学校化」あるいは「学習から教育へ」の変化にほかならない。

田中毎実（二〇一三）は、かつての教育モデルの問題点を認めつつ、近年の教育モデルの問題性もまたえぐり出している。大学教育の担い手自身の視点からは、確かに、かつての大学は、教育の軽視、「教育実践の自閉的な個人化」などの問題があったけれども、一九九〇年代以降の変化が生んでいるのは、教育と研究の関係についての相互了解や、教育関係についての集団的了解の揺らぎだという。だからといって、近年の改革のように、大学の外部から求められている「可視的な数量的データ」をしゃにむに求める「教育の質保証」の議論には、ニヒリズムやシニシズムがはらまれており、そこには「技術的合理性、官僚主義の徹底的な〈反教育性〉」が存在している、という。

かつての教育モデルも、近年の新しい教育モデルも否定しつつ、田中はそれらに代わる教育モデルを提示する。それは、「互いに自己生成する教員集団と学生集団が多様に織りなす〈新たな学問教育ネットワーク〉」であり、「学校化」と「脱学校化」との相矛盾するベクトルの追求であり、「世代継承的公共性への応答にまで拡大されたフンボルト的な学問教育共同体の現代的なありよう」である。かつての教育モデルの墨守か、近年の新しい教育モデルの普及かという、二者択一的な議論が横行する中で、現実主義的に、しかし理想を手放さない議論がなされている点が興味深い。

「自己生成する……学生集団」という概念に注目すれば、かつての自律的学習者のモデルと現在進んでいる教育化とをうまく統合できそうな気がする。それは、「自律的学習者（たち）へと成長させる場」としての大学である。入学時には受動的で選択能力の乏しい存在だった学生を、在学中の間に能動的で自己選択によって学習し続けられる存在に変えていく、という教育である。

その場合のカリキュラムは、かなり周到に構築される必要がある。知識ベースの体系性だけでなく、同時に、自律した学習への動機づけやその学習が可能になるためのスキルの獲得を、知識ベースの体系性をもった科目群に重ね合わせて組織される必要があるからである。これは、アカデミックな志向が強い学生が多い大学や学部でも、職業志向の強い学生が多い大学・学部等でも可能である。

近年広がっている「カリキュラム・マップ」「カリキュラム・ツリー」などは、それを狙ったものだろうが、項目自体が自律した学習者の育成を目指しているものではないし、評価やチェックの対象となることで、かえって形式のみにとどまってしまっている面もある。そもそも、大学生にとっての学びの機会は、授業に限定されたものではないはずなのに、授業科目の組み立てや内容だけで、高い理想を達成しようとする点に、そもそも無理がある。この点を指摘する羽田貴史（二〇一九、一七頁）は、「学修時間の拡大云々の論議」が、大学生の多様な機会での成長を無視しているために、「自律的な学習を育成する大学の機能を衰退させる恐れがある」と指摘している。

その意味では、むしろ彼らに提供される大学という空間の設計の次元が重要かもしれない。カリキュラムに盛り込まれたフォーマルな教育機会とは別に、学生たち自身の相互交流が自律的学習への契機をはらむよう、キャンパスの環境や授業外の行事なども工夫される必要がある。日本学術会議が二〇一〇年に作成した「回答　大学教育の分野別質保証の在り方について」(http://www.scj.go.jp/ja/info/kohyo/pdf/kohyo-21-k100-1.pdf) には、教養教育のあり方と関わって、次のような議論がなされている（四〇～四一頁）。

大学は高等教育機関であると同時に、否、それ以上に、ある種の社交空間である。確かに大学には建物や教室、実験室があり、教員がおり、論文や著書が生み出され、そこに学ぶ学生は就職していくが、論文数や就職率、資格取得率などの目に見える「客観的成果」は、社交空間としての大学の一面に過ぎない。人生のある時期をこの社交空間で過ごし、人間が成長していくことに関して、明確な基準や定量化可能な指標では把握できることはむしろわずかであろう。

人は長じて、なぜ学生時代を懐かしむのか。そこには、講義などの制度的な仕組み以外の大学での生活があるからである。名物教授の立ち居振る舞い、学生食堂の食事、クラブ活動や様々なイベント、多様な人々との出会いや友人との交流、大学周辺の街の雰囲気など、大学という社交空間で経験した生活の「匂い」とでも言うべきものは人の一生を通じて残り続ける。仮にこのような社交空間としての大学の「匂い」を隠れたカリキュラムと名付けるとすれば、これこそが人間の成長の糧を提供しているのかもしれない。このような隠れたカリキュラムによる成長が、人間の幅を広げ、専門以外の事柄について知的に会話することや、全く文化的背景の異なる人間と交流することを楽しめる人間を生み出すのである。

ややノスタルジックな表現が気になるが、キャンパスの空間全体が「隠れたカリキュラム」として人間形成機能をもっている、という指摘は適切だろう。そうであるとすると、そこに知的な要素を計画的に組み込んで、自律した学習への動機づけやスキル形成の機能をもっと果たすようにしていくことが考えられる。

近年多くの大学でラーニング・コモンズなどが作られてきているのは結構なことだが、学生たちの自主的な活動をもっと認め、奨励する余地は大いにあるように思われる。空間の設計という手法においては、学生たちの成長の方向や過程は制御できないけれども、面白いことを考え、自分でどんどん新しいものを吸収していく学生に育っていくのであれば、それでよいではないか。

2　職業世界との関係の変容

大学教育と卒業後の職業との関係は、教育内容が職業的な日常知識と直結した一部の専門職養成教育以外では、なかなかわかりにくい。また大学の研究分野の中には、特定の職業資格や職業スキルと直結した分野もあるから、そこでは職業に向けた内容が中心になっている。しかし、まったくそうでない分野もある。特に学生数で大きなウエイトを占める人文社会系の多くの分野は、特定の職業に向けてつながっているわけではない。大学の教育がもっと職業とのつながりを明確にすべきだという声が、産業界を中心にして教育政策論議の中で強まっている。しかし、両者のつながりを強めるべきだという考えに私は同意できない。

前章の図2-4（五八頁）で示したように、一つには、大学の教育がもつべき社会的有用性というものは、職業（経済）だけでなく、政治（公共的課題）や文化（生活）にも資するべきだからである。学生たちが大学を卒業し仕事に就いてしまうと、彼ら／彼女らの多くは日々の仕事の世界が生活の大部分のウエイトを占めることになる。だからこそ、仕事に就く前の時期に、この世界についての幅広い知識や、人間についての深い洞察を、自分なりに進めておいてほしい。仕事に就いたらそこでは得られないような学びの経験を、大学にいる間にしておくことが、人間として豊かに生きていくための財産になると思うのである。

もう一つには、研究をベースにして大学で教えられる知が、大学の授業においてどう選ばれるのかは、必ずしも職業上の有用性を基準にしていないからである。「学術のための学術」は、前章で見たように大学における知のコアをなしている。大学教育の中でそれが教えられる場合には、人間や社会や自然についての深い認識のための知の獲得それ自体を目的として、教育されるのである。たとえば、私が昨年度まで教えてきた「教育の社会学」の授業は、「教育を社会学的な視点や概念、理論を用いて分析したとき、さまざまな教育事象をどう説明できるのか」を目的として講義をしてきた。だから、教員になったときの直接の有用性はねらってはいなかった（間接的な有用性はある）。

「社会のための学術」に関わる知においては、教育される内容は、社会とつながりをもっている。しかし、そこでも、内容的に「卒業後に就く仕事で役に立つ」ことと無関係なことはよくある。たとえば、「地域社会の問題を考えよう」という演習の授業では、自分とは直接関係のない地域の人たちの抱える問題に取り組んだりする。

私は別の機会に、「学校は、社会の経済発展と個人の職業の準備に資する役割を担っている」という、多くの政策論で暗黙に共有されている考え方を取り上げて、その限界や問題点について考えてみたことがある（広田 二〇一五）。大学教育がもつべき広がりや奥行きに比して、職業の準備のために大学教育があるという考え方は、教育についての考え方が狭いのである。職業に役立たない大学の教育はムダだという考え方自体が、全体として大学教育を歪めてしまうということが、もっと理解されなければならない。

とはいえ、話はもっと複雑である。おそらく職業とのつながりが不明確な分野の大学教育であっても、それを熱心に学ぶことで、実際には職業上の能力やスキルが獲得されていく側面がある。大学で教えられることを熱心に学んでおいたことが後になって役に立っていることを実証した研究が、ようやく最近になって登場しつつある。

矢野眞和は、工学部卒業生の調査から、「大学時代の積極的な学習経験が、本人のさまざまな能力向上と成長体験をもたらしている。その蓄積と体験が、現在に必要な知識・能力を向上させ、その結果が仕事の業績などに反映されている」（矢野 二〇〇五、二七四頁）という分析結果を明らかにしている。工学系の知識自体は一〇年もすると古くなってしまうけれども、大学時代にしっかり学んでいた卒業生は、その後も新しい知識を学び続けることで、優秀な技術者になっている、というのである。「学び習慣」仮説である。

経済学系の卒業生の調査結果を分析した濱中淳子（二〇一三）も、やはり矢野と同じく、大学時代から続く学習習慣が卒業生の所得の差異に影響を与えていることを確認しつつ、ミドル・エイジ以降にその差異が顕著になっていることを発見している。経済学系の卒業生の場合には、大学時代に一生懸命勉強したかどうかは、人生の後半になって効いてくるということである。

日本とオランダの大学卒業生を追跡調査した吉本圭一（二〇〇七）もまた、年齢とともに、職業キャリアを蓄積することで、大学の知識の有用性をより認識するようになるという「大学教育の遅効性」の仮説を提示し、日本ではこの傾向が強いことを調査結果から示している。

また、大卒職業人を対象にした大規模調査の結果を分析した金子元久（二〇一三）によれば、大学教育が伸長させるであろう「人とのコミュニケーション能力」、「わかりやすい文章を書く」、「論理的な考え方」などのコンピテンス（汎用能力）については、「とても必要」と答えている割合が高い。

また、三〇歳代から四〇歳代にかけて管理的業務に就く者が増えてくると、彼らはそうしたコンピテンスの重要性を意識するようになっていく、という像を描き出している。

しかしながら、日本の社会は長い間、文系学部を中心に「大学で学ぶ専門的知識は社会では役に立たない」という通念が強かったし、今でも強い。企業の採用において、大学入試による序列を基礎的能力の情報とした選抜がなされるとともに、白紙の人材を企業内で育てていこうとすることが日本的雇用の慣行だったため、大学でどんな専門的知識をどの程度学んだかは就職の場面で重視されてこなかった。そのことが通念を定着させる大きな要因になったのであろう。右にふれた金子の分析結果でも、大卒職業人には学術的な専門知識の必要性は高く評価されているわけではなく、特に事務職・営業職ではそうである。また、企業の採用担当者や役員を対象としてなされた調査を見ても、企業は昔も今も、学生たちが習得した専門的知識を採用時に十分評価していない。

「大学で学ぶ専門的知識は社会では役に立たない」という論は、近年台頭してきたコンピテンス論でも実は継続している。「(教師が) 何を教えるか」ではなくて「(学生が) 何を身につけるべきか」に注目するコンピテンスという考え方は、一九六〇年代に米国で登場し、一九八〇年代にヨーロッパに広がり、二〇〇〇年代には日本でもしきりに論じられるようになった(黄 二〇一〇)。

だが、考えてみると、大学教育にコンピテンスの育成を求める企業は、依然として専門的知識の修得を学生に求めているわけではない。確かに企業は以前に比べて大学教育に「成果」を求めるようになってきているが、それがコンピテンスである限り、具体的な中身をもつ専門的知識が要求されているわけではないのである。そこには、具体的なレベルで教育内容を扱う大学教育を提供する側の論理と、一般的・抽象的な能力を求める労働市場のニーズとのずれが存在している。

もう一方で、知識基盤型社会への転換をにらんだ一九九〇年代からの大学院の大幅拡充、二〇〇〇年代の専門職大学院の創設にもかかわらず、日本の企業はこれまで、学部卒業生の新規一括採用による人材確保の仕組みを変えてこなかった。知識の高度化の一つのやり方は、学部卒業生から大学院修了生へと人材の供給源がシフトすることであるはずで、実際に大学院は拡充され、院卒は増加してきたわけだが、日本の企業の多くは大学院修了者を必ずしも歓迎していない。結果的に、ここでもずれが起きている。

大学院重点化や法科大学院の創設などの政策がいずれも苦戦している状況に対して、元東京大学総長の佐々木毅は、「高度の専門知識を備えた人材に対する積極的活用姿勢が、この社会に乏しい」と嘆いている（佐々木 二〇一二、七頁）。質問紙調査で民間企業の大学院卒と学部卒の処遇の違いを初任給・配属・賃金カーブのそれぞれについて分析した平尾智隆ら（二〇一三）の研究によると、院卒を優遇する企業がかつてよりは増えてきているものの、データを見る限り、学部卒と差をつけていない企業がまだ多数派のようである（特に文系）。大学院卒がこれほどまでに企業や官庁で優遇されていない国は、世界中でもきわめてまれだろう。

学生が身につける専門的な知識をさほど重視しない企業は、汎用的能力や態度に関する要求を、大学に突きつけるようになってきた。そこには気になる点が二つある。一つは、学問の習得それ自体を目的とする大学教育と企業が求めるコンピテンス・ベースの能力との関係である。小方直幸（二〇一三）は、企業の側から、汎用能力や態度育成を通じた職業準備教育（「コンピテンスモデル」と小方は呼ぶ）の要求が強まっているけれども、それが学問の修得や研究への参画を軽視する危うさをもっている点を指摘している。このモデルは「脱学問」という力学を内包しており、「目的と手段の倒錯が起こっている」というのである。

小方が提案するのは「学問による職業準備教育」というモデルをリニューアルして再構築する道である。前節で田中の議論を足場に私が論じた、大学を「自律的学習者（たち）へと成長させる場」とみなすという教育モデルでは、学問の自律的な習得をゴールにした学習を手放さないという条件のもとで教育を進める限り、小方の主張とうまく重なることになる。逆にいうと、企業が評価するようなコンピテンス・ベースの能力の形成の場は、「部活・サークルで学ぶ」「アルバイトから学ぶ」「ボランティアを通して学ぶ」などでもありうるので、そうなってしまわないように、学問の習得をベースに据えた大学教育の組織化をしっかりと進めていく必要がある。

もう一つ気になる点は、最近の高等教育政策論議の中で出てきている、「学修成果の可視化」の問題である。中教審答申「二〇四〇年に向けた高等教育のグランドデザイン」（二〇一八年一一月）では、「学修成果の可視化」が山ほど登場した。特に問題なのが、「個々の学生の学修成果の可視化」である。個々の学生の学修成果を測定する技術には限界があるし、測定されるものは学生の多面的な知識や能力の中のごく一部にとどまる。可視化を主張する人たちは、そのことがまったくわかっていないようである。

個々の学生の学修成果の可視化に関して、現実的に可能で妥当なやり方だと私が考えるのは、企業の面接などの場で、学生自身に「自分が大学生の間に何を身につけたか」を説明させることである。

法学部・社会学部の大学卒業生の聞き取りを通して二宮祐（二〇一八）が明らかにしたのは、職業的なレリバンスを語る「語彙の不足」である。昔よりもまじめに授業に取り組むようになった今の大学生たちは、大学の授業を通してたくさんのことをたくさんの機会に学んでも、残念ながら、自分でそれを明確な言葉にして説明することができていないようなのである。

優秀な投手になれるかどうかを足のサイズで測るのがおかしいように、おかしなものさしで測られた個々の学生の学修成果は、いくら厳密な数字で表現されてもおかしな結果にとどまる。妥当な尺度であったとしても、それは卒業生の資質の、せいぜい一面的な何かを表現しているにすぎない。

もしも企業の側で、個々の学生の学修成果を可視化したいというのであれば、大学における専門なり教養なりの科目の履修成果について、学生自身に語らせる採用慣行を広げてほしい。大学の側に何か客観的な測定結果を求めるのは筋違いというものだ。「学問のことはわからない」という人事担当者の方こそ、「どんな分野であれ、それを学修した者が自分を語るところを聞きながら、当人の資質や才能についての評価ができる」というふうになってほしい。自分が大学時代に学んだ専門分野と異なっていても、耳を傾けて聞くことで、面接した学生の専門性や知的スキルの程度や特徴を見分けることはできるはずだ。

もしもそれに自信がないというならば、大学側や大学の教員にも多くを求めないでほしい。個々の学生の評価に関しては、どんなに手間をかけて情報を集めても、一面的・断片的な情報から危なっかしい評価しかできないのである。

おわりに

ここでは第一に、近年の大学教育における学校化を取り上げ、「教える―学ぶ」関係が自律的学習者モデルから教育プログラム・モデルへと変容してきていると述べた。そのうえで、新たな教育モデルのはらむ問題点を確認し、知識ベースの体系性を重視しつつ、その学習を通して自律的学習者になっていってもらうことを目標とした教育を大学教育の中で行っていく、というモデルを提示した。

第二に、大学教育と職業とのつながりをもっと明確化させようという近年強まってきている議論を批判しつつ、コンピテンス・ベースの職業準備教育論や「学修成果の可視化」の議論の問題点を論じた。「よい大学教育」の理想は一つではないし、一つにしてはいけないということである。大学教育自体がたくさんの目的や機能をもっているし、個々の大学や専門分野が置かれた状況はきわめて多様である。改革や改善を叫ぶ議論は常に理想や現実を単純化して、「よい／悪い」の二分法で片付けがちである。しかし、複数の理想や複数の提案が対立する事態は、大学教育自体のたくさんの目的や機能、あるいはそれらの複数の理想像の間の対立を反映していると考えるべきであろう。

正直にいうと、私は、アクティブ・ラーニングなどとは無関係に、思いっきり古臭いスタイルの「教授が延々と自説を述べる」というふうな授業があってよいと思っている。学生が「わけわかんないよ」と愚痴をこぼすような、難解なテキストを押しつけて読ませるような演習があってもよいと思っている。もちろん、それとは別に、アクティブ・ラーニングをしっかり行う授業や、学生の知識・

関心の平均値に水準を合わせた授業などがあればいい。卒業に必要な一二四単位の科目群を履修していく中で、学生が「おもしろい」と思う授業は一人ひとり異なっている。知的な刺激や知的な気づきの機会になるような科目にできるだけ多く出会えれば、それが学生の一生の財産になると思うからである。

一定のプログラム化や体系化は、これまでの大学教育を改善するのに有用だろうが、あまりプログラム化を細かいレベルまで進めすぎると、学ぶ側である学生の実際の経験とは無関係な、非現実的な作文になってしまう。一回一回の授業で学生に何が身につくのかを教員に書かせるようなシラバスは、愚の骨頂である。

改革のしすぎは、大学教育の可能性を殺してしまう。体系性と多様性、系統性と混沌とを併せもったあたりが、ユニークで面白い学生が育つ大学教育ではないかという気がしている。

文献

天野郁夫 一九九二『学歴の社会史――教育と日本の近代』新潮社。
小方直幸 二〇一三「大学における職業準備教育の系譜と行方――コンピテンスモデルのインパクト」広田照幸他編『シリーズ大学5 教育する大学――何が求められているのか』岩波書店。
金子元久 二〇一三『大学教育の再構築――学生を成長させる大学へ』玉川大学出版部。
黄福濤 二〇一一「コンピテンス教育に関する歴史的・比較的な研究――コンセプト、制度とカリキュラムに焦点をあてて」『大学論集』第四二集、広島大学高等教育研究開発センター。
佐々木毅 二〇一二「改革の次なるステップとは」『ＩＤＥ 現代の高等教育』第五三七号。

田中毎実 二〇一三「なぜ「教育」が問題として浮上してきたのか」広田照幸他編『シリーズ大学5　教育する大学――何が求められているのか』岩波書店。
二宮祐 二〇一八「学生時代の学習経験を顧みる――聞き取り調査の結果から」本田由紀編『文系大学教育は仕事の役に立つのか――職業的レリバンスの検討』ナカニシヤ出版。
日本大学「平成二一年度第八回日本大学学生生活実態調査（二〇一〇年四月一日）」(http://www.nihon-u.ac.jp/about_nu/disclosure/research/no_8/)
羽田貴史 二〇一九『大学の組織とガバナンス』東信堂。
濱中淳子 二〇一三『検証・学歴の効用』勁草書房。
平尾智隆・梅崎修・松繁寿和 二〇一三「院卒者の処遇プレミアム」平尾・梅崎・松繁編著『教育効果の実証――キャリア形成における有効性』日本評論社。
広田照幸 二〇一五『教育は何をなすべきか――能力・職業・市民』岩波書店。
溝上慎一 二〇〇四『現代大学生論――ユニバーシティ・ブルーの風に揺れる』日本放送出版協会。
矢野眞和 二〇〇五『大学改革の海図』玉川大学出版部。
吉本圭一 二〇〇七「卒業生を通した「教育の成果」の点検・評価方法の研究」『大学評価・学位研究』第五号、独立行政法人大学評価・学位授与機構。

III　大学の分野別教育の質保証をめぐって

第4章　大学教育の質保証をどう考えるか
——政策と現場との間

はじめに

私は教育学者として、歴史や理論を研究してきたのですが、二〇〇九年ごろから、大学改革の話に関わるようになりました。日本学術会議で、大学教育の分野別質保証のあり方の問題に関わるようになり、そこから、大学教育の質保証をどう考えるかについての政策の動向に注意を払うようになりました。自分の授業の質については、それまでもずっと考えてきていましたが、そうではなくて、日本の大学の教育の質に関する制度や仕組みの問題を考えるようになったんです。

制度や仕組みの問題として、大学教育の質保証の問題を考えると、いろいろ問題もあることがわかってきました。改革というのは、必ずしもすればいいわけではなくて、むしろいろいろなことがダメになる改革もあるように思います。政策論議の次元で思い描かれていることと、大学教育の現場の実情との間にズレがあるんです。

だからここでは、おかしな改革案とは適当につき合うにとどめて、実質的な中身のある、良い改革をきちんとやりましょう、という話をしたいと思っています。

まずは私の問題意識を述べておきます。近年の大学改革の動きをざっくりと言うと、第一に、政府がお金をかけないようにして、なおかつ教育を改善しようという虫のいいことを考えていて、そういう条件で改革をしようとしてきています。だから、どうしてもいろんなしわ寄せが現場にくるんです。

第二に、そのアイデアや手法を外国から借りてきているわけです。いろいろなものをアメリカから借りてくるわけで、シラバスだとかＦＤだとか授業評価とか、細かな道具立てをたくさん借りてきているわけです。また、ヨーロッパから借りてくるものもあります。私が関わっている分野別の参照基準というのも、英国あたりから借りてきたアイデアです。ただ、参照基準については、かなり慎重に議論をして、日本の大学の現状に合った仕組みになったように思うのですが、いろんな改革案の中には、日本の大学の実情を無視して導入されて、おかしなことになっているものもあるし、逆に、日本風にアレンジされた制度や実践になったためにおかしなことになっているものもあります。

第三に、個々の現場の実情や大学スタッフの見識を活用した積み上げ型の改善ではなく、権限を上に吸い上げて、上のレベルで戦略的に改革を指示していく、推進していく、というふうになっています。第一線教員（front-line academics）の声が無視された形で、改革が進められているということです。大学のガバナンスなんかでも、個々の教員や学部や学科に任せたらものごとが動かないからと、教授会の権限を縮減して学長に権限を集めようとする法改正が二〇一四年になされました。

いや、学長に本当に権限を集めるどころか、もっと上まで、文部科学省のほうで「大学の教育はこうしろ」みたいな枠組みを細かく作って、個々の大学に下ろすというふうな動きも強まっています。それが四番目です。一律の形式で細かな指示や枠組みを行政レベルで出して、「参考にせよ」と言いながら実質的には強制だったり、チェック・リストのように外部の機関や行政が点検したりするというやり方が採用されてきています。三つのポリシー（ディプロマ・ポリシー、カリキュラム・ポリシー、アドミッション・ポリシー）とかで、みなさんも大変な思いをしていると思いますが、それは、こういうふうな枠組みで、私学の助成金にまで連動しているわけです。

そんなやり方で本当に教育が良くなるのでしょうか。一部には、成果が上がっている事例もあるのかもしれないけれども、他方では、かえって大学の教育研究機能の潜在力をそいでしまっている部分もあるのではないか。だから、私の関心としては、最新の政策動向にどう対応するかという話ではなくて、個々の大学の教育研究の改善にとって本当に必要なことは何か、ということを考えてみたいということです。

私はこれから三つのお話をします。まず、「大学教育の質保証」という主題が出てきた経緯と問題点について考えます。二番目に話すのは、そもそも大学教育の「質」及び「質の改善・向上」をどう考えたらいいのかという話をします。そして最後に、個別の大学で意味のある改善のためには何をするべきか。それらを順番に話します。

1　「大学教育の質保証」が出てきた経緯と問題点

（1）大学教育の質保証を取り巻く文脈

大学教育の質の保証が必要だという議論は、ある意味で当たっている部分があります。一つはグローバル化です。学位の水準の国際的な保証というのが、ヨーロッパで、特にＥＵが統合して以来問題になってくるわけです。それまで大学教育というのはそれぞれの国で、それぞれの制度でやっていたけれども、グローバル化が進む時代は、その国を越えて、よその国に学びに行くとか、どこかの国で取った学位によってよその国で就職するとか、こういう話が出てくるから、最低限大学の学位として質を担保しないといけない。こういう議論が出てきます。

二つ目は、ユニバーサル化です。いかに大衆化した大学でも、大学に値する教育をしないといけない。誰でも大学に入れる時代になると、かつてのエリートのための大学とは違って、本当に学力は大丈夫なのかというレベルの入学者たちが大学に入ってくることになります。そういう学生たちを相手に、大学の名に値する教育をどうやって提供するかという問題が出てきます。これが二つ目です。

三つ目は、社会からのまなざしがどんどん厳しくなっています。一昔前は、大学というのは、もう立派な「学問の府」だから、勝手にやってくれと言っていたわけですが、今は、「大学は何をやってるんだ」とか、「授業料に見合っただけのことをやってくれているのか」とか、こういうサービスの質に対する世間からのまなざしが強まってきました。

そういう意味では、欧米や日本のどの大学でも、共通の課題で大学教育の質を保証することを考えないといけなくなりました。では、何をどうしていったらよいのかということが問題となります。

A グローバル化——学位の水準の国際的保障

一つ目は、グローバル化の中での学位の水準の国際保証の問題です。これは、二〇〇〇年前後には、共通の枠組みをEU諸国の間でどう作るかといった話がかなりされていて、これにはけっこう危なっかしい議論も含まれていました。ヨーロッパで共通のタイトな枠組みが作られて、「それに照らすと日本の大学は不適合だ」というふうなことになったら大変だったわけですが、さすがにそういうふうにはなりませんでした。

そして、二〇〇五年ぐらいに、高等教育の資格の枠組み（qualification framework）、「ある特定の資格を有するとはどのような行為であるのか、学位を取得したことは何を意味するのか」について、「それぞれの国で同じとは言えないけれども、相互に理解できる仕方で表現されればいいから、同等性を示す資格の枠組みを作りましょう」と、これをコンパラビリティ（comparability）と言いますが、それで落ち着きました（ルイス 二〇〇五、八六頁）。

そうすると、日本は日本で独自の質保証のあり方を作って、これで外国に対して説明をする。これで、日本の何々大学を出ている人は、その日本の国の枠組みで大学の卒業生として保証できるんだ、というふうになったわけです。

日本では、具体的な質保証の仕組みというのは、まず入り口のところで設置基準があるわけです。大学を作るところに設置基準があります。そして作ったあとに認証評価を受けるというサイクルの仕組みが作られて、各大学の内部質保証というのは、この認証評価の枠組みの中に入ってくるわけです。それぞれの大学がきちんと内部質保証をやっているかどうかを、認証評価機関がチェックをするという仕組みで落ち着きました。

B　ユニバーサル化――「大学」に値する教育

二つ目は、ユニバーサル化に対して、大学が大学の名に値する教育をどうやって提供するかという問題です。二〇一三年に岩波書店から出した本では、一昔前は、大学の教育というのは自律的学習者モデルだった、と書きました（広田 二〇一三→本書第3章）。つまり、先生が自分がやっている学問を好きに講義して、その学問に関心をもつ学生が、その先生のところに聞きに来るのです。明治・大正・昭和のある時期までは、多分そういうモデルでいけたんだと思いますが、戦後の大学進学率が上がったころからは、この自律的学習者モデルがうまくいかなくなります。

先生が好きに、「研究はおもしろいよ」と話してもそれが学生の興味をそそらず、学生はみんなパチンコやマージャンをしに行くという状況が出てくるわけです。自律的に学習してくれなくなるわけです。しかも、学力がだんだん下がってくると、知的な関心自体がもうなかったりします。

まあそれでも、昔は授業をさぼってパチンコ屋や雀荘に行っても、それだけではなくて、酒を飲んで友達と天下国家を語ったりして、議論に勝つためにこっそりと山ほど本を読むとか、そういうことがあったりしたわけです。実は私なんかはそういう学生生活でした。

だけど、今や、もうそういうこっそり隠れて本を読もうといった学生もいなくなり、そうなるとこの知的関心の乏しい学生をどうするかという話になってきます。そこで「教育する大学」というモデルが出てくるわけです。「勝手に学べ」ではなくて、どうやって教育するかという、そういう時代に変わるわけです。

ところが、ここで道は二つあります。一つは、シラバスの充実だとか、学生による授業評価だとか、外形的な教育の仕組みをどんどん作っていって、無理矢理にでも大学の教育を一定の枠の中でさせようとする道です（①)。もう一つのやり方は、個々の大学の教育現場からボトムアップで、実質的にみんなで大学の教育をもっと学生に意味のあるものへと作り上げていこうという道です（②)。

C　社会からのまなざし――サービスの質へ

三つ目に行きます。社会からのまなざしの問題です。社会からのまなざしにどう応えるかですが、一つはアカウンタビリティの要求への応答（③)、これが日本では一九九〇年代の終わりぐらいから出てきます。説明責任というものです。

アカウンタビリティという語は、会計学からきたのではないかと思いますが、基本的には外からのニーズに応答するんだというものです。そういうふうに考えれば、結果さえきちんと出していればそれでいいだろうと言えると思います。でも、「応答性」ではなく「説明責任」と訳してしまったから、情報発信か何かして説明しないといけないという受けとめ方になったわけです。それで、情報公開とか、よそから評価してもらうとか、あるいは、最近は「成果の可視化」が盛んに言われていて、ともかく外に向かってどんどん出さないといけなくなってきています。

大学改革の中でのアカウンタビリティというと、何かチェックリストがあって、それに対応するというのが、この二〇年ぐらい続いています。実際にはしばしばこれはゲーム化しています。あとで出てきますが、欧米でもアカウンタビリティに対して、やはり「ゲーム・プレイング」と言っています。二つ目として、サービスの質を考えたときに、先生の側がこれを教えたいとか、もうそういうことはやめて、学生のニーズ、学生による評価に応えようとか、学生の就職の道具になっていくやり方があります。大学が何をなすべきかは、学生のニーズに応えるサービスだ、という考え方です（④）。これもある時期からずっと進行しています。

しかし、これについても考えないといけないのは、学生の即時的なニーズが、本当に学生にとっての最善のサービスなのかということです。学生はだいたい何かを学ぶ前の存在ですから、学ぶ前の存在が「これを学びたい」というものが本当に信用できるのかを考えてみないといけません。小学生が、「算数の代わりにポケモンについて学びたい」と言ったら、これに応えるのが教育かというとそうではないですね。そうすると、「学生のニーズ」にべったりと寄り添っていたら、大学教育は危ないかもしれないわけです。

サービスの質の三つ目の考え方は、学生の長い人生を考えたときに、本当に意味あるものを、大学が大学らしさを失わない範囲内で、大学教育が提供するというものです（⑤）。あとで言いますけど、マーチン・トロウという高等教育の研究者が言っているのはこれです。

（2）大学教育の改革動向

実際の政策次元での改革の流れは、「B—①」、「C—③・④」で動いているように見えます。つまり、「外形的な教育の再編成」、「アカウンタビリティの要求への対応」、「学生のニーズ、学生による評価、就職の道具化」という方向で展開してきています。「B―②」や「C―⑤」が軽視されています。これが現実です。

(1) 外形的な教育の再編成

外形的な教育の再編成（B―①）について言うと、一九九〇年代に大学審議会が大学を変えようとしたときに、最初に目をつけたのがアメリカの大学でした。アメリカは、すでに進学率はかなり上がっていましたから、勉強をしたくない学生がたくさんいるような状況になっていました。そういうアメリカで開発されたのが、シラバスとか学生による授業評価とかＴＡとかいったものでした。これを入れたら日本の大学は良くなるのではないか。これが一九九〇年代初めの大学審議会の答申でした。

それから、思い出すといろいろなことがありました。ＦＤが入ってきて努力義務とされ、さらに義務化されたり、カリキュラム・マップ、ナンバリング、ポートフォリオ評価、ルーブリック、学位プログラム、三つのポリシー、そして今は、政府が「学習成果の可視化」だと言って、学修成果を企業の側から見えるようにしろという、これが二〇〇〇年代の動きです。ともかく、外形的に教育を枠づけていく、こういうふうなやり方が進んできています。

二〇一八年の一二月には中教審の新しい答申が出ました。「二〇四〇年に向けた高等教育のグランドデザイン」という大仰なタイトルが付けられた答申ですが、ちゃんと読むと、そんなに見通しも明確でないし、けっこう危ないことを平気で言っている答申です。そこでは、「全学的な教学マネジメントに係る指針に盛り込むべき事項の例」として、たくさんのことが挙げられています。

いくつか拾い上げてみますと――プログラムとしての学士課程教育というのを確立して、そこに三つの方針を作っていく。全学的な教学マネジメントを確立する。カリキュラム編成の高度化（ナンバリングや履修系統図の活用、編成における外部人材の参画等）。――この「編成における外部人材の参画」というのは気になりますね。研究をしてきた教員なんかはカリキュラム編成の主体として信用していないわけです。

ちょっと余計な話ですが、高等教育の無償化の議論の中で、実務家教員の比率を増やせという話も進んでいますよね。「研究とは無縁な社会でやってきた人こそが大学で教えるべきだ」と言っているわけです。大学の知を歪めてしまう動きです。

「全学的な教学マネジメントに係る指針に盛り込むべき事項の例」はまだまだあります。――アクティブ・ラーニングやICTを活用した教育の促進、柔軟な学事暦の活用、主専攻・副専攻の活用、履修単位の上限設定（CAP制）の適切な運用、履修指導態勢の確立、シラバスにおいて標準的に期待される記載事項の提示、成績評価基準の適切な運用、学生個人の学習成果の把握、学習時間の確保と把握、学生による授業評価。それから、FDの高度化、SDの高度化、教学IR態勢の確立、情報公表の項目や内容等に係る解説等。――これが最新の状況です。てんこ盛りです。あれこれ枠づけしていく動きが何重にも作られてきているわけです。

(2) アカウンタビリティの要求への応答1

「C―③」の話をします。アカウンタビリティの要求への対応についてです。これはこれでいろいろなことが進んできています。

まずは、ガバナンス態勢を作ろうという話になりました。国立大学の法人化が二〇〇四年でしたが、同じ年に私立学校の学校法も改正されました。理事会や協議会といったものの位置づけを明確化するという理屈で、実際には理事長の拒否権がかなり強いかたちで作られました。

少し余談になりますが、日本大学ではこの直後に田中（英壽）さんという人が理事長になって、教学をのみ込んで、学長よりも偉い地位になりました。二〇〇八年までは日大は総長と言っていましたが、総長が学長に格下げになって、理事会の末席のほうに入りました。それで理事会がすごく大きな権限をもってやっていたら、せんだってのアメフト問題みたいなことになりました。

二〇〇四年の私立学校法を作った先生方、中教審の委員としてこれを推進された方々は、とても教育研究に情熱をもった私立の経営者です。そういう人がガバナンスをしっかりやってくれると、いい大学ができます。けれども、そのとばっちりで日大がえらい目にあったわけです。トップが困った人だったりしたら、大学全体がダメになってしまいます。

とにかく理事長とか国立大学法人法では学長、要するに、トップが権限をもったわけですが、二〇一四年の学校教育法の改正で、今度は教授会の権限が明確化されることになりました。教授会の権限の明確化というのは、結局、今まで管理・運営やいろいろなものまで含めて、教授会が権限をもってきたけれど、全部取り上げて、それはもう経営・管理の側に吸い上げていくというものです。

そうすると、上に権限を集めて下の権限をなくしていくわけですから、トップダウンのガバナンス体制はできますが、教育研究に理解や情熱のあるリーダーがいる所とそうではない所で、きっぱりと道が分かれていくという構図ができました。

アカウンタビリティについて、もう一つは、外部からのチェック・システムを作っていくということが進みます。大学に評価を入れるというのが始まったのは一九九〇年代です。でも、九〇年代は、自己点検・自己評価をやれ、ということでした。そのときの考え方は、各大学が自己点検・自己評価をして、それを足場にして、自分たちの教育研究を改善していけ、という発想でした。手間や負担の問題はありましたが、自己点検・自己評価を契機にボトムアップの改善がそれなりになされて、ゆるゆるとそれで動いていました。九〇年代の大学政策の基調は、大学が自主的に教育研究を改善していきなさい、というものだったのです。

ところが、二〇〇〇年代に入って小泉純一郎政権ができるころから、外部の財界の声が強くなりました。「ほうっておくと大学はなかなか変わらないから、外からの圧力で大学を変えていくぞ」という流れが強まりました。小泉政権にぶら下がっている、首相官邸にあるいろいろな規制改革関係の会議などがどんどん教育改革のアイデアを出してきます。経済産業省あたりで作られた大学改革論も影響力を及ぼす。いろんな改革案が閣議決定で文科大臣に押しつけられるようになりました。そして、中教審に入ってきている経済同友会の人やその周辺の委員が、がんがん言う。そういうふうに外と中とから、がんがん言われる中で、大学改革が急速に進むようになりました。

評価も外から行っていくという仕組みに変わっていきます。二〇〇一年に「大学の構造改革の方針」(いわゆる遠山プラン)が出され、その流れが始まりました。二〇〇四年には国立大学が法人化されるとともに、認証評価制度が導入されました。基本情報を公開せよといったことも言われるようになりました。

特に大きな転機が、二〇〇五年の中教審の「将来像答申」と言われるものです。「選択と集中」という言葉が出てきました。お金を一律に配分するのではなくて、選択して集中させるんだ、そのために競争させるというわけです。競争させて、いいものにはお金を出すが、そうじゃないものにはお金を減らしていく。こういう選択と集中という考え方です。

また、「政策誘導」という考え方が、この答申で出されてきます。どういう大学のあり方がよいのかを審議会の側で考えて、文科省が政策誘導でそういう大学を作っていくということになります。それが将来像答申です。その路線が今も続いています。たとえば、みなさんも大変だと思いますが、各科目の授業のシラバスを十何回ぶん、延々と書かされるようなことになったわけです。こうしたものも政策誘導の結果ですね。

(3) アカウンタビリティの要求への応答2

二〇〇五年の中教審の将来像答申は、まだ改革の方向性に関する総論を言っていた段階でした。しかし、そこでは機能別分化が必要だとか、出口管理の明確化が必要だとか、三つのポリシーも、ここで初めてちょろっと言及されています。それがどんどん具体的で細かな指示になっていったのが二〇〇五年以降です。

二〇〇八年答申では、学士力というのは出たけれども、単位制度の実質化、シラバス、セメスター制、CAP制、GPAの有効化、ポートフォリオの活用、分野別評価などが主に打ち出されました。二〇一八年の中教審答申のベースになるようなものは、ほぼこの二〇〇八年の答申で、アイデアとしてもう出てきています。

二〇一二年答申では、学生の学修時間を増加させるとか、シラバスの充実、アクティブ・ラーニング、学習成果の把握、学長のリーダーシップなどが言われました。二〇一七年には、文科省が三つのポリシーの策定・公表を義務化して、SDを義務化しました。そして二〇一八年答申で新しく出てきたことの一つが、設置計画履行状況等調査や認証評価の結果をふまえて厳格な対応をしていくということです。

つまり、中教審は二〇〇五年からずっと、大学の組織や教育のあり方に関して、あれこれ細かなことを「これもしろ」「あれもしろ」と言ってきていて、これを厳格な対応に結びつけていくというのが、昨年の暮れの宣言です。みなさん、これからさらに厄介なことが始まります。

(4) 大きな疑問

このように、政策次元での改革の流れは、ユニバーサル化に対応した大学改革としては、外形的な教育の再編成(B—①)です。社会からのまなざしへの対応の点で言うと、アカウンタビリティの要求への応答(C—③)と、ここでは話しませんが、学生のニーズ、学生による評価、就職の道具化の方向に進む大学(C—④)です。

私の知り合いで、川嶋太津夫さんという神戸大学の方がいらして、高等教育政策を研究されています。アメリカの高等教育を研究していて、「ラーニングアウトカム」という概念をいち早く日本で紹介して、それなりに影響力のあった人です。川嶋さんとは議論したことがあります。私は「アウトカムといったって、そんなのは個々の学生レベルではどうせ測れないんだから、そんなことをうかつに言ってると厄介なことになってしまいませんか」と言ったんです。そうしたら、やっぱり最近になって、「学修成果の可視化」というところまできてしまいました。だから、実をいうと、昔は、川嶋さんは体制べったりの人なのかな、と思ったりしていたんです。

けれども、それはまちがっていました。最近になって、同志社大学の佐藤郁哉さんが編者で出された本の中で、川嶋さんが、これまでの高等教育改革の流れをかなりきっちりと批判されているのを読んで（川嶋 二〇一八）、「ああ、川嶋さんはいい人だな」と（笑）。

川嶋さんは、「将来像答申以降、中教審から出されてきた答申は、大学の教育や運営の在り方、つまり、教育内容、教育方法、さらにはマネジメントやガバナンスまで具体的な在り方を示し、併せてそれらが各種補助金等への申請条件とされることにより、大学にとっては、いや応なしに従わざるを得ない「マイクロマネジメント」へその性格を変えてきた」と、怒って書かれていました。「ああ、よくぞ言ってくれた」と思いました。

実際、私立大学の支援事業への申請条件のチェック・リストがあって、「うちではこれをちゃんとやっている」と、あれこれの「政策誘導」で示された事項のチェック・リストに○をつけないといけないとか、もう本当にこういうことになっています。

そこで、大きな疑問があります。果たして、大学教育はこういう改革に対応すれば、改善されたことになるのか。もう一つは、大学教育の質及び質の改善・向上をどう考えたらよいのか。その話を次にします。

2　質保証をどう考えるか

（1）「質」の多様性＝上と下でのすれ違い

そもそも大学教育の「質」とは何でしょうか。「質」の原語は、クオリティ（quality）です。「質保証」は quality assurance です。いろいろ文献を読んでみると、一九九〇年代の初めには、欧米でも質の定義ははっきりせず、いろいろな議論が展開していたようです。その結果、質を担保するために、いろいろな権限、アクレディテーション（accreditation）、エバリュエーション（evaluation）、オーディット（audit）、ベンチマーキング（benchmarking）など多様な種類のものが制度化され、しかも機関レベルのものとプログラム・レベルのものといった違いもあって、そういうさまざまな権限をもった国家レベルの質保証の仕組みが、もう何重にも乱立していきました（Kristensen 2010）。

日本でも、この質の考え方をきちんと整理して考えないといけないという議論はあるのですが（羽田 二〇〇六など）、政策論議ではそうした指摘などは無視されてしまうのです。

C・ブリンクスによれば、「質保証は教育プロセスの有効性についてのものである」というコンセンサスが、欧米の高等教育研究者の間で共有されているようです（Brinks 2010, p. 142）。これだけは確実です。でも、どう保証するかというのはいろいろな考え方があって、いいもの悪いもの含めていろんなやり方があるから、「大学教育の質保証」の議論は錯綜してしまうのですね。

表4-1は、英語の論文からそのまま引いているのでわかりにくいかもしれませんが、英国のJ・

表 4-1　「質」の多義性＝上と下でのすれ違い

Dominant formal meanings of 'quality' in the early 1990s	Situated perceptions of 'quality' of front-line academics : from mid-1990s
• Quality as 'perfection' or 'consistency'	• Quality as 'failure to close the loop'
• Quality as 'value for money'	• Quality as 'burden'
• Quality as 'total quality'	• Quality as 'lack of mutual trust'
• Quality as 'management commitment'	• Quality as 'suspicion of management motives'
• Quality as 'culture change'	• Quality as a culture of 'getting by'
• Quality as 'peer review'	• Quality as 'impression management' and 'game-playing'
• Quality as 'transforming the learner'	• Quality and 'constraints on teamwork'
• Quality as 'fitness for purpose'	• Quality as 'discipline and technology'
• Quality as 'exceptional' or 'excellence'	• Quality as 'ritualism' and tokenism'
• Quality as 'customer satisfaction'	• Quality as 'front-line resistance'

出典：Newton（2002）.

ニュートンという人が二〇〇二年に書いた論文の中の表です（Newton 2002）。ニュートンは、質の考え方、質の意味が、上から来るものと大学の教員レベルのものとでは対立しているんだということを論じています。

左側は、一九九〇年代初めに政策を議論している人たちが考えていた「質」です。完璧さ（perfection）や一貫性（consistency）、かけたお金に値する価値がある（value for money）とか、下のほうを見ると、目的への適合性（fitness for purpose）とか、例外的卓越的（exceptional）や（excellence）とかいったものが並んでいます。種類はまちまちですが、みなポジティブな意味合いのものです。

ところが、この政策を現場で経験することになった第一線大学教員が一九九〇年代後半以降に表明しているのが右列ですが、見てみると、だいたいネガティブなものが並んでいます。ループを閉じるのに失敗している（failure to close the loop）とか、重荷

(burden) とか、相互信頼の欠如 (lack of mutual trust) とかいったものです。儀礼主義 (ritualism) とか第一線での抵抗 (front-line resistance) などというものもあります。

だから、ニュートンは第一線の教員にとって、質保証に向けた改革は厄介ものでしかないということを書いています。私がこの論文を見つけたときには、「そうそう、その通り」と、深くうなずきながら読みました。

また、B・ステンセイカーという質保証の研究者が二〇〇七年に書いた論文によれば、質保証の諸政策は、大学教育の改善を促す側面もあるが、役に立たないと拒否される面もある。質についての単純な指標は、大学教育の現実の複雑な過程を反映していないから、そういう質保証は役に立たないと受け取られている、というのです。質保証が一五年進んできてみて、そこら辺がわかった、というようなことを書いています (Stensaker 2007, p. 101)。

マーチン・トロウという高等教育の有名な研究者がいます。エリート―マス―ユニバーサルという、高等教育の発展段階をモデル化した議論をしていて、それを日本の研究者がたくさん引用している大御所です。そのトロウが一九九六年に書いた論文を私は見つけましたが、そこにはものすごくおもしろいことが書いてありました。

「皮肉なことに、アカウンタビリティの義務がより厳格で詳細になればなるほど、大学がアカウンタブルでいられなくなる」。「アカウンタビリティはトラストの代替物であり、アカウンタビリティを強めようという努力は、普通、トラストを弱めようとする同時並行の努力を含んでいる。アカウンタビリティと人間の行動についてのシニシズムとは、手に手を取って進んでいく」(Trow 1996)。大学が大学らしい教育を行っていくためには、社会からの信頼こそが重要なのだが、アカウンタビリティの仕組みが作られれば作られるほど、信頼を掘り崩していく、というのです。「エリート─マス─ユニバーサル」と言い続けている日本の高等教育研究者には、この論文を読んで、頭を切り替えてほしいと思います。全体を読むと本当におもしろい論文なので、ぜひみなさんも読んでみてください。

私がここで何を言いたいかというと、「大学教育の質保証」というお題目はいけないわけではないけれども、実際に質保証の仕組みとして政策的に提案・実施されて現場に下りてくるものは、決していいものとは限らない、ということです。

（2）現場での対応

おかしな改革案が押しつけられると、現場は困惑してしまいます。この点に関して、広島大学の藤村正司さんがおもしろい論文を書いています。藤村さんは、脱連結論という、新制度学派の組織論を使いながら、近年の大学改革を分析しています（藤村 二〇一六）。

図4-1の一番左は、通常の官僚制のモデルです。「改革が予測可能性と計算可能性によって実践とリンクし、実践がアウトカムと連結する」というモデルです。改革案が想定した通り、現場で実践され、想定した通りの良い結果が得られる、というモデルです。これが官僚制の理屈です。

しかし、おかしな改革案が押しつけられるときには、違うプロセスが生じます。おかしな改革案をその通りに行おうとすると、おかしなことが起きてしまいます。そうすると、改革案で言われているけれども、途中で止まってしまう。⊘は「止まれ」のマークです。

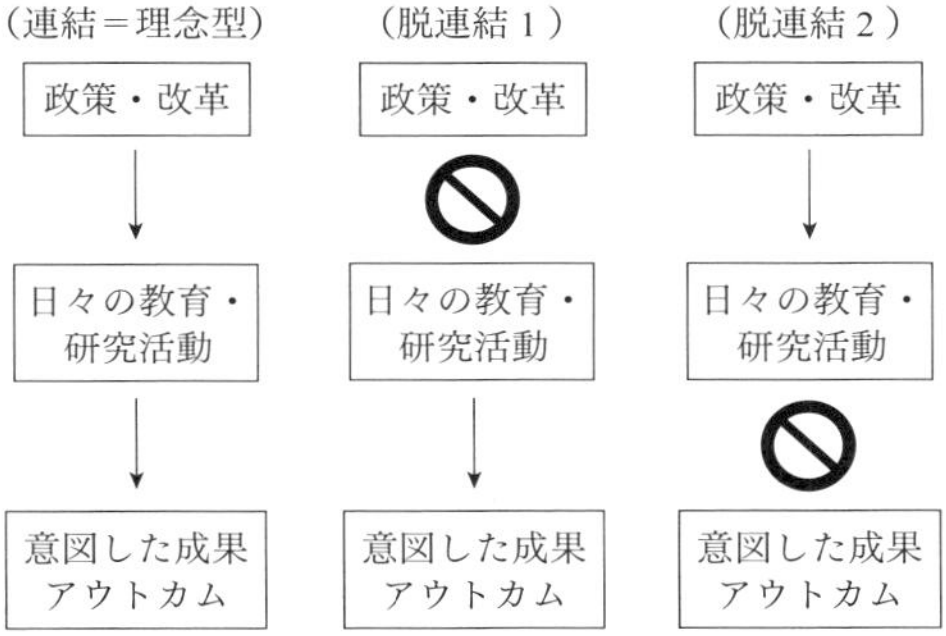

図 4-1　改革・実践・アウトカムの脱連結

出典：藤村（2017）。

真ん中の列は、改革案で言われているけれども、実際には個々の大学レベルや個々の教員レベルで違うことをしている、というモデルです。「改革プランと実践のギャップ」ということです。個々の教育現場は、それによって、いわばアウトカムがダメになるのを防ごうとする。これが組織の防衛、あるいは教員個人の防衛で、こういうことが起きます。

藤村さんが紹介しているのは、アクティブ・ラーニングをすべての授業でやるといった話についてです。藤村さんが質問紙調査の分析から示しているのは、現場の大学教員レベルでは、理系・文系、講義、演習で、教員の受けとめ方に違いがあって、たとえば、文系の先生で、「大人数の講義でアクティブ・ラーニングをやったってどうにもならないよ」と考えているということが調査結果の分析から出ている、という話です。

一番右側の列は、「アウトカムがあるのか明確でないにもかかわらず、改革と実践が結合している場合」です。「実践≠アウトカム」ということで、改革案で「やれ」と言われたことを実践のレベルで実施するんだけれども、想定されていたアウトカムが生じない、というモデルです。

藤村さんが挙げているのは、研究費を一律配分ではなくて、一律配分を減らして競争的配分にするという政策です。競争的に研究費を配分すれば、研究全体の生産性が上がるはずだ、ということで実施されたわけですが、それをして何が起きたかというと、基礎研究の部分で、もうまったく生産性が、むしろ逆に落ちているという話です。

ついでにいうと、藤村さんは、「なぜ日本の大学教員の研究生産性が落ちたのか」を量的分析で考察する、興味深い論文も書かれています（藤村 二〇一八）。詳細な分析結果をふまえて、藤村さんは、「高等教育システムのより良い最下部が構造改革によりダメージを受けたこと」「競争的外部資金と個人研究費のバランス」をもっとよくしないといけないことなどを指摘されています。

大学改革は何でもかんでもやればよいわけではありません。欧米でも日本でも、むしろ大学の教育研究のこのかんの改革論に問題があったことは明白です。

「大学教育の質保証」の仕組みをめぐる話も同じです。アメリカのP・イーウェルという研究者が、クオリティ・ゲーム（quality game）という言葉を使って、外部からの圧力と大学の対応の関係を整理してくれています（Ewell 2007）。あまり重大な影響を与えるようなものではないものが外部から押しつけられてきた場合、個々の大学は、コンプライアンス・レポートを出す。文科省が何か言ってきたら、「はいはい、うちはこうやってます」という、上手な報告を書いて出すわけです。それが、制度的になると、大学の中にそういう担当部署をつくって、文科省とか外部からきた注文に、専門的に対応する。それで、大学のコアにある諸機能を守るのです。

重大な影響をもつようなものが外部から押しつけられてきた場合には、大学のコアにある諸機能を守るため、押し戻す（push back）ことがあります。「こんなものできないよ」ということです。裁量の余地があったり改革案を受け入れる場合には、大学は組織内に計画立案やマネジメントの部署を作って、この部署が大学内の他の部局との間でやり取りをして、それで、外部からの要求に消極的、ないしは積極的に応答するわけです。――これがイーウェルの議論です。

要するに、大学の現場から見て、意味のないものはやり過ごしたり拒否したりするし、それなりに意味がありそうだったら一定の範囲で受け入れる、ということですね。アメリカの実際をふまえて作られた説明のモデルですが、「何だ、これは日本と同じじゃないか」と思います。

ここで再びトロウの議論に戻ります。トロウは質保証の問題について、次のように論じています（Trow 1996）。

もしも、内部のレビューと評価が、外部の適格判定者の評価よりももっと妥当で実りあるものだとすれば、つまり、外部から押しつけられる改革案がおかしく、内部で考えるものがいいものだったら、高等教育機関は、自分自身やその部局に対し、真剣で周期的なレビューを行うことが必要であり、そのことが本当の効果や成果を測ることになる。高等教育機関のオートノミーの喪失は、自分たち自身の事象をマネージする責任の放棄の原因にもなるし、結果にもなる。そうした事象のうち最も大事なものは、教育と研究の質の維持である。

しかし、真剣でしっかりとした内部の質のレビューは、外部者による監査（オーディット）――教授の質やアウトカムについての監査ではなく、自己点検や自己批判の当を得た手続きとそのような内部のレビューが実際に与えている効果についての監査――を通してモニターされうる。これが内部のレビューと外部のレビューをリンクさせ、相互に支え合うやり方である、と。

トロウ先生は、これがあるべき方向だと言っているわけです。つまり、何かというと、外からおかしなものをいろいろ押しつけて、それが実際になされているかどうかで質保証をするというのではなくて、それぞれの大学の中で、本当の問題はどこにあるのかということをお互いに確認して、それを教育研究の改善に結びつけていくことが大事だ、と言っているわけです。その通りだと思います。

3　何をするべきか

（1）大学らしい教育の、ボトムアップでの改善

そうすると、先ほどの問題、ユニバーサル化に対して、大学に値する教育をどうやって保証するか（B）を考えるときには、外形的な教育の再編成（B―①）ではなく、ボトムアップによる実質的な教育改善（B―②）が必要になってきます。勉強する意欲のない学生に対してどうするかというのは、シラバスを細かく書くことではなくて、今、目の前の学生たちに何をしたらいいのかということを、きちんと考えた改善をしていくということです。

次に、サービスの質を要求する社会からのまなざしに対してどう応えればいいか（C）という、先ほどあまりふれずにおいた三番目です。すなわち、学生の長い人生を考えたときに、本当に意味のあ

るものを提供する（C—⑤）。学生の人生にとって意味のあることをきちんと学修させられているのかを、個々の教育現場で考え、その部分の充実に向けて大学での教育のあり方を改善していく、ということです。これが実質的な意味での内部質保証になるのだと思います。

必要な方向としては、ボトムアップの改善課題・改善策を検討するということです。本当に有効なものを採用するような議論と決定がなされないといけません。

そのときには、三つのことを考えないといけないと私は思います。第一に、大学としての学術性を担保した教育でないといけません。先ほど、学生のニーズに引きずられてというのがありましたが、大学が大学という名前で、専門学校とどこが違うのかという点を意識しないといけません。

そのときに、専門学校との大きな違いの一つは、教養をしっかり射程に入れるということです。学生が、幅広い視野をもてるように、教養教育をきちんと行うということです。実務能力が中心の専門学校とのもう一つの違いは、大学は学術性に基づいた教育を提供するということです。

学術性と教養——これら二つが、大学としての最低限のボトムではないかと私は考えています。高卒の社会人や実務中心の専門学校卒業生にはない、幅広い思考ができるための教養を身につけることと、どの分野であれ新たな知が生産されるという文脈が理解できたうえで、特定の分野についての学術の基礎を学ぶことで、卒業後も新たに学び直すことができるようになることとが、重要なのではないかと思うのです。学生にとって本当に有効なものを考えるときに、教養と学術性の意義を念頭に置いておいていただければと思います。

二つ目に、学生にとって必要なものは何かという話で、最近はコンピテンシーの議論が盛んです。

「〇〇ができる」というのを大学教育の中で強調する考え方です。これは、半分は当たっていると思います。学問的な知識を詰め込んだらいいわけではなくて、学生に何が身につくのかといったことをきちんと考えなければいけない。それはその通りです。

でも、もう一方で、教育の中身や方法は何であっても「〇〇力」がつけばそれでいい、という考え方になってしまうと危ないと思います。たとえば、「〇〇力」養成のためのキャンプや合宿、イベント企画のようなものばかりになると、それは「大学教育」という名で呼んでいいのか、と疑問が湧いてきます。東京大学の小方直幸さんは「専らコンピテンスモデルに飲み込まれた大学は、逆説的ながら社会からの信頼を失墜する。なぜならば、大学に対する信頼を根本で支えているのは、それを教養と呼ぼうが専門と呼ぼうが、学問に他ならないからである」と述べています（小方 二〇一三、七〇頁）。私はその通りだと思います。

三つ目は、資源の制約です。お金や教職員の負担の枠の中でできることは何かと考えないといけません。お金をかける改革を経営陣がしてくれれば、大学教員は楽なわけですが、しばしば起きるのは、お金をかけずに教職員の負担だけが増えます。国には、「もっとしっかり高等教育にお金を出してくださいよ」と強く言いたいし、各大学では「教職員の仕事を増やすときには、代わりに何か減らしてくださいよ」と言いたい。

そうすると、「a 大学としての学術性と教養を担保した教育」、「b 学生にとって必要なものを考える」、「c 資源の制約に配慮する」の三つを全部成り立たせる条件で、積み上げ型の教育の改善が必要だということになります。

ただし、上からいろいろなものが降ってきますから、それを無視するわけにもいかないわけです。そうすると、先ほどのイーウェルの対応のように、上からの改革スキームへ自分たちの改善をうまくはめ込んで、対外的にロジカルに説明をするといったこと、その説明責任や外部に対する信頼性を確保するために、教育改善をこういうふうにうまくやっていますよと説明するのと実質的に改善するのとを重ね合わせるというのが最も賢いやり方だと思います。ただし、どうやって重ね合わせるのかはなかなか難しいし、大変な課題だと思います。

（2）改善に向けた事例

最後に、ボトムアップでの教育改善に向けた事例を二つお話しすることにします。

一つ目は、私が勤めている日本大学文理学部教育学科で、「カリキュラムの体系化」を目指して実施した改善事例です。

私が日本大学に移ったのは、二〇〇六年秋でしたが、そのときには、講義科目は一定の体系化がされていたものの、学生が一年次から履修する演習科目は、まったくその担当教員に任されっぱなしでした。一年次の基礎論は三コマ、二年次・三年次の演習は六コマ開講されていて、一学年一二〇人ほどの学生がそれぞれ分かれて履修していました。でも、教員はみんな、好き勝手な内容で、演習を開講していました。情報検索に力を入れる先生、文献講読に集中する先生、フィールド調査のようなことをやる先生など、思い思いに演習を開講していました。

その結果、学生たちは、卒業論文を書く四年次になるまでの間に修得するアカデミック・スキルが、穴だらけになっていました。「文献の集め方を教わっていない」とか、「レジュメの書き方がわからない」とか。四年生になってもレジュメを書けないような学生がいたりするわけです。「論文を図書館で取り寄せてこい」と言ったら、「取り寄せなんかしたことがありません」という話になります。もちろん逆に、演習のとり方によっては「文献の注の付け方は何度も教わりました。もうわかっているよ、と思いましたけれど」といった学生もいました。

だから、「四年次になるまでの間にどの学生もきちんとアカデミック・スキルを修得できるように、演習の中身に関して足並みをそろえましょうよ」と、私は提案しました。

まずは演習科目と関連科目を担当している先生方に質問紙を配って回答してもらいました。その結果が、表4-2の左側の部分です。一番左にいろんな項目が設定してあって、「剽窃《ひょうせつ》や盗用の問題性」、「レジュメの書き方」、「小論文・レポートの書き方」というふうに、学生がアカデミック・スキルとして身につけるべきものがずっと列挙してあるわけです。

この先生方へのアンケートをしてみて、いかにばらばらな教え方をしているかというのがわかりました。横の列は、各先生の担当科目ごとになっています。「1」は「しっかり教えている」、「2」は「ある程度教えている」、「3」は「少し触れる程度」、「4」は「ほとんど触れない」です。

この回答結果をふまえて、表の右のように、基礎論（一年次）と演習1・2（二年次）とで、だいたいのアカデミック・スキルの基礎を一通り学べるように、共通シラバスの部分を作りました。右側の「◎」、「○」、「△」のようにして、少なくとも一年生の基礎論で学ばせるものはこれ、二年生で学ばせるものはこれというふうに、すり合わせをしたのです。

しかし、大事なポイントは、「共通教材を作る」とか、「こういう授業法をやりましょう」などと、各教員の教育をあまり縛るものにしなかった点です。内容や方法を押しつけられたら、絶対みんな反対するに決まっています。だから「文献講読主体の演習でも、校外活動主体の演習でも、演習のやり方はそれぞれの先生独自のものでいいですから、一年間の授業のうちのどこかで、共通に設定した事項のスキルの修得だけは、きちんとお願いします」というふうにして、授業の内容や方法は、それぞれの先生にお任せする形になりました。

この改善は非常に有効でした。しばらくすると、学年が上がって、ほかの先生の演習で学んできた学生でも、レジュメの書き方や文献の集め方などはわかっていることを前提にして、どの先生も授業ができるようになりました。卒業論文の質も上がったように思います。

こういうふうな、地味に見えるけれども有効な改革を、現場のレベルで考え出していくことが、教育の改善にとって何よりも重要なことだと思います。

二つ目の例は、日本学術会議が作成した分野別参照基準を活用する、ということです。今すでに、三二の学問分野で、「その分野の学修をしていくことで何が身につくのか」を文章化したものが作られています。もう少し厳密に言いますと、「各学問分野に固有の特性を踏まえて、それに根差したものとして、「学士課程で当該専門分野を学ぶ」すべての学生が身に付けることを目指すべき、「基本的な素養」を同定する」ものです(日本学術会議 二〇一〇、七頁)。それが分野別参照基準です。言語・文学とか、心理学とか経営学とか、生物学とか機械工学とか、そういう大きなくくりで作られています。本屋さんに行かなくても、日本学術会議のホームページで「大学教育の分野別質保証委員会」のとこ

育内容質問紙調査と内容のすり合わせ案

合計	合計		改革案。◎必須事項。○できれば。△各教員の裁量。				
礎論	演習 1・2		基礎論	演習 1・2	演習 3・4	学術情報	
4	13	I 剽窃や盗用の問題性	◎	○	△	△	
4	11	A レジュメの書き方（形式や工夫）	◎	○	△	△	
4	12	E 小論文・レポートの書き方	◎	○	△	△	
4	12	F 文献の引用ルールや註の付け方	◎	△	△	△	
5	19	A 大学の授業と高校の授業の違い	◎	△	△	△	
5	20	D 論述式の試験問題への答え方	◎	△	△	△	
5	24	A-2 図書館の図書利用の仕方	◎	△	△	△	
6	23	A-1 図書館の図書の分類	◎	△	△	○	
6	23	A-3 図書館での端末利用の仕方	◎	△	△	○	
7	22	F 大学生の生活と学業の関係	◎	△	△	△	
7	22	日大文理の OPAC	◎	△	△	○	
8	20	B ノートの取り方	◎	△	△	○	
12	20	A-4 インターネットでの本の買い方	○	◎	△	△	
5	15	M メディア報道を批判的に読む	○	◎	△	△	
5	16	G インターネット情報の引用ルール	○	◎	△	△	
7	15	G 統計データを批判的に読む	○	◎	△	△	
8	15	C ディスカッションの仕方	○	◎	△	△	
6	22	A-5 インターライブラリーでの文献入手	△	◎	△	○	
7	16	H 文科省や教委の HP をみる	△	◎	△	△	
7	21	H パラグラフ・ライティングの仕方	△	◎	△	△	
7	23	国会図書館の雑誌索引	△	◎	△	△	
9	21	Web-Cat	△	◎	△	△	
9	22	CiNii	△	◎	△	△	
9	18	B 専門論文の読み方のコツ	△	○	◎	△	
9	15	A 特定の分野の専門基礎知識	△	△	○	◎	
4	16	J テキスト以外の指定図書を読ませる	○	○	○	○	
4	17	K 読むべき本を紹介する	○	○	○	○	
4	18	L 自発的な読書を奨励する	○	○	○	○	
8	12	I 各自の問題意識を明確にさせる	○	○	○	○	
9	22	E 図表の形式の要件	△	△	△	△	
9	23	C 手紙の書き方（調査礼状等）	△	△	△	△	
10	21	E 公文書等の生の資料に触れて慣れる	△	△	△	△	
10	22	D 質的情報（観察記録等）の整理法	△	△	△	△	
12	21	F 現場に出かけて考える	△	△	△	△	
12	25	Google Scholar	△	△	△	△	
12	26	ERIC	△	△	△	△	
9	21	B ワードの使い方	△	△	△	△	情報科目(1 年次)で扱う
11	25	C エクセルの使い方	△	△	△	△	情報科目(1 年次)で扱う
11	25	D パワーポイントの使い方	△	△	△	△	
基礎論	演習 1・2		基礎論	演習 1・2	演習 3・4	学術情報	

表 4-2　日本大学文理学部教育学科で行っ

	基礎論 1・2	基礎論 1・2	基礎論 1・2	演習 1・2	演習 1・2	演習 1・2	演習 1・2	演習 1・2	演習 1・2	演習 1・2	学術情報	学術情報
I 剽窃や盗用の問題性	1	2	1	1	1	3	2	3	1	2		3
A レジュメの書き方（形式や工夫）	1	2	1	1	2	1	1	2	1	3		4
E 小論文・レポートの書き方	1	2	1	2	2	1	1	2	2	2		3
F 文献の引用ルールや註の付け方	1	2	1	1	3	1	2	2	1	2		2
A 大学の授業と高校の授業の違い	1	2	2	2	2	4	—	3	1	3		3
D 論述式の試験問題への答え方	1	2	2	3	4	1	—	4	1	3		4
A-2 図書館の図書利用の仕方	1	2	2	2	4	4	—	3	—	3		1
A-1 図書館の図書の分類	1	2	3	2	4	4	—	3	2	4		1
A-3 図書館での端末利用の仕方	1	2	3	2	4	4	—	3	—	2		1
F 大学生の生活と学業の関係	2	2	3	3	4	3	—	2	4	2		4
日大文理の OPAC	1	4	2	1	4	4	4	3	—	2		1
B ノートの取り方	2	2	4	3	2	4	—	3	1	3		4
A-4 インターネットでの本の買い方	—	4	4	2	1	2	—	4	—	3		4
M メディア報道を批判的に読む	1	2	2	1	1	4	2	3	3	1		3
G インターネット情報の引用ルール	1	2	2	1	1	4	2	3	—	1		3
G 統計データを批判的に読む	1	4	2	1	1	2	2	3,4	4	2		4
C ディスカッションの仕方	3	2	3	2	2	2	1	2	3	3		4
A-5 インターライブラリーでの文献入手	1	2	3	2	2	4	—	4	—	2		1
H 文科省や教委の HP をみる	1	4	3	1	2	2	—	1,2	4	2		2
H パラグラフ・ライティングの仕方	3	2	2	3	2	3	—	3	—	2		4
国会図書館の雑誌索引	1	4	2	3	3	4	4	4	—	1		1
Web-Cat	3	4	2	1	3	4	4	3	—	2		1
CiNii	3	4	2	2	3	4	4	4	—	1		1
B 専門論文の読み方のコツ	1	4	4	2	1	3	2	3	4	3		4
A 特定の分野の専門基礎知識	3	4	2	3	3	1	2	2	2	2		4
J テキスト以外の指定図書を読ませる	1	2	1	1	4	3	2	2	2	2		4
K 読むべき本を紹介する	1	2	1	1	3	3	—	2	1	3		4
L 自発的な読書を奨励する	1	2	1	3	2	3	—	2	1	3		4
I 各自の問題意識を明確にさせる	1	2	1	1	1	2	2	2	1	3		2
E 図表の形式の要件	3	2	4	2	4	4	—	2	4	2		4
C 手紙の書き方（調査礼状等）	2	4	4	3	4	4	—	3	4	1		4
E 公文書等の生の資料に触れて慣れる	4	4	4	2	4	1	3	3	4	4		4
D 質的情報（観察記録等）の整理法	2	4	4	4	3	4	2	3	4	2		4
F 現場に出かけて考える	2	2	2	4	4	2	3	3	4	1		4
Google Scholar	4	4	4	3	3	4	4	4	—	3		4
ERIC	4	4	4	3	4	4	4	4	—	3		3
B ワードの使い方	1	4	4	1	4	4	—	4	2	2		4
C エクセルの使い方	3	4	4	2	4	4	—	4	4	3		2
D パワーポイントの使い方	3	4	4	3	4	4	—	4	4	2		4
	基礎論 1・2	基礎論 1・2	基礎論 1・2	演習 1・2	演習 1・2	演習 1・2	演習 1・2	演習 1・2	演習 1・2	演習 1・2	学術情報	学術情報

ろをクリックすると、各分野のものがずらっと並んでいます。

ここでは、大学教育の改善の取り組みとして、ご自分のところに関連する分野の参照基準を同僚の方々と一緒に読んでみたらいいというお話をさせてください。複合領域の学部や学科であれば、複数の分野の参照基準を読み合わせてみるといいと思います。

そういう取り組みがなぜいいかというと、同僚との間でけんかにならずに（笑）、カリキュラム改善についての相互理解が進むのではないかと思うからです。

いくつかの図を作ってみました。まず図4-2は、普通のFD研修を示した図です。普通のFD、私がここでみなさんにお話ししているようなやり方のFDですと、FD講師による、有益かもしれないが迂遠な話というのがあります。この図の点線の矢印は納得してもらう影響関係です。多くの人は眠くなるんですね。つまらないので。多分、私の話もそうだと思いますが、なかなか届かないわけです。みんなの心に届かない（笑）。

では、図4-3のように、「もっと具体的に自分たちのカリキュラムについて、意見交換しましょう」ということが考えられます。しかし、今度はこの両側に矢印のある実線が問題になります。これは対立を示しています。利害の対立や考え方の対立がもろに出るんですね。自分のもっている科目が脅かされるかもしれないとか、複数のグループができて、あっちのグループは自分たちの科目を減らそうとしているとか、そういう話になるかもしれません。

そこで、みんなでカリキュラム改善の契機として参照基準を読んでみるというやり方が、図4-4です。参照基準は、思い切り学問の本質に根ざしたところで作文されていますから、実際のそれぞれ

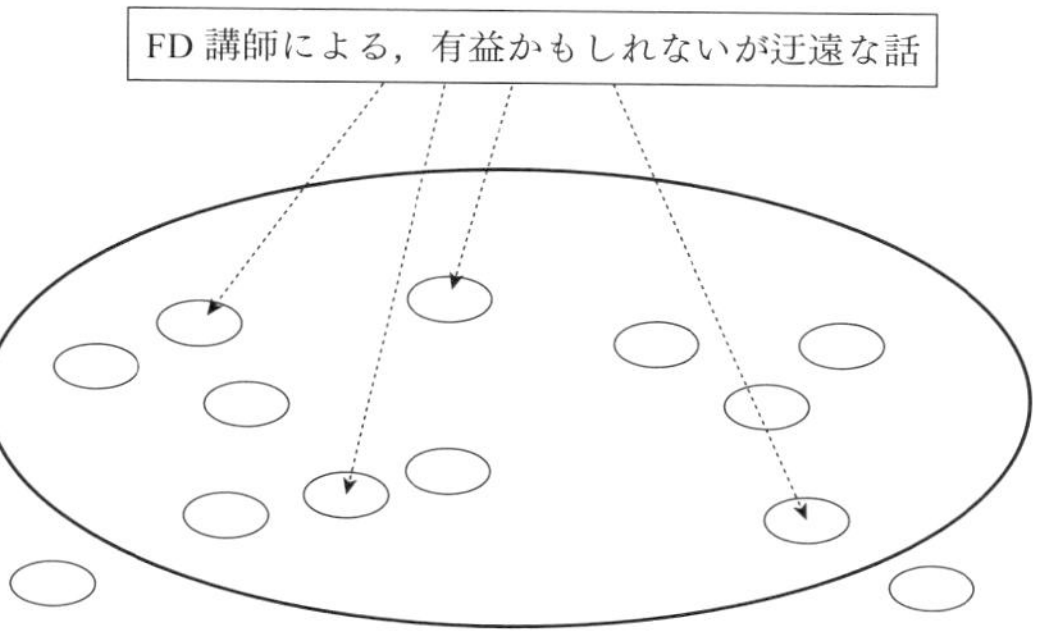

図 4-2　上からの FD 研修の届かなさ

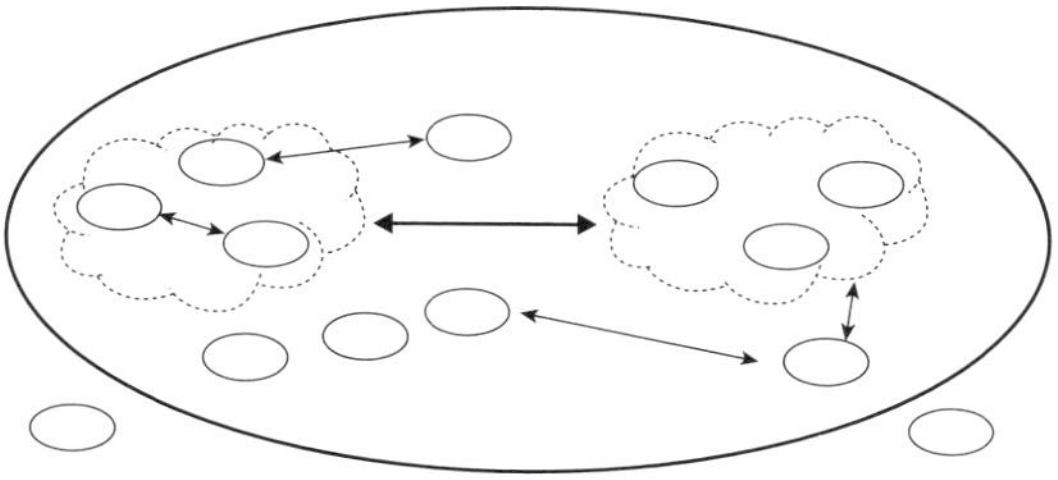

図 4-3　カリキュラムをめぐる意見交換のむずかしさ

の大学の実情とは、少し距離があるはずです。だから、「書かれていることはいいけれど」とか、「今まで教えてきていることにはこんな意味があるのか」といった発見もあるでしょうが、「こんなのはうちの大学では無理」とか、「何でこんなことが書かれているんだ」とか、いろんな不満が出るでしょう。両側に矢印のある実線は、参照基準に対する文句や注文を示しています。

でも、みんなで参照基準を読んで文句を言い合う中で、連帯が生まれます。それが両側に矢印のある点線です。「あの先生が担当していることはこんな意味があるのか」とか、「あの先生の見方はな

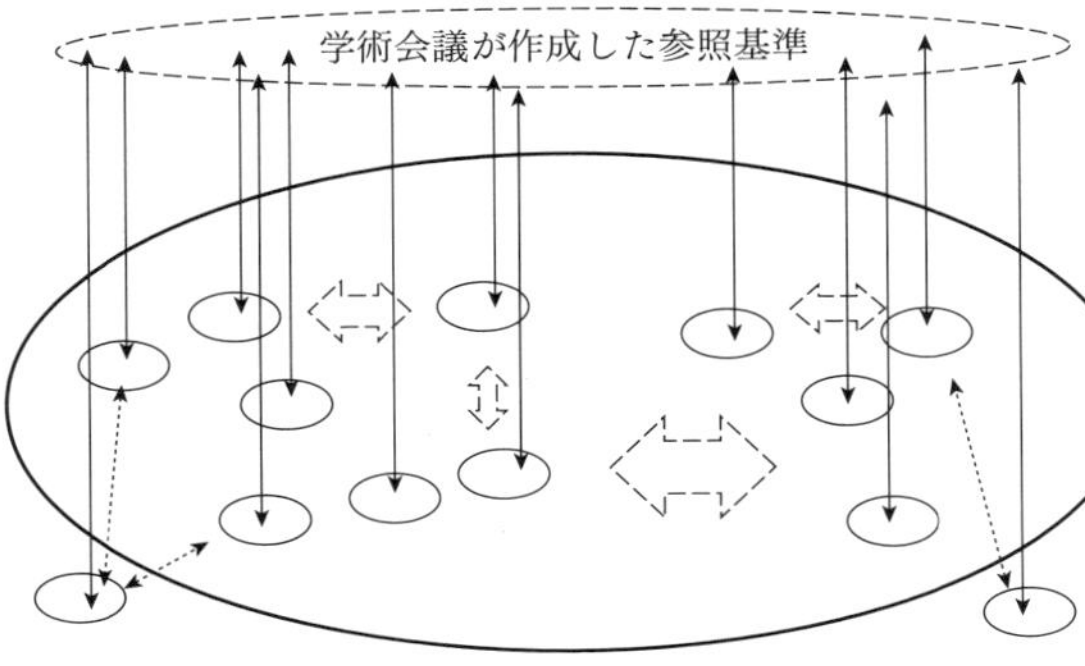

図 4-4　カリキュラム改善の契機としての参照基準

かなか適切だ」とか。そうすると、みんなでそれぞれ文句を言いながら、実は、お互いに連帯ができます。そうすると、参照基準を「共通の敵」として、ご自分のところのカリキュラムの長所や問題点を論じることもできると思うのです。それぞれの個別領域についての意見交換もできるし、個別領域を超えた同僚との共通認識もできるかもしれません。だから、参照基準を使ってみんなで読み合わせるというかたちで、自分のところのカリキュラムの考え方を議論してもらえばありがたいです。

おわりに

まとめますと、上から降ってくる教育改善の枠組みが適切であるとは限りません。学生の知的関心を喚起し、学問のおもしろさに気づいてもらって、一生の基礎になる知的な学修をしてくれる学生を育てるような教育の充実をしてほしいと思います。そのためには、それぞれの教育の場で真剣な議論が必要だと思います。いろいろ工夫して、ボトムアップの積み上げの風土をつくってほしいということです。

文　献

小方直幸　二〇一三「大学教育における職業準備教育の系譜と行方」広田照幸他編『シリーズ大学5　教育する大学――何が求められているのか』岩波書店。

川嶋太津夫　二〇一八「日本の大学はなぜ変わらないのか？　変われないのか？――四半世紀にわたる個人的体験を通して」佐藤郁哉編著『五〇年目の「大学解体」二〇年後の大学再生――高等教育政策をめぐる知の貧困を越えて』京都大学学術出版会。

日本学術会議　二〇一〇「回答　大学教育の分野別質保証の在り方について」(http://www.scj.go.jp/ja/info/kohyo/pdf/kohyo-21-k100-1.pdf)。

羽田貴史　二〇〇六「大学評価、神話と現実」『大学評価研究』第五号。

広田照幸　二〇一三「序論――大学教育の改革をどう考えるか」広田他編『シリーズ大学5　教育する大学――何が求められているのか』岩波書店。

藤村正司　二〇一六「高等教育組織存立の分析視角（二）――「脱連結」論から見た改革・実践・アウトカム」『大学論集』第四九集。

藤村正司　二〇一八「なぜ研究生産性が失速したのか？――大学教員の現在」『大学論集』第五〇集。

ルイス、リチャード　二〇〇五「講演録：ボローニャ宣言――ヨーロッパ高等教育の学位資格と質保証の構造への影響」吉川裕美子訳『大学評価・学位研究』第三号。

Brinks, Chris 2010, "Quality and Standards : Clarity, Comparability and Responsibility", *Quality in Higher Education*, Vol. 16, No. 2, pp. 139–152.

Ewell, Peter 2007, "The 'Quality Game' : External Review and Institutional Reaction over Three Decades in the United States", Don F. Westerheijden, Bjorn Stensaker & Maria Joao Rosa (eds.) *Quality Assurance in Higher Education : Trends in*

Regulation, Translation and Transformation, Springer-Verlag.

Kristensen, Bente 2010, "Has External Quality Assurance Actually Improved Quality in Higher Education Over the Course of 20 Years of the 'Quality Revolution' ?", *Quality in Higher Education*, Vol. 16, No. 2, pp. 153–157.

Newton, Jethro 2002, "Views from Below : Academics Coping with Quality", *Quality in Higher Education*, Vol. 8, No. 1, pp. 39–61.

Stensaker, Bjorn 2007, "Quality as Fashion : Exploring the Transformation of a Management Idea into Higher Education", in Don F. Westerheijden, Bjorn Stensaker & Maria Joao Rosa (eds.) *Quality Assurance in Higher Education : Trends in Regulation, Translation and Transformation*, Springer-Verlag.

Trow, Martin 1996,"Trust, Markets and Accountability in Higher Education : A Comparative Perspective", *Higher Education Policy*, Vol. 9, No. 4, pp. 309–324.

第5章　第一線大学教員はなぜ改革を拒むのか

——分野別参照基準の活用について

はじめに

私は、日本学術会議において、大学教育の分野別質保証の在り方検討委員会の一員として、「回答　大学教育の分野別質保証の在り方について」（二〇一〇年七月二二日）のとりまとめの作業に関与した。そこでは、「学術会議において各分野の参照基準を順次策定してい」き、「各大学はこれを参照して、それぞれの学部・学科の教育課程の学習目標を十分な具体性を備えた形で同定するとともに、それを効果的に達成するという観点からカリキュラムを編成し、学士課程の教育の質を高めていく」（「回答」ii頁）という仕組みが提案され、その後、学術会議において約三〇の分野に関して具体的な参照基準作りが進んできた。主要な分野はほぼ出そろったので、読者には、ぜひ日本学術会議の「大学教育の分野別質保証委員会」のサイトにある個別分野の参照基準をながめてみてほしい。

本章では、日本学術会議が作成している分野別参照基準がもっと活用されていくためには何が必要なのかを考えるために、大学教育の末端に位置する第一線教員の視線から見たときの質保証や評価の問題に焦点を当てて考察してみたい。

1　分野別参照基準と評価

日本学術会議が分野別質保証の手段として参照基準の作成を提案し、個別分野ごとに参照基準を作成するようになった端緒は、二〇〇八年一二月の中教審答申「学士課程教育の構築に向けて」であった。同答申において、大学教育の分野別質保証をどうすればよいかの検討が、中教審から日本学術会議に投げかけられたのである。この課題は、率直にいうと、やっかいで悩ましいものであった。あらゆる大学のあらゆる分野の専門教育の質保証をする仕組みというのは、けっして簡単ではない。そのため、枠組み作りの段階で、かなり徹底して議論が行われた。

何よりも分野や大学の多様性に配慮する必要があった。学ぶべき知の標準化が進んだ分野もあれば、パラダイム乱立で大学ごとに中身がバラバラな分野もある（後者の場合、それがその分野の多様性を作っているわけだから、バラバラがいけないわけではない）。特定の職業資格や資格試験に結びついた教育がなされている分野もあれば、まったくそうでない分野もある。さらには、いろいろな分野の知を組み合わせた、複合的なカリキュラムや学際的なカリキュラムの学部・学科などもある。

そういう状況の中で、もしもおかしな質保証のものさしを作ってしまうと、大学教育がかえって空洞化してしまいかねないし、大学の学問そのものが歪んでしまう。たとえば、すべての分野で分野別コア・カリキュラムとか学位認定試験のような一律の仕組みを作ると、標準化されていない分野では大変な混乱が生じるうえ、研究上の新しい知が教育に柔軟に反映していくことを阻害してしまう。複合的・学際的なカリキュラムも駆逐されてしまう。

また、そもそも分野別の教育における「質」とは何かという大きな問題があった。専門的な知識の習得だとすると、その深さや広さは、実際には大学によって大きく違っている。逆に、専門教育の学修を通したジェネリック・スキルの育成（のみ）だとしたら、専門の知識自体は何の重要性ももたないことになってしまう。

いろいろ検討したうえで、私たちの委員会は、英国における大学教育の質保証機関であるＱＡＡで採用されていた枠組みを参考にしながら、各大学の学部・学科でカリキュラム作成の参考にしてもらうための参照基準を、主要な分野別に作成していく、という枠組みの提案をまとめた（前掲「回答大学教育の分野別質保証の在り方について」）。この最終案は、心配性の私でも「これならいい」と思えるような、比較的よいものになったと思っている。教育課程編成上の参照基準を、日本学術会議が責任をもって策定し、各大学はそれを参照しながら、建学の伝統精神、人的・物的資源、学生の資質などを考慮して、最善のプログラムを作り上げていってもらう、というやり方である。

それは、「質保証」を監査（audit）ではなく、改善・向上（enhancement）に求めるという、欧米でかなり広範に広がっていた考え方の潮流に立っていた。次章で詳しく述べるように、国際的に見ると、「質保証」は国際的な単一の物差し（同等性）ではなく、比較可能性（comparability）が担保された仕組みであればよい（ルイス 二〇〇五）。この点で、参照基準を用いた質保証の枠組みは、国際的に十分通用するものでもある。

日本学術会議の分野別委員会が作成する参照基準においては、その分野の学修で共通に修得されることが期待されるものとして、「基本的な知識と理解」と「分野に固有の能力」と「ジェネリック・スキル」とを書き込んでもらうことにした。一言でいうと、その分野を学修した者が何をできるようになるのかを言語化してもらう、ということである。特定の分野を深く学ぶことで、その分野を学修した者に固有の認識の仕方や世界への関与の固有の仕方があるはずなので、それを明確にしてもらおうというのがポイントだった。

分野別参照基準と自己点検評価や認証評価との関係については、「回答」の中では次のように整理されている。やや長い引用になるが、考え方として重要な点なので、あえてそのまま掲げておく。

自己点検評価や認証評価と分野別の教育内容の質保証との関係はどのように整理されるべきか。今後更なる検討が必要な課題であるが、以下の二点はこの問題に重要な関わりを有すると考える。

①認証評価について、細かなことまで認証評価機関が直接評価するのではなく、各大学の内部質保証を重視すべきという考えが主張されるようになってきていること

②大学教育の質保証一般について、学生の学習成果を高めることを重視すべきという考えが主張されるようになってきていること

分野別の教育課程編成上の参照基準は、各大学が学習目標を具体化し、それを達成する教育課程

を編成・実施することを支援するものであることから、②の考えと整合的であり、また、結果をモニタリングし問題点の検証と改善につなげていくことを求めるものであることから、①の考えにおける大学の内部質保証とも重なり得ると言える。一方、学習目標の同定については各大学の多様性が認められるべきとの考えであることから、認証評価機関が一律の指標で直接各大学の学習成果を測定評価することについては慎重であるべきとの立場となる。

以上を勘案し、また、自己点検評価や認証評価が、大学設置基準への適合状況を検証するという最小限の質保証に留まらず、教育の質の改善向上に対しても取組むべきであるとすれば、一つの考え方として以下のように整理することができるだろう。この問題は、大学における具体的取組みにも大きな影響を与えるものであり、今後の重要な検討課題である。

①各大学においては、教育の質に関する内部質保証として、参照基準も活用して、各分野の教育課程を基本的な単位とする、学習成果の向上を目指した取組みを行うこと

②認証評価機関においては、各大学の学習成果を直接評価するのではなく、学習成果の向上を目指した各大学の内部質保証が適切に機能しているかどうかを評価すること（その際、評価負担の問題を考慮すれば、個別の教育課程の評価はサンプル的に行うのが妥当ではないだろうか）

（「回答」一一頁）

実際の政策的な流れを見ても、欧州では外部質保証の仕組みがプログラム単位から機関単位に移ってきているし（林 二〇一四、二〇一五）、日本でもカリキュラムの評価や学習成果の測定・評価などに

関しては、大学の内部質保証に期待する制度設計で動いてきている（工藤 二〇一二、早田 二〇一五）。基本的には、「回答」が考えていた方向に沿って進んでいる。

その後、分野別参照基準は、大学改革の中で一定の位置づけが与えられてきた。二〇一二年八月の中教審答申「新たな未来を築くための大学教育の質的転換に向けて」では、参照基準を「それらは、各専門分野の学修における知識の習得や能力の育成について指針を明確に整理した画期的なものとなっている。これらは、各大学における改革サイクルの確立に際して重要な参考になるものと考えられ」る、とされた。二〇一六年三月に中教審大学分科会大学教育部会が三つのポリシーの義務化にあたってまとめたガイドラインでは、ディプロマ・ポリシーの作成に関して、日本学術会議の参照基準を「参考とすることが考えられる」とされた。

しかしながら、実際に主要な分野別の参照基準を日本学術会議が作る作業が進んでいく中で、一つには、「あまり使われていないではないか」という不満が出されるようになってきた（川島 二〇一五、武市 二〇一五、岸本 二〇一五）。武市正人（二〇一五、一七〇頁）は参照基準の策定にあたった七分野九名の関係者へのヒアリング調査をもとに、「大学関係者への周知については、策定から時間がたっていないこともあって、現時点では十分であるとはいえない」こと、「大学等での教育過程・学習目標設定における「分野別参照基準」の活用事例はほとんど実績がないこと」を示している。岸本喜久雄（二〇一五、七一頁）は、Tuning-AHELO 概念枠組みや日本の分野別参照基準が「水準を含めた形で具体的な学習到達目標としては提示していない」ことに関して、「このことによって「分野別参照基準」の活用が進みがたくなっているという危惧もある」と論じている。

また、もう一つには、大学構成員の自発性に期待した漸進的な「回答」の考え方には飽き足らない改革論も出されてきている。たとえば、もっと本腰を入れて各大学がカリキュラム・マネジメントを強化していくべきという政策提言がまとめられたり（二〇一四年一二月中教審「高大接続答申」、二〇一五年五月教育再生実行会議第七次提言）、「学習到達目標をより具体的に示す試み」（岸本 二〇一五、七一頁）や、「第三者による教育評価に係るチェック機能」や「大学教員のエキスパート・ジャッジメントを鍛える研修機会」（深堀 二〇一五、一三頁）などが提案されたりしている。

参照基準について周知する努力がまだ足りないことは確かだとしても、それを用いたカリキュラムの改善がなかなか進まないのはなぜなのか。もっと統制的な方法や外形的な手法ならばうまくいくのか。そもそも、カリキュラムの改善を担うべき大学の第一線教員の動きが鈍いのは、彼らが怠惰であるからなのか。いや、勤勉で教育熱心な大学教員でさえ、質保証の話に関わるのを嫌がっている。だから、きっといろんな組織論的・社会学的な要因が存在しているはずである。考えてみないといけないポイントは、「なぜ大学教育の末端に位置する第一線教員の多くは、さまざまな質保証の仕組みに対してネガティブなのか」という問いである。以下では、回り道に見えるかもしれないけれども、まずは質保証に対する第一線教員を考察した諸外国の研究を検討していくことで、大学教員の怠惰や安逸に帰せられない、改革への消極的な姿勢の性格を考察し、それをふまえて日本での分野別参照基準の活用ということについて考えてみたい。

2 「役に立たない」という認識

質保証に対する第一線大学教員の声を拾った日本の研究があるのかどうか、私にはわからない。しかし、その主題を扱った諸外国の研究を見ていくと、共通して出てくる声が二つある。一つは、「質保証は役に立たない」という声、もう一つは「質保証が専門職的自律性を脅かしている」という声である。

まずは一つ目の点から見ていく。そもそも、制度を提案したり設計したりする人たちと第一線教員との間で、「質」の考え方が異なっている。第一線教員にとっては、それは「重荷」や「相互信頼の欠如」「官僚制」「ゲーム・プレイング」として経験されている（Newton 2002, 2010）。オーストラリアの一〇大学三〇人の大学人への聞き取り調査をもとに、第一線の大学教員がどうして質保証の過程に抵抗しているのかを考察したG・アンダーソン（Anderson 2006）によれば、大学教員は質に関心がないわけではないが、現在進んでいる質保証には敵意をもっている。すなわち、①「質」の定義が、ステイクホルダーによって異なっており、目の前の質保証の仕組みでは、アカデミックな「質」と無関係なアウトプットが追求されている、と感じている。また、②質を測定するために用いられている方法において、量的に測られるものが不当に尊重され、質の内実を的確に反映しないものが使われている。それゆえ、③質保証の実態は、質を改善するよりもむしろ、（実効性がなくても）上で決まった施策を実行することの方が強調されている、というのである。

彼らはむしろ、同僚間で合意された「質」のほうに信頼を置いている。「本研究で聞き取りをした大学教員は、「チェック欄」による表面的な性格の質保証を、同僚間のアカウンタビリティという観念に支えられた、彼らがより有効で意味ある質保証の形態とみなしている質保証の形態と対比させている」(ibid., p. 169)。外部からの一律かつ量的で一面的な物差しで測られる「質」ではなく、内部の同僚間で共有された「質」の判断こそが重要だと考えている、ということである。

実際、外部から客観的に教育の「質」を測定しようとする試みには、しばしば的外れな量的指標が横行している。たとえば林隆之(二〇一四)は、「標準修了年限内卒業率」と「卒業者のうちの進学者・就職者の割合」をプロットした図を分野別に試行的に比較しているが、こうした指標で教育の「質」が適切に把握できるとは思えない。名前を伏せて紹介するが、私は以前、ある大学経営者に「教授会への出席率で個々の教員の教育力を評価できませんか」と相談されたことがある。真面目に教授会に出席している教員は、きっと授業を熱心にやっているはずだ、という妄想のような因果的きめつけであり、まったく筋ちがいの指標である。

マーチン・トロウは、アカウンタビリティを考察した一九九六年の論文で、教育のアウトカムを測定することの根本的な問題を指摘している。「アカデミックな「アウトプット」に関して測りうるのは、ほんの断片(only a fraction)であり、実際、高等教育が学生の人生に対して貢献することの、あるいは社会の持続にとって貢献することの中の小さな断片にすぎない」(Trow 1996, p. 321)。そして、トロウは次のように喝破する。「教育は、測りうるアウトカムが得られるふりをする過程である。このことが、教育に関するすべてのアウトカムを疑わしいもの(spurious)にしている。われわれは学位や証明書を与えることを正当化するための何かを測る必要がある。しかし、私たちの試験が教育の成果を測っているという幻想をもつ必要はない。学生に対する私たちの影響は、十分には知り得ない。私たちが与えた影響は、彼らの人生全体で、多様な場面で多様な形で顕れるものなのだ。そのような効果は、高等教育機関にいるわれわれがコントロールできないような他の多くの力や要因――そしてそれらの中には学生の性格や生活環境も含まれる――が入り混じったものなのである。さらにいうと、彼らの人生に対するわれわれの影響は、多様な形態をとり、そのうちで最も重要なものは測れないのだ」(p. 321)。

このように述べるトロウは、だからといって何もできないわけではなく、内部でのレビューを通した内部でのアカウンタビリティの活動はなしうるし有益であると主張している。真摯な高等教育研究者としてきわめてまっとうな主張であるように、私には思われる。

にもかかわらず、教育のアウトカムを正確に測定して比較可能な形で外部に発信せよという議論は後を絶たない。「質」に関するさまざまな定義の中に、外部のステイクホルダーに可視化しうる情報を出せという、市場的あるいは統制的な欲求が広がっているからである。外部のステイクホルダーは、「教育の成果」と「教育の成果についての序列化された情報/シグナル」の両方を質保証に求めているのである。そうした外部の情報欲求と、現実の教育/評価のテクノロジーの間に距離がある。ここに根本的な問題がある。

まず、「教育の成果」と「教育の成果についての序列化された情報/シグナル」とは対立する部分がある。教育の目標は多面的であるのに、序列化された情報/シグナルは限定的である。しかも後者は、(トロウの言うような意味で) テクノロジー的に不完全で不適切なものしか存在しない。アウトカムを正確に測ろうとする試みは、ジェネリック・スキルであれば可能かもしれないが、個々の授業や教育の効果検証には使えない。学生は同時にたくさんの種類の授業を受け、授業外でも成長の機会をもっている。だから個別の教育の効果は、ジェネリック・スキルの獲得では論じられないのだ。また、個々の授業や教育の効果検証のために特定の具体的知識の修得の有無を測ることはできる。大学教員が一般にしていることはそれである。しかし、それを外形的で標準化された枠組みを作って行おうとすると、カリキュラムの窮屈さや画一性を生んでしまう (全国一律カリキュラム、など)。

個々の学生のアウトカムではなくて、達成水準を詳細に定めておいて、それらの項目を個々の学生にクリアさせる教育を行わせようという考え方もある。岸本喜久雄 (二〇一五) が述べる「水準を含めた形で具体的な学習到達目標」を提示する、という方法である。しかし、その考え方には二つの問題がある。一つは、すぐ前で述べた「カリキュラムの窮屈さや画一性を生んでしまう」という問題である。すでにカリキュラムの標準化が進んでいる一部の分野では可能かもしれないが、多くの分野ではマイナスに働くし、複合分野の教育や新しく作られつつある分野での挑戦的なカリキュラムの編成を著しく困難にしてしまうだろう。「画一的性格をもった上からの解決は、およそ取り扱う問題が純粋に画一的なばあいにのみ有効である」(ラスキ 一九七四、九九頁) という、英国の政治学者ラスキの言葉があてはまる。

もう一つの問題は、いくら細かく下位項目を設定しても、各項目のカテゴリーには伸縮性がある (elastic) ため、達成水準を相互に比較したり同等とみなしたりすることは、原理的にできない、ということである。この点は、形成的カリキュラムの理論を定式化したことで有名なロイス・サドラーが説得力のある議論をしている。サドラーは、「標準を明示的に記述する行為」を「コード設定（codification）」と呼び、それが、異なる文脈に置かれた学生のアウトカムの比較や同等性を保証しうるものではないことを指摘している。すなわち、「到達や達成に関する質は直接的には観察できないし測定もできない。到達や達成のレベルはアセスメントの課題への学生の反応のような、エビデンスをもとにした推論によって作り上げられるものである。ここから二つの議論が出てくる。第一に、達成は物理的な変数ではなく、曖昧な境界をもった観念であるということである。第二に、量を伴うものとして使われる語は解釈において伸縮性があるということである。基本的な要素や質や量などについての意味は、固有に文脈依存的である。文脈はいろいろなので、独立したコード設定は、異なる時代の異なる文脈の異なる人々によって、唯一の仕方で解釈されることはありえない。それゆえ、コード設定は、異なるレベルの学生の達成を判断し報告するための安定した準拠点として提供される標準たることはできない。／この点は、個々のアセスメント課題についてのルーブリックでも、全体の学位プログラムのためのベンチマーク・スタンダードでも同じである」（Sadler 2014, p. 275）と言う。

そして、参照基準のようなコード設定においては、個々の記述には解釈上の伸縮性があり、それを克服するためにその記述の下位により細かな記述を行う、ということが一般になされたとしても、その下位の記述もまた伸縮性をもつから、結局は同じ問題に直面することになる。だから、より詳細にすれば一律で標準化された物差しが得られるというわけではない、とサドラーは言う（ibid., pp. 278–279）。

その通りである。言語化されることで設定された標準は、学生のレベルや教員の考え方によって伸縮性をもっている。その標準に照らしながらアウトカムに付された評価は、文脈の異なる学生同士の間では同等性や序列性をもちえない。原理的にそうなのだ。

ただし、サドラーは外形化された標準は無意味ではない、と論じている。評価者が安定して評価するための拠り所として有用だし、序列を伴う評価ではなく複雑な質的判断を一貫して行っていくために、標準として言語化されたものは役立つと述べている（ibid., p. 285）。外部への情報としては使えないが、教育を行う者にとっては意味がある、ということである。「コアカリキュラムやモデルカリキュラムの策定、あるいは知識や理解に関する何等かの最低水準や平均水準を設定するということも考えられなくはない」（「回答」三頁）としつつも、あまり細かく書き込まないやり方を提案した私たちの「回答」も、（十分言語化できてはいなかったが）そのような考え方に立っていた。

3　質保証の政治的性格

第一線大学教員の視線から見たときの質保証についての諸研究からもう一つわかるのは、質保証は価値中立で技術的なものではなく、権力や権限の再配分を伴う政治的な性格をもっていることが、第一線教員たちの消極的な姿勢や抵抗に関わっている、ということである（Hoecht 2006, Harvey & Newton 2004, Skolnik 2010, Ramirez 2013, Naidoo 2013）。

たとえば、A・ホーヒトは英国の二つの「新大学」の教員への聞き取り調査を通して、専門職的自律性（professional autonomy）が脅かされることへの危惧が、質保証の推進に対する現場の第一線教員の批判を生んでいる、と指摘している。「質保証は、ほとんどの場合、統制の一種であり彼らの専門職的自律性を浸食している、と受け取られている。彼らの全員ではないが多くは、自分たちが以前よりも信頼されなくなり、より統制――その統制は教学関係の直接の上司による自発的なものというよりも「システム」の結果あるいは大学の中央の管理によるものとして受けとめられているのだが――がなされるようになったと感じている」（Hoecht 2006, p. 556）。だから、「話をしてくれた大部分の教員は、質保証が学生にとってなにがしかの利益をもたらすものであると感じており、質保証の結果として生じる定型化や標準化をある程度は必要だと感じている」ものの、「現在の質保証のシステムは過度に官僚制的で、自分にとっては機会費用が高く、表層レベルでのみの質に取り組んでいるというのが、話をしてくれた人のほとんどが感じていることだった」（ibid., p. 555）。

D・ナイドゥは、南アフリカの大規模大学（学生三万人以上）の大学の教員（多様な職）への聞き取り調査を通して、組織文化と外部質保証との間の関係について考察している。聞き取り調査から見出された組織文化は、①経営者的文化（managerial culture）、②政治的文化（political culture）、③同僚文化（collegial culture）、④変容志向文化（transformative culture）、の四つであった。①経営者的文化から見た外部質保証は、経営者的統制の集権化を促進し、安逸な大学教員を刺激する、と歓迎されている。②政治的文化では、外部質保証は政府の意向を大学の組織内に反映させるものだ、と強く批判されている。③同僚文化では、組織としての同意よりももっとローカルなメンバーの合意が重視され、改善には否定的ではないが、質の改善と質保証との間に乖離した関係があるととらえている。また、内部での質保証の過程に向けられねばならない時間とエネルギーが、外部質保証によって奪われている、と感じられており、評価によって失う機会費用が大きく、それに見合ったリターンが外部評価で得られるのか疑問が出されている。最後の④変容志向文化では、外部質保証は、中央統制や経営者的管理を強めるのではなく、大学教育の改善をもたらすものだと考えられていた。ナイドゥの考察によれば、組織内の条件は、変容志向文化を促進するようなものではないうえ、外部質保証の枠組みが、そのレトリックとは裏腹に、①や②の文化を強化する作用を果たしている（Naidoo 2013, pp. 93-94）。つまり、外部質保証という枠組みは、大学教育の改善をもたらす組織文化を醸成する作用を果たしておらず、むしろ、経営者や政府の統制的な関心とそれへの反発、もしくは、もっとローカルなレベルでの同僚間の合意に基づく質保証への消極的な対応とを生んでいる、ということになる。

質保証が権力や権限の再配分を伴う政治的側面をもっており、それが第一線教員の消極さや抵抗に結びついているという問題は、きちんと考えてみる必要がある。質保証を政策的に論じる者の多くが、しばしば価値中立的な技術論として考えてしまっている部分があるからである。そういう改革論者からは、質保証の活動に真剣に取り組んでいない大学教員は「怠惰」に見える。しかし、改革に抵抗する教員は必ずしも教育の質に無関心な怠惰教員であるわけではない（怠惰な教員はいないことはないが、そういう教員は抵抗も批判もろくにしない）。しばしば、「学問の自由」を背景にした専門職的自律性――何を教えどう評価するかについての自由裁量――を擁護したいという動機から、改革に背を向けていたりするのである。

ところで、ここでいう「学問の自由」や「専門職的自律性」は、大学という機関の自律性にも関わるが、同時にもっとミクロなレベル――個々の教員の自由裁量のレベル――でも存在している。この点から見ると、個々の現場で教育の改善が進まない問題には、もっとやっかいな側面があることが見えてくる。外部からあてがわれる「質」の物差しよりも内部の同僚間で共有された物差しの方がより適切に「質」を判断できるのかもしれないが、だからといって同僚間で議論を闘わせ、カリキュラムや授業を改善するインセンティブが自動的に生じてくるわけではない。個々の教学の単位内でカリキュラムを改善するという作業は、それ自体がミクロなレベルでの政治的な性格をもっているからである。

カリキュラムの編成について同僚と議論をし、特定の科目の要不要を決めていくこと、授業の内容をすり合わせ相互に関連づけた内容にしていくこと、修得されるスキルを想定しながら授業の方法について意見交換をすること――それらすべてが、少なくない教員にとって、自分の専門職的自律性が脅かされる機会として受けとめられてしまいかねないのである。特定の科目の必要／不要は、その科目を担当する自分の存在意義に関わってくる。授業内容や方法のすり合わせでは、各自の見識や教員としての力量の有無、授業の巧拙の問題が、どうしても明るみに出てしまう。率直な相互批判は学科内の人間関係を壊す可能性もはらんでいる。それらにどう配慮するのか、消極的な姿勢や露骨な批判にどう対応するのか。カリキュラムの改善はそれ自体、ミクロな政治過程を伴っているのである。

標準化されたカリキュラムや怪しげなアセスメント・ツールなど、上から押しつけられるものは、第一線教員が考える「質」とはズレたものになりがちである。しかし、第一線教員の間で議論して教育の改善を進めようとするのも、それ自体ミクロな政治性をはらんでいて簡単ではないのである。

4　同僚との話し合いの困難さ

教育プログラムの改善を第一線教員の側で同僚と話し合いながら自律的に行っていくことを考えたときに障害になる組織文化的な要因には、もっと別の点もある。

第一に、専門性の過度な細分化の問題である。個々の大学教員が細かく分化した専門性に閉じ込められていて、それゆえに、相互に議論しようにも当該分野の全体的な教育像が描けていないことが少なくない。私の専攻する教育学の分野でいえば、教育内容や方法については詳しいけれども教育制度や教育政策についてはまったく知らない教員や、教育思想には深い造詣をもつけれども計量的な手法の実証分析はちっともわからない教員などが少なくない。だから、自分の狭い専門分野を超えたトータルな分野像が描けない人や、それが歪んでいる人も少なくない。結果として、「学生に何を学ばせ、何を身につけさせるか」については、学位プログラム設計に関する机上の原理（たとえば深堀 二〇一五）によって議論がなされてしまうようなことが当然起こる。専門分化した教員が、学生の学修経験全体をプログラム化しようとする議論を行うには、当該分野の全体像に関する視野の点で欠ける教員が少なくないのである。

この点と関わって第二に、一つの部局の中の大学教員は、みんな異なる専門性に依拠しているという組織特性の問題がある。「どの分野の教員であれ、特定の分野の特定の課題を専門とする教員は、一つの機関あるいは部局に一人しかいない」(広田 二〇一三、六頁)。この割拠性が、「学生にとっての教育」を話し合う際の障害として機能する。自分が教えているトピックの重要性を同僚が理解してくれる保証はないのだ。一人ひとりはすぐれた研究者で、個々の授業を担当するときにはそれでよいのだが、教育プログラム全体をどうするのかという議論をしようとすると、何がなぜ必要なのかについて、たちまち相互の考えのすれ違いに直面する。

第三に、多くの分野の大学教員には、学生の教育に関する理論や語彙が不足している。大学教員の多くは研究のプロであり、その研究の専門性をふまえて教育を行っている。しかし、教育を行うことと、教育についての理論や語彙を駆使して自らの実践を言語化することとの間には大きな距離がある。自分が行っている教育の意義を分野外の人に対して説明するためには、研究分野の専門用語とは異なるタイプの言説的で反省的な資源――それを語る語彙や複数の語彙を使って命題に組み立てる理論――が必要である。自分が担当する分野に関して具体的にどういう知識を修得させるべきかについては、ほとんどの教員は実に詳細に説明することはできるけれども、普段の授業をどういうねらいややり方で展開しているのかについて、教育(学)的に説明する理論や語彙を欠いているのである。歴史学分野の参照基準作成にあたった井野瀬久美恵(二〇一一、一八頁)は、「歴史学を専攻した学生にはどんな能力や知識が身につき、何ができると期待できるのか」といった主題を、「これまであまり深く考えたこともなかった難題」と表現している。きっと多くの分野でそうなのだ。

5　参照基準の有効活用に向けて

日本学術会議が作る分野別参照基準はかなりの分野のものが作られてきたが、まだ十分活用されていない。それは確かだ。しかし、だからといって、標準化された分野別のカリキュラムや分野別のアセスメント・ツールを作って外から押しつけようとするのは、有益だとは思われない。そういうやり方で定義される「質」は、大学教育の改善につながるものではないからである。また、「個々の授業科目を超えた全学的なカリキュラム／マネジメントを確立する」（二〇一六年一二月中教審高大接続答申）と、上からの動きを強めてみても、具体的なカリキュラムの改善は、結局のところ、第一線教員の間での議論と合意とに委ねざるをえない。

分野別の参照基準は、潜在的には、第一線教員の自主的なカリキュラム改善に有益な役割を果たしうると私は考えている。一つには、第4節で論じたような現在の問題点を克服するのに有用だろう、ということである。細分化された専門性を超えて各分野の教育のあり方を各教員がイメージするうえでの喚起力をもっている。分野別で大くくりになっている参照基準を足場にすれば、否応なしにそれぞれの教員が狭いタコツボから出て、大学教育を考える／語ることになる。また、当該分野の教育の意義を考えるうえで使用できる理論や語彙（の一部）を提供してくれているから、自分の教育を言語化する際の言説資源の一つにもなる。

また、第3節の最後に論じたような、カリキュラム改革がもつミクロな政治性を考えてみても、分野分別参照基準は有益な使い方ができるはずである。お互いの担当科目についてダイレクトに意見を交わすと、お互いの科目の要不要や巧拙に関わるミクロな政治力学が働いてしまう。そうではなくて、相互に参照基準をどう読んだかという意見交換がなされれば、それだけでも、それぞれが教育のあり方を見直す契機になる。共通理解が進めば、カリキュラム全体の改善をめぐる議論もスムーズにできるだろう。

大学教育の質の改善にとって何よりも必要なのは、現場の第一線教員が自由に意見交換をするようになること、そしてそれを通して現行のカリキュラムや授業のあり方についての問題点を緩やかに共有することだと私は考える。教育行政や大学当局は、カリキュラム全体の見直しを上から押しつけるのではなく、第一線教員のレベルでの自生的なカリキュラムの見直しをいかに奨励・促進するかという姿勢で臨んでいただきたい。統制ではなくて奨励こそが、実質的な教育の改善・向上をもたらすはずである。こうした点から、分野別参照基準がもっと活用されるためには何をすべきかについて、最後に提案しておく。

第一に、カリキュラムの改善を考える人は、個別分野の参照基準を読む前に、まずは「回答」に目を通してほしい。なぜ・どの方向に改善が必要なのかを同僚に説得的に話すための素材がそこにあるはずである。

第二に、該当する（必要に応じて複数の）分野の参照基準を同僚とともに目を通して、自由に意見交換する機会を作ってほしい。とりわけ、複合的・学際的なカリキュラムの学部や学科では、幅広い分野がカリキュラムの母体になっているため、お互いの学問的基盤や教育像についての理解を欠き、しばしば同僚間の単なる利害や思惑の綱引きで終わってしまいがちなので、専門性や学術性をカリキュラムの基盤に据えるうえで、参照基準は重要な手がかりになるだろう。

第三に、参照基準と現実の教育との距離について、ぜひ同僚と一緒に考えてみてほしい。みんなで、「こんな参照基準は現実のうちの学生の教育から乖離している！」と怒ってみてもいい。怒った後で、「この乖離を少しでも埋めることができないか」と考えてもらえば、カリキュラム改革の議論は始まることになる。

最後に、参照基準をぜひ学生と一緒に読んでみてほしい。学ぶ側自身が何をなぜ学んでいるのかについて考える機会になる。どんな分野であれ、専門が分化した個々の授業による教育のむずかしい点は、個々の具体的知識がどこにどう位置づくのか了解されにくい、という点である。参照基準はむしろ全体像を俯瞰しようとするものである。全体像を俯瞰したものを読んでみることで、学生たちには普段の授業の意味や位置が理解されるかもしれない。それは、授業に対する学生たちのより質の高いニーズをもたらすはずである。また何よりも、「何が身についたのか」を学生自身が説明できる言葉を与えてくれる。二〇一八年六月に閣議決定された「経済財政運営と改革の基本方針二〇一八について」では、「学生が身に付けた能力・付加価値の見える化」が打ち出されている。おかしな物差しをもってきて「学生が身に付けた能力・付加価値」を測ってみたりするのではなく、学生自身が、「大学の専門分野の教育で私は○○が身につきました」と説明できるようになることが望ましいだろう。参照基準をその意味でも活用してみてほしい。

分野別参照基準は、有用性に気づいてもらうのにもう少し時間がかかるかもしれないが、第一線教員にとってカリキュラムの見直しに有用なツールだと思っている。大学教育の「質保証」に関わる多くの仕掛けは、単に外部へのアカウンタビリティに応答しようとするものになってしまっていて、教育の質の改善には結びついていない。内部質保証のサイクルを実質的に回していくためには、第一線教員に望まれるものでなければならない。いろいろな外形的な仕掛けや強圧的な統制に比べると、参照基準の活用ははるかに有用で実質的な成果をもたらすはずだ。

文献

井野瀬久美恵 二〇一一「われわれがＱＡＡに見るべきものとは何なのか?」『学術の動向』第一六巻第一〇号。
川島啓二 二〇一五「チューニングから大学教育改革を「再読」する」『国立教育政策研究所紀要』第一四四集。
岸本喜久雄 二〇一五「機械工学分野の参照基準の整合性――チューニング・ワシントン協定（日本技術者教育認定機構）・日本学術会議の参照基準」『国立教育政策研究所紀要』第一四四集。
工藤一彦 二〇一二「内部・教学監査と教育の内部質保証の関係」『大学評価研究』第一一号。
武市正人 二〇一五「国内での分野別質保証に関する取組の把握と分析」『大学教育における分野別質保証の在り方に関する調査研究報告』大学評価・学位授与機構。
林隆之 二〇一四「大学評価・質保証の新たな課題と組織的な情報分析」『情報知識学会誌』第二四巻第四号。
林隆之 二〇一五「欧州におけるプログラム評価の実施状況とその変遷」『大学教育における分野別質保証の在り方に関する調査研究報告』大学評価・学位授与機構。
早田幸政 二〇一五「大学の質保証とは何か」早田編『大学の質保証とは何か』エイデル研究所。
広田照幸 二〇一三「序論――大学という組織をどうみるか」広田他編『シリーズ大学６ 組織としての大学――役割や機能をどうみるか』岩波書店。

深堀聡子 二〇一五「学問分野のチューニング――参照基準に基づく内部質保証」『国立教育政策研究所紀要』第一四四集。
ラスキ、H・J 一九七四『近代国家における自由』飯坂良明訳、岩波文庫。
ルイス、リチャード 二〇〇五「講演録：ボローニャ宣言――ヨーロッパ高等教育の学位資格と質保証の構造への影響」吉川裕美子訳『大学評価・学位研究』第三号。
Anderson, Gina 2006, “Assuring Quality / Resisting Quality Assurance : Academics’ Responses to ‘Quality’, in Some Australian Universities”, *Quality in Higher Education*, Vol. 12, No. 2.
Harvey, Lee & Newton, Jethro 2004, “Transforming Quality Evaluation”, *Quality in Higher Education*, Vol. 10, No. 2.
Hoecht, Andreas 2006, “Quality Assurance in UK Higher Education : Issues of Trust, Control, Professional Autonomy and Accountability”, *Higher Education : The International Journal of Higher Education and Educational Planning*, Vol. 51, No. 4.
Naidoo, Dhaya 2013, “Reconciling Organisational Culture and External Quality Assurance in Higher Education”, *Higher Education Management and Policy*, Vol. 24, No2.
Newton, Jethro 2002, “Views from Below : Academics Coping with Quality”, *Quality in Higher Education*, Vol. 8, No. 1.
Newton, Jethro 2010, “A Tale of Two ‘Qualitys’ : Reflections on the Quality Revolution in Higher Education”, *Quality in Higher Education*, Vol. 16, No. 1.
Ramirez, G. 2013, “Studying Quality beyond Technical Rationality : Political and Symbolic Perspectives”, *Quality in Higher Education*, Vol. 19, No. 2.
Sadler, D. Royce 2014, “The Futility of Attempting to Codify Academic Achievement Standards”, *Higher Education : The International Journal of Higher Education and Educational Planning*, Vol. 67, No. 3.
Skolnik, Michael L. 2010, “Quality Assurance in Higher Education as a Political Process”, *Higher Education Management and Policy*, Vol. 22, No. 1.
Trow, Martin 1996, “Trust, Markets and Accountability in Higher Education : A Comparative Perspective”, *Higher Education Policy*, Vol. 9, No. 4.

IV

評価の問題

第6章　教育研究の評価をどう考えるか

はじめに

大きな社会変動が生じている現代日本社会において、その変動の影響を受けつつ、この三〇年ほどの間に日本の大学ではさまざまな改革の試みが積み重ねられてきた。その大学改革の中で常に重要な焦点となり続けてきたのが、大学における教育研究活動の評価のあり方の問題である。この章では、大学の教育研究の評価をどう考えるかについての概括的な考察を行いたい。

欧米では、一九八〇年代から大学における教育研究の「質（quality）」への関心が急速に高まった。米国では、八〇年代前半から、高等教育の質への関心が高まるとともに、多様な学内情報が集められ、吟味にかけられる仕組みが急速に普及して、それを正当化するための理論化も進んだ。大部分の高等教育機関ではフォーマルな機関レベルの評価の活動が発展した。その背景には、①高等教育の拡大が終わり、各機関が財政支援を求める新たな理由として「質」を掲げるようになったこと、②初中等教育の危機が問題とされ、高等教育まで含めて学校改革への投資の必要性論が浮上したこと、③経済発展のエンジンとして戦略的投資の対象と見られるようになったこと、といった社会の変化が存在していた（Ewell 2007）。そうした教育研究の「質」への関心は、一九七〇年代までにすでに長い歴史をもって定着していた米国の認証評価の仕組みに、新たな社会的・政治的要求を課していった。新しい評価尺度や評価手法の登場や、評価の利用に関する新しい仕組みの導入などである。

欧州諸国でも一九九〇年代には、評価を介した高等教育の質保証の動きが進んだ。社会主義体制が崩壊した東欧では、国家の管理・統制を離れた大学が市場経済の中で自らの「質」を保証するために、評価システムを活用する取り組みが活発化した。西欧諸国では、急速な大学進学率の増加や知識経済化への国家による関心の高まりなどによって、評価機関の設置や評価システムの導入が進んでいった（Schwarz & Westerheijden 2007）。羽田貴史（二〇〇四）は、高等教育におけるガバナンスのアクター（政府―同僚―市場）と、保証される対象（研究―教育―経営）との二つの軸でさまざまな質保証の制度を整理している（表6-1）。実にたくさんの種類の制度が作られてきていることがわかる。

日本でも、周知の通り、一九八六年の臨時教育審議会第二次答申での提起を受け、一九九一年に各大学の自己点検・自己評価が求められることになり（一九九九年に義務化）、さらに第三者評価の必要性が論じられ、二〇〇四年から認証評価制度がスタートした。また、同年には国立大学法人制度も発足し、その国立大学法人評価の中で教育研究の評価にあたる部分を大学評価・学位授与機構が行う仕組みがスタートした。田中弥生と丸山和昭は、それら二つが中心的な制度となる日本の評価制度の現状を表6-2のように整理している（田中 二〇一一）。

表 6-1　質保証の諸制度

対象 ＼ アクター			政府による規制	専門的権威による同僚規制 職能代表・養成機関・教育行政・学者	市場による規制
研究			研究費配分（RAE） （UK）	同僚・専門家による評判 学会活動 学会の倫理コード	研究費の競争による配分 出版・ジャーナル 学会活動
教育	機関・プログラムへの規制	設置認可 charter	大学設置認可 （JAPAN）	課程認可審査 （UK, AUS）	—
教育	機関・プログラムへの規制	評価認証 accreditation		評価認証（US） 大学基準協会 （JAPAN） 専門プログラム （ABET）	—
教育	機関・プログラムへの規制	査定 assessment	HEFCE（UK）		—
教育	機関・プログラムへの規制	視察 audit	行政監察（JAPAN）	AUQA（AUS）	—
教育	出口	大学卒業水準	医師試験 教員採用試験	外部試験員制度 （UK）	雇用者
教育	入口	大学入試・中等教育の卒業水準	センター試験 （JAPAN） GCE（UK） アビトゥア（GER） バカロレア（FRA）	受験資格判定 入学者選抜・判定	学生の学校選択
経営			会計監査	自己点検	学生の学校選択を介した資金・授業料配分

出典：羽田（2005）。

表 6-2　大学種別に見た評価の制度

<table>
<tr><td></td><td></td><td colspan="5">いわゆる「第三者評価」*</td></tr>
<tr><td rowspan="3">大学種別</td><td colspan="4">学校教育法に基づく自己点検・評価及び法定評価</td><td rowspan="3">国立大学法人法に基づく国立大学法人評価</td><td rowspan="3">その他の第三者評価（JABEE 等）</td></tr>
<tr><td rowspan="2">自己点検・評価
外部評価</td><td rowspan="2">認証評価</td><td colspan="2">専門職大学院の認証評価</td></tr>
<tr><td></td><td>うち法科大学院の適格認定</td></tr>
<tr><td>国立大学</td><td rowspan="2">必須
時期の定め無し
（当該大学の教育・研究・組織・運営・施設・設備）
・外部評価の努力義務</td><td rowspan="2">必須
7年に1度
（機関別）</td><td rowspan="2">専門職大学院を持つ大学は必須
5年に1度
（分野別）</td><td rowspan="2">法科大学院を持つ大学は必須
5年に1度
（分野別）</td><td>必須
6年に1度
（各法人が定めた中期目標・中期計画に基づく評価）</td><td rowspan="2">任意</td></tr>
<tr><td>公私立大学</td><td>・公立大学法人は，法人評価が必要
・私立大学については不要</td></tr>
</table>

＊いずれの評価も被評価者が記した報告書に基づき，ピアレビューを基本とする。
出典：田中弥生・丸山和昭が作成（田中 2011）。

大学の教育研究の評価がある程度定着してきた現在、その制度の功罪をきちんと吟味し、必要な形で改善・改良を進めていくことが必要な段階にきているように思われる。大学の評価に関して用いられてきているさまざまな評価の特徴や問題点・限界などを、かなり広い視点で整理し、具体的な課題を論じるのは次の章で行うことにして、ここでは、総論的に、大学における教育研究の評価が求められるようになった文脈と、そこで必要な改革の方向について、簡単に論じてみたい。

1　評価が不可欠になってきた文脈

(1) グローバル化

まずは、日本の高等教育システムに関して評価の問題が浮上してきた社会的文脈として、ここでは二つの点を確認しておきたい。

第一に、いうまでもなく、グローバル化の影響を挙げることができる。物や人やカネや情報が簡単に国境を越えて移動するようになってきたとき、それぞれの国の高等教育は、いやおうなしにグローバルなレベルでの競争や連携・協働と関わりをもつことになる。これまでの大学評価の議論においても、グローバル化に対応するための高等教育のあり方の見直しという文脈が、くり返し語られてきた。たとえば、学位や資格は今や一国内にとどまらず、グローバルなレベルで質を保証されたものであることが求められるようになった。留学生の受け入れや送り出し、卒業生のグローバル労働市場での評価などと関わり、国境を越えた次元での大学教育の質保証が問題となることになったのである。あるいは、グローバルに活躍する高度な人材をいかにして養成するのかといった、より教育内在的な課題も浮上しており、それが評価のあり方の議論と関わっている。さらに、大学が行う研究の次元においても、データベースの普及や評価指標の開発などにより、グローバルなレベルでの評価がさまざまな形でなされるようになってきている。こうしたことの詳細は、すでにたくさんの論文や本が書かれているので、ここでくり返すまでもない。

とはいえ、グローバル化と高等教育の評価との関係について、あまり議論されてきていない重要な点が二つあると思うので、ここで少し書いておきたい。

一つは、グローバル化のインパクトを、国家間の経済競争の文脈だけで考えてしまわないことの重要性である。大学の教育研究が果たすべき役割は、経済に資する人材の育成や経済成長のための技術開発などにとどまるわけではない。このことは、中教審会の答申でも、十分意識されてきている。

学部段階教育のあり方の方向をとりまとめた二〇〇八年一二月二四日の中教審答申「学士課程教育

の構築に向けて」では、次のように書かれている。

グローバル化する知識基盤社会、学習社会にあっては、国民の強い進学需要に応えつつ、国際的通用性を備えた、質の高い教育を行うことが必要である。国境を越えた多様で複雑な課題に直面する現代社会にあって、大学として、自立した二一世紀型市民を幅広く育成することは、個人の幸福と社会全体の発展それぞれの観点で極めて重要であり、公共的使命と言える。先進諸国の大学では、自らの使命を、学生の身に付ける学習成果という形で明示し、その達成度を評価するなどの取組が広がりつつある。

ここで「自立した二一世紀型市民」とは、「専攻分野についての専門性を有するだけでなく、幅広い教養を身に付け、高い公共性・倫理性を保持しつつ、時代の変化に合わせて積極的に社会を支え、あるいは社会を改善していく資質を有する人材を指」しており、二〇〇五年一月二八日の中教審答申「我が国の高等教育の将来像」の中で出てきたものである。二〇〇八年答申では、大学の使命として、「国境を越えた多様で複雑な課題に直面する現代社会」において、「社会を支え、……改善していく資質を有する人材」を育成することを掲げているのである。「学習成果の評価」もその記述の延長線上に位置づけられており、大学の公共的使命に関する十分な自覚が大学に求められていることを読み取る必要がある。

また、大学院教育を扱った二〇一一年一月三一日の中教審答申「グローバル化社会の大学院教育〜世界の多様な分野で大学院修了者が活躍するために〜」においては、次のように書かれている。

知識基盤型社会が進展し、知識・情報・技術の創造と活用が社会のあらゆる領域での活動の基盤として重要性を増す中、国内外の社会の様々な分野で活躍できる高度な人材が求められている。特に、世界が優れた知恵で競い合う時代に、専門分化した膨大な知識の体系を俯瞰しながら、イノベーションにより社会に新たな価値を創造し、人類社会が直面する課題を解決に導くために、国際社会でリーダーシップを発揮する高度な人材が不可欠となっている。

この答申でもまた、グローバル化に対応した大学院教育のあるべき方向は、「人類社会が直面する課題を解決に導くため」という使命に向けられていることに留意すべきである。

大学評価をめぐる議論の中では、われわれはつい、厳しい経済競争の中でのわが国の生き残りや、自大学の卒業生の良好な就職などにのみ関心が向きがちである。しかしながら、大学が果たすべき使命は、そうしたレベルのものにとどまらない。日本の大学が教育研究を通して育成・輩出していかないといけないのは、「国境を越えた多様で複雑な課題」や「人類社会が直面する課題」の解決に資する人材であるといえよう(もちろん、経済的な発展をもたらす人材はその中に含まれるが)。

もう一つ、グローバル化と高等教育の評価との関係について留意すべきは、評価システムのグローバル化をどう考えたらよいかという問題である。言い換えると、評価の制度や技法、尺度などは、どこまでグローバルに一元化されるのか、という問題である。評価の仕組みや技法は国境を越えていやおうなしに一元化される側面もあるし(同一尺度での比較など)、ある国の特定の仕組みや技法が借用や模倣、購入といった形で別の国に移植される場合もある。それとは別に、それぞれの国が固有の特徴をもった質保証の仕組みや評価の仕組みをもつこともありうる。何でもかんでも他国のものを輸入して制度化すればよいわけではなく、それは「評価の氾濫」をもたらしてしまうことになる。近年進行しているのは、それぞれの社会に適した評価の仕組みを作り、比較可能な枠組みとして説明できるようになることを目指す、という動きである。われわれも、その線で今後の方向を考えていかねばならないだろう。

（2）大学の大衆化

もう一つ、大学教育の評価が問題化してきた重要な要因は、大学進学率の上昇による大衆化である。大学進学率が同世代の五割を超えるようになると、旧来の大学生像、大学教育像にはおさまらない多様な学生や大学教育が散見されるようになってきた。「Fランク大学」「ボーダーフリー大学」などの語が作られ、それらの大学での学生や教育が、おもしろおかしく、あるいはため息混じりに語られるようになるにつれて、「大学生として十分な学力や意欲をもっているのか」とか、「大学教育の名にふさわしい教育をしているのか」といった疑念が、社会から大学に対して浴びせられることになった。

中教審学士課程答申では、「ユニバーサル化」という語で、この事態を表現している。第4章でもふれたように、マーチン・トロウが提出した高等教育拡大モデルの中で用いられた語である（トロウ一九七六）。同答申では、現在の大学進学率等を過剰とする見方をしりぞけ、「本審議会としては、若年人口の過半数が高等教育を受ける現状を積極的に受け入れていくこと、少なくとも、成績中位層以上の高校生が経済的理由により進学を断念せざるを得ない状況を無くしていくことが必要である」という立場を取っている。

教育機関としての大学が多すぎるのか、そうでないのかは、大学や学位という社会的制度の本質や機能をどのように考えるか、また、短期的・長期的に大学教育が生む成果をどう考えるかなどによって、意見が分かれるであろう。しかし、社会からの疑念がある以上は、大学の名にふさわしい教育とはどういうものであるかを明確にしつつ、それを実際に提供していることを、大学は社会に対して責任をもつ必要がある。「大学とは何か」についての国家による明確な定義や基準が設定されず、多様な高等教育機関が叢生した米国で早くからアクレディテーションのシステムが発達したのはそうした理由からであるし、旧来にないタイプの大学生や大学教育が見られるようになった日本でも、同様の課題に応えるべきことが求められる状況になっている。二〇〇四年に制度化された日本の認証評価制度は、そのような意味をもっているということができる。

2　評価のあり方を見直す視点

いずれの国や地域においても、大学における教育研究の評価の制度がさまざまに作られ、作動してきた。しかしながら、どこの国や地域でも、評価の制度化や実施をめぐっては多かれ少なかれ、多様な種類の不満があふれている。

大学の第一線の教員からは、評価に伴う作業の繁雑さや評価項目・評価尺度に振り回された改革への不満が表明されている。たとえば英国では、ピア・レビューによる評価の負担の過重への不満と尺度化による評価の部分性のもたらす不満とに挟撃されて、評価のあり方が揺れ動いているように見える（大場 二〇〇五を参照）。また、長く国家による強い統制のもとに置かれてきた東欧諸国を除くと、大学評価が大学にとって必要な自治や自律性を掘り崩してしまうものだという批判も出されている。もう一方で、大学外の人たち――たとえば産業界の人たちや教育行政官僚――からは、導入された評価制度が形骸化しているとか、社会に向かって発信される評価結果の情報がまだ不十分だという不満がしきりに出されている。

そもそも、評価をめぐる議論自体が混乱している部分がある。ヨーロッパでは、一九九〇年代初めには、「質」の定義もはっきりせず、さまざまな権限（accreditation, evaluation, audit, benchmarking、機関レベル／プログラム・レベル）をもった国家レベルの質保証機関が、雨後の筍のごとく作られた。そこでは、内部質保証と外部評価とのバランスや関係がきちんと考慮されてはいなかったため、多様な改革の要求が無秩序に大学に押しつけられることになった（Kristensen 2010）。日本でも評価関連の諸概念の定義が混乱したまま議論が進んでしまっていることを、羽田貴史がくり返し指摘している（羽田 二〇〇四、二〇〇五、二〇〇七、二〇〇九など）。

いずれにせよ、評価の制度化や実施に関しては、大学内部からの不満と外部からの不満とが、すれ違いながら渦巻いている。それゆえ、教育研究の評価をどう考えるのかについての整理が必要である。また、その整理を通して、さまざまな評価の手法や仕組みの意義と限界を確認することが必要である。評価がムダだとか全部やめろというわけではない。評価の提案はいずれもそれぞれ現実に対する部分的な合理性をもっている。何かを改善することに有益である側面はもっているであろう。だが、だからといってそれを採用すればよいわけではなく、その評価の手法や仕組みを採用することの難点や、それによって生じるかもしれない副次的なマイナスの効果などと一緒に考える必要がある。

というのも、たとえば、評価の仕組みは多ければ多いほどよいわけではないからである。日本の大学教員の生活時間や意識に関する一九九二年、二〇〇七年の二時点比較調査から、福留東土（二〇一〇）は、憂慮すべき事態を描いている。一週間平均時間（学期中）を見ると、研究大学での教育時間が増加して、それ以外の大学と均質化していっているのだが、研究時間はどちらのタイプの大学でも大幅に減少している（研究大学二四・五→一七・〇時間、それ以外の大学二〇・七→一六・五時間）。教育に費やされる時間は少しだけ増加しているものの、大幅に増えているのは、研究でも教育でもない時間である。南部広孝（二〇一〇）は同じ調査のデータから、一般国立大学で、教員の環境への不満が急増していることを明らかにしている。この結果からすぐに「研究時間の減少が評価の水ぶくれのせいだ」と言いたいわけではない。この結果から読み取るべき大事な点は、「大学教員が使える時間は有限だ」ということである。

評価は、大学の教育研究にとって、あくまでも付随的なものである。それが大学教員が取り組むべき本来の業務――教育研究――を圧迫し、機能低下に至らせるとするると、それは本末転倒というしかない。何重にも評価の仕組みが作られ、それぞれが膨大な手間やコストを要するものになるならば、それは大学にとってきわめて憂慮すべき事態である。(1)

評価の仕方についての試行錯誤を続ける英国政府は、二〇〇三年に規則改良プロジェクト・チーム

(Better Regulation Task Force : BRTF) を設置し、評価が煩雑すぎないようにする勧告を出す権限を与えた。「このグループは、イギリス保健サービスと高等教育を含む公共部門の組織に対して質保証と評価のプロセスを調査し、可能であればそうした組織への規則上の負担を軽くするという権限 (remit) を与えられ」、そのグループのメンバーと高等教育規則審査グループ (Higher Education Regulation Review Group : HERRG) のメンバーとが、「高等教育機関にかかる負担の監視を続け、あまりにも多くの措置が導入されていると考えられる場合には、高等教育質保証機構 (QAA) などの組織に対して勧告を行う権限を有している」(クラーク 二〇〇七、二一〜二二頁) というのである。組織論から見ると「屋上屋」にも見えるが、評価があまりに肥大化・些末化して、高等教育機関の負担が増大してしまう傾向に対して、英国政府が取らざるをえなかった対応であると考えると、評価を細かく、しかも何重にも行っていくことのもつ弊害は容易に理解できるだろう。

時間とお金を大量に浪費させ、かえって大学の機能低下をもたらすような「評価の氾濫」にならないために、われわれは評価という営みがもつ両義性をきちんと意識しなければならない。評価は教育研究を改善しもするが、圧迫したり歪めたりもするのである。教育研究の評価をどう考えるのかについての整理においては、さまざまな評価の手法や仕組みの意義と限界とを確認し、適切な方法を適切な範囲で取捨選択できるようにすることが必要だといえる。

二〇〇一年にいわゆる「遠山プラン」を出して大胆な大学改革を促進した遠山敦子・元文部科学大臣も、自著の中で大学評価がもつコストやリスクに注意をうながしていた (遠山 二〇〇四)。第一に、「評価には必ずコストがともなう」。評価の負担は直接の教育研究とトレード・オフの関係にあるという側面をもつ。「評価にかけるコストを上げれば、その分教育研究に直接かけるコストが減るという関係にある、ということに注意が必要である。評価の「限界効用」は必ず逓減する、ということも、まず間違いないであろう」。第二に、「評価にどんなにコストをかけても、評価には必ずリスクがともなう」ということである。「我々は、いくら精度を高めても、評価が不完全でしかあり得ないことを十分承知しているはずであるにもかかわらず、その結果が出るとそれが万能であるかのように錯覚しやすい」。それらの問題を指摘した後、遠山は、「大学評価に過大な期待を抱くことなく、しかし、大学評価の重要性を忘れることなく、私たちはそのシステムを磨き上げなければならない」と述べている。

「システムの磨き上げ」をどうしていくのか。さまざまな評価の議論や実践をどう分類し、それぞれの可能性や限界をどう考えるのかについては、次章で詳述していく。ここでは、次節で現状の問題点を概括的に整理し、その後、スリムで効率的な評価システムの構築のために何を考えていかないといけないのかについていくつかの提案をしてみたい。われわれが基本的に主張したいのは、評価の目的と手段に関して、それぞれ議論上や実践上の混乱があることを指摘し、適切に選択することが必要だ、ということである。

3　評価の目的と手段をめぐる混乱

（1）目的をめぐって

評価の目的をめぐる混乱が見られる現状に関して、ここでは二つのことを論じたい。

第一に、複数の目的を同時に求めることから混乱が生じているのではないか、ということである。「目的の安易な多重性」と呼んでもよい。本来、ある目的に向けて合理的に編成されるはずの評価の仕組みが、現実にはしばしば別の多様な目的を含み込むことで、「何をなぜ、どう評価するのか」があいまいになったり、複数の目的の間で齟齬が生じたりしているのではないだろうか。

次章で詳述することになるが、われわれは多様な評価の仕組みを、目的と主体とで分類をした。評価の目的としては、「改善・向上」か「判別」か、という区別ができる。評価の主体については、「内部評価」か「外部評価」か、という区別ができる。それら二通りの評価の分類を組み合わせて図にすると図6-1のようになる。①と④とを区別すること、②と③とを区別することができていれば、評価それ自体の目的に沿って、スリムで効率的な評価の編成が可能になる。

しかしながら、現実には、しばしば①と④とを両方目的に掲げたり、

		〈主体〉	
		内部評価	外部評価
〈目的〉	改善・向上	②	①
	判別	③	④

図 6-1　評価の分類

②と③とを両方目的に掲げたりして一つの評価が行われている。できるだけたくさんの目的を盛り込んでその評価制度の意義を強調したいという思惑が働くのかもしれない。たくさんの方向からの提案や要求に応えようとする政策的意図が入るのかもしれない。

しかしながら、問題はここから生じてくる。改善・向上を目指した評価では、率直に状況の問題点を浮き彫りにした情報がよい情報である。うまくいっている点に関しては、大量の情報を準備する必要はない。改善すべき点が明確化できれば、それで足りるからである。

ところが、改善・向上を目指した評価を同時に判別にも利用しようとすると、やっかいな事態が生まれる。たとえば外部評価の場合を考えてみてほしい。一つには、個人であれ機関であれ、都合の悪い情報は出したくないのが普通である。真に問題点を浮き彫りにする情報は出てきにくくなる。もう一つには、できればよく見せたいという意識が働くから、集約するために上がってくる情報は、それも「うまくいっている」ことが強調されることになる。特に、資源配分や評判に活用することが予定された評価は、当事者による隠蔽や歪曲を誘発することになるのである。これらのことは組織内部で行われる「内部評価」でも同様である。教員個人の情報であれ、学部や学科の情報であれ、大学組織内の上位の部分で判別に利用されるとすると、真に改善すべき情報は隠されることになる。

トロウは、情報が隠蔽されがちな英国の大学改革の状況を説明して、「これは、占領された国の役所が占領者に提出する報告や、統制経済のもとで国有の企業や農場が中央政府に提出する報告に似ている。そういう場合には、真実を伝える習慣は廃れ、現場から上がってくる報告は、彼らが持ち出してくる根拠にもとづくことで、事実との関係がどんどん薄れていく。ラインを上がっていく情報が中央から下される評価や資源に影響するときには、報告は発見や真実を伝えるものではなくなり、真実を――特に報告する機関の問題や欠点をあらわにするような真実を――出し惜しんだ、宣伝文書(public relations documents)になってしまうということを、われわれは知っている。しかし、アカウンタビリティは真実を語ることに依拠している。そこで、中心的な問題は、真実を伝えると罰を受けたり、達成を装うと褒美を得たりしないような、アカウンタビリティのシステムはどうやって作ればよいか、である」と論じている(Trow 1996, p. 314)。

判別と改善という二つの目的の混用が重大な問題を生み出す典型的なものは、アウトカム測定をめぐる議論である。これを見るためには、「個別化した利用法」と「一般的知見を引き出す情報としての利用法」との区別が重要である(次章も参照)。前者は、主に個人や組織の判別を目的としてなされる。「学生Aは大学の四年間でどのくらいジェネリック・スキルが伸長したか(専門分野の知識が身についたか)」、「X大学は四年間で学生集団のジェネリック・スキルをどの程度伸長させているか(専門分野の知識を身につけさせているか)」といったことが測られる。それに対して、「一般的知見を引き出す情報としての利用法」の場合には、「どういう属性要因や環境要因をもった者がジェネリック・スキルが伸長させやすいのか(専門分野の知識を身につけやすいのか)」を、サンプル集団を対象にした調査で明らかにしようとするものである。

両者はまったく調査の考え方やあるべき姿が異なっている。

第一に、調査結果のフィードバックの仕方が異なる。「個別化した利用法」の場合には、学生一人ひとり、あるいは組織の単位一つひとつが、点数などで表示されることになる。そこでは良いか悪いかは別にして、選抜や査定と直結した利用のされ方が可能になる。点数を上げるためにもっと努力をするようになるなどの「正のフィードバック」もあるが、「点数のために勉強する（させる）」という学習動機・教育理念の転倒のような「負のフィードバック」も起きる（われわれは高校受験、大学受験でいやというほどこれを経験している）。それに対して、「一般的知見を引き出す情報としての利用法」の場合には、サンプル調査から得られた一般的知見は、どこでも誰でも利用可能である。厳密にデザインされた比較的小規模の調査によって、もしも退学しやすい学生の属性要因や環境要因が明らかになったとしたら、通常はどの大学でもそれを、有効な対処法を講ずるのに役立てることができるはずである。

第二に、誰（どの範囲まで）を調査するべきなのかという点がまったく異なる。後者では、ごく限られた良質のサンプル集団と入念に設計された調査票があれば、かなりのことを明らかにできる。だが、前者の場合には、対象は集団全体へと拡大すべきだという主張を呼び起こすことになる（学生全員、大学全体へと）。コストのかかり方がまったく違うのだ。

第三に、測定しうること／してよいことが異なる。「個別化した利用法」の場合には、受検する当人（人、組織）が判別されてしまうのだから、回答は戦略的になされてしまう。自分が不利になってしまうようなときはあえて虚偽の回答をする、というふうに。「一般的知見を引き出す情報としての利用法」の場合には、そのようなことは起きにくい（正直に回答してもらえる）が、逆に、動機づけが乏しいので、真面目に回答してもらえるかどうかについて問題が残る。

測定してよいことの範囲も異なる。「一般的知見を引き出す情報としての利用法」の場合には、回答者は匿名化される（個人が特定されない）。それゆえ、調査分析のデザインによっては、かなりプライベートな事項まで質問することが許されるのが一般的である。ところが、「個別化した利用法」の場合には回答者が誰か特定されたままデータ処理されるので、プライベートな内容の質問を設定すること自体が大きな問題になりうる。もしも「個別化した利用法」の悉皆調査で、行政機関が個人のプライバシーに深く入り込むような情報を、回答者がわかる形で集めたとしたら、それは市民の権利として許せないものと映るだろう。

要するに、「個別化した利用法」のアウトカム測定と、「一般的知見を引き出す情報としての利用法」のアウトカム測定とは、厳密に区別されねばならないのである。

日本でも、米国にならって現役学生向けにジェネリックな能力を測定する「共通テスト」の試みが検討され始めている。新聞報道では、「対象は全国の大学。大学として参加するかどうか、何人の学生を受験させるかなどは、各大学の判断に任せる」とされている（『朝日新聞』二〇一二年二月一六日）。しかしながら、これは明らかに、今述べたアウトカム測定の区別がなされていない。サンプリングが適切になされないから、きっと大したことは明らかにならないし、各大学ごとの平均点が意味するものも判然としないものになるだろう。それどころか、大学によっては優秀な学生を選び出して受検させ、「ジェネリック・スキルを伸長させる大学」という評判を得ようとする戦略を採用するかもしれない。さらには、「これでは個々の学生の成長度がわからないから、全員受けさせてしまえ」という大学が続出する可能性もある。結果的には、卒業時のジェネリック・スキルの点数が一生履歴書に書かれてしまうような社会になってしまいかねない。——要するに、目的を明確に限定しないアウトカム測定の制度は、混乱をきわめたものになるだろうということである。

評価の目的の混乱については、さらに別の問題も考えられる。評価が複数の目的を同時に遂行しようとする場合、目的ごとに異なる種類の情報が必要なため、結果的に膨大なデータの収集や分析の作業が必要になってしまいかねないという問題である。たとえば、日本における認証評価の近年の動向は、「改善・向上」をより強く打ち出す傾向にあるが、その場合、もしも一定の水準を満たすことに足る情報だけでなく、教育の実情を示すための多種多様な情報が求められるようになるとしたら、大学側の負担は膨大なものになる。あるいは、外部者に対して大学の教育の実情を伝えるためには、内部者に対してとは異なる種類の膨大な情報を付加する必要がある。また、評価を受ける側から見た場合、「うまくいっている」ことを、大学の状況をまったく知らない人たちに示すためには、何をどこまで情報として示せばよいのかがはっきりしないから、評価のために出すべき情報の範囲が不明確になり、膨大な作業を強いられることになる。(2)

目的の異なる複数の評価が時間をおかずに折り重なるという場合、もう一つの問題が生じる。「転用されてしまうこと」を恐れて率直さを欠いた内部評価がなされがちだという問題である。改善・向上を目指した内部での真摯な評価（②）を妨げているのは、それがしばしば事後的にさまざまな事情から外部からの判別（④）の資料へと転用されてしまうことをおそれるからである。自分たちが作る内部評価の資料が、下手をすると資源配分や評判に直結してしまうかもしれないというふうに考えれば、当事者の内部評価が無難な資料で埋められてしまうのももっともである。当事者の心がけの問題ではなくて、評価のシステム全体の問題である。

第二に、今述べたこととちょうど逆の現象も起きていて、それも憂慮される。一つひとつは限定された目的をもつ評価が、全体として取捨選択のなされないまま、無秩序に大学の中に入ってきているという問題である。戸澤幾子（二〇一二）は、現在わが国の大学で、「組織として対応しなければならない評価が次のように重層的に存在する」と述べ、以下のものを挙げている。

- 自己点検・評価
- 機関別認証評価
- 国立大学法人評価
  - 毎年度の業務実績評価
  - 中期目標期間における評価
- 専門職大学院の認証評価
- 外部評価
- 競争的資金プログラムの申請。中間・事後評価
- 日本技術者教育認定機構（ＪＡＢＥＥ）による技術者教育プログラムの評価
- 大学内での評価（教員評価、学内競争的資金の評価）

これら以外にも、特定分野の資格認定に関わる団体による評価、ＦＤ関連での調査と評価など個別に対応を迫られるような評価はたくさんある。戸澤は「評価の重層性」と呼んでいるが、それは「異なる制度であっても教育研究という同じ営みを評価する以上、作業の重複は否めず、重複感、過重感

が生じやすいことも確かである」と述べている（戸澤 二〇一一、二六頁）。

もちろん、それぞれの評価は明確な目的と、それに見合った手続きとが採用されるべきである。しかしながら、縦割りの行政の中で大学の教育研究の多様な側面に関してアドホックに個別分化した評価制度が作られたり、多様な学協会や民間機関などが個別に自分たち独自に設定した基準で評価を要求してきたり、大学の中の多様な事務管理部門がそれぞれ独自に評価の制度を作っていったりしたら、結果的に「評価の重層性」は非効率と疲弊を生んでしまう。「健康診断しましょう」という五ccの採血検査が、別々の病気の診断のために一〇種類も二〇種類も別々になされたとしたら、かえってその人の健康を損ねてしまうことになる――評価をめぐって起きていることの一面は、そうした事態である。

このように考えてくると、多様な評価の氾濫はやっかいなジレンマを抱えていることがわかる。一つの評価に複数の目的を盛り込めば、制度自体は簡単になるが、目的に応じた手段の面で混乱が生じることになる。だからといって、別々の目的をもった評価を次々と付加していけば、「評価の重層性」による非効率と疲弊が生まれる。

考えてみれば、一九九〇年代以降の高等教育政策、特に二〇〇〇年代に入って以降のそれは、矢継ぎばやにさまざまな取り組みがなされ、大学に多大な影響を与えてきている。しかしながら、時として何のためかよく見えていないことも少なくない。大学評価に関わる諸政策もまさにそうである。いろいろな思惑や配慮のバランスを取るため、結果的に一つの制度の中にたくさんの目的が盛り込まれ、何を実現していくべきなのかがあいまいなまま評価がなされる結果になったり、統一性のない多種多様なアクターが思い思いの評価制度の提案や構築を行い、つぎはぎのように評価の仕組みが折り重なっていったりもしている。大学評価に関わる高等教育政策の次元で重要なことは、高等教育政策全体の構造をもっと明確にし、最低限共通に必要な制度の整備と、あったほうがよいもの／あってもなくてもよいもの／あるべきでないもの、の明確な線引きとを行い、「評価システム」とでもいうべき体系的な構造を作り出すことであるように思われる。

ここで検討してきたことをふまえると、評価は、限定的で明確な目的をもつ必要がある。また、非効率や疲弊を生まない程度の種類に評価の数を抑制しておく必要がある。どうすればよいかは、次節で考えることにし、その前に、混乱のもう一つのポイントである「手段」について考察しておこう。

(2) 手段をめぐって

評価の際に採用されるべき手段に関しても、議論や実践のうえで、さまざまな混乱を生み出している。その背景には、評価技法に関する研究の未成熟や専門家の不足があるだろうが、そのほかにも、目的の不明確さからくる恣意的な手段の選定、当事者たる大学における担当者の専門性の欠如、会議等における思いつきの提案など、さまざまな要因がありうるだろう。

ここではいくつかの混乱を論じたい。第一に、「ともかく数字で」という姿勢が、教育研究の現実を歪めたり、改革努力を形骸化させている。外部者にとっても「わかりやすい」という長所があり、内部者にとっても数字さえカウントすればよく、膨大な質的資料を揃える必要がないという点で楽なのだが、そもそも、数字で表されているのは複雑多岐な現実から切り出された現実のごく一面にすぎないし、主張や判断の根拠としては、量的な根拠はたくさんの根拠や論拠の中の一つにすぎない。教育という事象には数字化できないものもあるし、すべきでないものもある（広田・伊藤 二〇一〇）。

にもかかわらず、量的根拠を求める議論が横行することで、さまざまな問題が生じている。しばしば現実の「教育研究の質」から遊離した数字が指標になることで、無意味な混乱が生じているのである。たとえば、数字になりやすいもの——たとえば資格取得率とか留年・卒業率など——が使われることで、数値化しにくい教育目標の設定や達成が等閑視されてしまうとか、カリキュラムや授業が歪んでしまうといったことが起きている。あるいは、特定の数値化された指標さえ満たせば問題がないということで、教育研究の本来の意味での改善の努力が欠如していく、といったことが起きている。

第二に、教育や研究が本来的にもっている目標の二重性を理解せず、目標の達成を直接評価しようとするために形骸化が生じている。教育も研究も、簡単には達成できない高い理想を「目標」として掲げて遂行される。しかしながら、その高い目標は、通常は十全に実現することはない。その目標は、教育や研究の実践を方向づけ、統一性を与えるものとして機能するものだからである。現実には、より低いレベルに実践的な個別的で言語化されない目標を設定して、柔軟に教育実践を展開したり、現実的に獲得可能な知見に向けて研究をとりまとめたりする。しかしながら、評価においては、しばしばこの二種類の目標が区別されず、直接前者の達成を検証しようとする。ここで問題が起きる。これについては、もう少し説明が必要である。

「教育目標」という概念について哲学的な考察を行ったドイツの教育学者W・ブレツィンカは、この概念には二種類のものが含まれると述べている。一つは、「被教育者のための理想としての教育目標」である。「人格の一定の状態、人間の一定の特質に関わるもの」である。生徒や学生が「どうあるべきか」を言語化したものである。もう一つは、「教育者のための課題規範としての教育目標」である。それは、「教育者に対して、被教育者が教育目標の内容すなわち実現されなくてはならない性向構造をその人格内にほんとうに（完全ないしそれに近いぐらいに）実現するように、教育者は行為すべきことを規定する」。つまり、教師はいかにふるまうべきかを定めたものである（ブレツィンカ 一九七七＝一九八〇）。後者の教育目標に対して、教師は最善の努力を尽くすことはできるし、その規範はそれを要請するのだが、にもかかわらず、前者の目標が十全に達成されるという見通しはない。被教育者にとって教育者は「他者」であるため、教育者の行為は（仮に最善のふるまいをしたとしても）、教育の結果を十全に約束しないからである。私は、かつてこれを「教育の不確実性」という語で説明した（広田 二〇〇九）。

研究も同様の不確実性をもっている。研究者は、いまある知と条件をふまえて研究の終着点として高い理想を設定する。それは、達成可能性を示すのではなく、ねばり強い一貫した努力の方法を指示するための目標として設定される。しかしながら、現実の研究の遂行は苦難やアクシデントに満ちており、研究の過程で実際にはもっと現実的に達成可能な目標が据えられ、それが実現されていく。場合によっては、研究途上で目標は変更され、思いもかけない成果の産出に向かったりもする。研究において最も斬新で生産性が高いのは、皮肉なことに、そうした挫折を経て当初の目標とは異なる産出物を生んだような場合であることはしばしばである。

このような「目標の二重性」を考えると、「目標を設定する」―教育や研究を遂行する―成果を測定して達成度を測る、という手続きは、大きな誤謬を含んでいるといえる。最初に設定された高い目標は実現されないことが常態であり、それが当然なのである。

にもかかわらず「目標がどの程度達成されたかを評価する」というスキームが作動しているから、結局のところ、当事者はアウトカムについての数字をひねり出したり、虚飾的な作文をせざるをえなくなる。――評価の形骸化である。

もちろん、高い理想としての目標は達成すべきものと考えないで理念レベルにとどめ、現実に達成可能な目標のみを設定し、その達成度を測るという評価のやり方はある。国立大学法人の中期目標の設定などがそれにあたる。しかし、教育研究の活動の実質に関わる部分では、高い理想としての目標の達成のために、当初設定されていた「教育者（研究者）のための課題規範としての教育（研究）目標」が簡単に捨てられて軌道転換することもありうるから、現実的な目標（の達成）のみを評価で重視する仕組みにも大きな問題が残ってしまう。

第三に、不適切な形式的要件の要請や、評価項目の非現実的な機械的細分化の問題がある。いずれも目的・目標に適合しない手段が求められるという事態である。

「不適切な形式的要件の要請」というのは、外部からチェックしやすい形式的要件を定め、それを履行させることで質を保証したと考えるやり方である。これは、もちろん有効な場合もあるが、現実の多様性を無視して制度化されると、たちまち形骸化してしまう。

たとえば、「授業の質を高める」という目標が設定されたとして、それを「シラバスの記載方法を細かくさせる」という手段で実現しようとする場合などがすぐに思い浮かぶ。一年先のまだ顔も知らない学生を相手にした各回の授業をどこまで詳細に準備できるかは、科目によってははなはだ不都合なことが起きてしまう。学生とのやり取りを経て、彼らの関心や問題意識に沿った授業内容を展開していく、といったスタイルの授業を封殺してしまうのである。取りうる道は二つである。授業をシラバス通りに形式主義的に行うか、あるいは当初設定したシラバスを形骸化したものにするか、のどちらかである。後者の場合（シラバスから外れて学生の興味関心に沿って実際の授業を組み立て直していったら）、授業アンケートで「この授業の教員はシラバス通りに授業をしなかった」という数字が出て、「ダメ教員」の烙印を押されることを覚悟しておかないといけないが。

「評価項目の非現実的な機械的細分化」の方は、文字通り、上位の一般的な評価項目が、誰かの思いつきのようなたくさんの評価項目へと細分化され、教育研究のあらゆる場面をしばるような事態である。仮に一つの項目に四つの観点を設定し、それぞれに四つの指標を設定するならば、四×四で一六個の評価指標が作り出されることになる。それぞれの評価指標に対して、四種類の情報を集めて説明しようとすると、一六×四で六四種類もの情報が必要になる。上位の組織から下位の組織に、また、組織内の管理層から評価担当の実務者に、実務者から各教員へと評価のスキームが下りていく過程で、こうした「必要とされる情報の項目数の水膨れ」が起きてしまっている。抽象度の高い上位の評価項目に対して具体的な事象の数や回答の数の積み上げで対応しようとするから、末端に指示が出るときには雪だるまのようにふくれ上がっているわけである。

つけ加えておけば、細分化された下位項目がもつ問題はもう二つある。一つは、項目間のウエイトをどう考えるのかという点で、これにはいつも恣意性がつきまとう。この点は、国立大学法人の評価を論じた金子元久（二〇〇七、一一頁）が指摘している。「上位の評価の根拠を明確にするために、これをいくつかの観点や項目にわけ、その評価を総合して上位の評価を得るという順序を踏むことになっている。しかし、その際に、下位の観点、項目がどのようなウェートで加えられるかが明確でない」と。多様な種類の大学評価で同様の問題が見られる。

もう一つは、上位の項目と下位の項目との間にズレがありうる、ということである。Aという上位の概念を構成する下位の要素として、a1、a2、a3、a4、と適切に下位項目が設定されれば問題はないが、a1、a2、a3、b4、というふうに、異質なものが混じっていることがある。前の章でも紹介した例だが、某大学の理事から、「教員の授業の質を評価するのに教授会への出席率を使うのはどうでしょうかね」と尋ねられたことがある。その理事に言わせると、「教授会にまじめに出席している教員は、授業もまじめにやっているはずだ」というのである。これは明らかに下位の指標として不適切だが、おそらくそれに類するものが全国で散見されるに違いない。

評価の手段に関わる混乱の第四は、副作用への配慮が十分なされないことからきている。新しい評価のやり方を提案したり、評価の充実を訴えたりする人たちが、しばしば、副作用の問題を軽視したり無視したりしていることに、大きな問題がある。その最も重要なものの一つは、時間の希少性や人材の希少性を忘れている、ということである。評価の精度自体は、評価の仕組みが緻密であればあるほどよいようにも見えるが、それは、前の方で遠山敦子（二〇〇四）の危惧を紹介したように、大学が果たすべき多様な機能の縮減を生みかねない。評価が時間コストや金銭コストに見合わない事態を心配しないといけないのである。

料金受取人払郵便

千種局
承認

3015

差出有効期間
2021年5月
31日まで

郵便はがき

464-8790

092

名古屋市千種区不老町名古屋大学構内

一般財団法人
名古屋大学出版会 行

ご注文書

書名	冊数

ご購入方法は下記の二つの方法からお選び下さい

A．直　送	B．書　店
「代金引換えの宅急便」でお届けいたします 代金＝定価（税込）＋手数料300円 ※手数料は何冊ご注文いただいても300円です	書店経由をご希望の場合は下記にご記入下さい ＿＿＿＿＿＿ 市区町村 ＿＿＿＿＿＿ 書店

読者カード

（本書をお買い上げいただきまして誠にありがとうございました。
このハガキをお返しいただいた方には図書目録をお送りします。）

本書のタイトル

ご住所　〒

TEL（　　）　—

お名前（フリガナ）　年齢

歳

勤務先または在学学校名

関心のある分野　所属学会など

Eメールアドレス　@

※アドレスをご記入いただいた方には、メールマガジンを毎月お届けいたします。

本書ご購入の契機（いくつでも○印をおつけ下さい）

A 店頭で　B 新聞・雑誌広告（　　）　C 小会目録
D 書評（　　）　E 人にすすめられた　F テキスト・参考書
G 小会ホームページ　H メール配信　I その他（　　）

ご購入書店名　都道府県　市区町村　書店

本書並びに小会の刊行物に関するご意見・ご感想

※小会の広告等で匿名にして紹介させていただく場合がございます。予めご了承ください。

近年は、米国や英国などを見習って日本でも分野別評価をしろ、という議論がある（舘 二〇〇五、二〇〇八、木村 二〇一一など）。しかし、もしも全大学の全分野に関してそれを行うとすると、膨大な時間と人員の覚悟が必要である。一九九〇年代の英国の経験をふりかえった村田直樹（二〇〇四）は、「分野別教育評価については、膨大な作業のわりに評価結果が全般的に高く、結果を活用した施策を講じにくいことなど、評価を受ける高等教育機関と評価結果を利用する関係者双方にとって満足できるものではなかった」と述べている。また、ジル・クラーク（二〇〇七）は、「機関、学科レベルの審査はいずれも準備に時間・労力という資源を要するため、一九九〇年代に入って教育と学習の質保証に二つの並行するシステムが登場したことは、高等教育機関の側からは嘆かわしいこととみなされた」（九〜一〇頁）し、特に、「学科別審査には教師陣がこれ〔大学監査――引用者。以下同〕よりもはるかに多くの時間を傾注せねばならず、そのために関係者すべてに許容される度合いはかなり低かった」（一〇頁）と述べている。

また、英国の大学で実施されてきている学外試験を理想視し、わが国にも導入すべきだという議論があるが、クラークは、「少数派に属する分野や教師陣が高等教育以外で高い収益力がある場合など、学外試験委員を採用することが難しくなっている一部の学科もある。こうした理由のほかにも、教師陣は研究、教育、行政事務という彼らの仕事のあらゆる面で圧力に晒されており、そのために追加の献身を引き受けるには気が進まないことがあるだろう」（同、一四頁）と述べている。優れた評価者は、多くの場合優れた研究者や教育者でもあり、評価制度の「充実」は、評価というメタ的な活動のために、貴重な人材による教育研究の活動を妨げる側面があることが意識される必要がある。

4　選択と自律性の必要

現在の評価の仕組みが最善とはいえないだろう。だからといって、ただひたすらもっと緻密化したり、新しいものをつけ加えたりしていけばよくなるというわけでもなかろう。かえって、評価システムの効率性やコスト・パフォーマンスが低下したり、大学が果たすべき本来の機能にしわ寄せが生じるような事態にもなりかねない。ここまでの検討をふまえて、われわれが必要だと考えるのは、スリムで効率的な評価システムである。その構築のために何を考えていかないといけないのか。いくつかのことを提案したいと思う。

（1）「NPMの失敗」への配慮を

大学評価の制度の導入や拡大を支えてきたのは、行政学でNPM（New Public Management）と呼ばれる思想である。それは民間の経営手法を、大学を含めた公的部門に持ち込むことによって効率性を高めようとするもので、南島和久（二〇〇九、二〇一〇）の整理によれば二つのタイプがある。一つは、「規制緩和、民営化といった政府の役割の見直し、あるいはPFI（Private Finance Initiative）、規制改革、民間委託、あるいは指定管理者制度、市場化テストなどの「市場メカニズムの活用」を主張する」ような「市場型NPM」である。もう一つは、「民間企業の目標管理制度の導入、成果主義や人事評価、業績給、公会計の改革や内部統制・外部監査などの諸改革」のような「企業型NPM」である（南島 二〇一〇、二五〜二六頁）。国立大学の法人化は前者の文脈に、また大学マネジメントにＰＤＣＡサイクルを導入するような動きは後者の文脈に位置づけられよう。

「市場型ＮＰＭ」においては、ＮＰＭ改革と並行して「評価官僚制」が形成され、評価の拡散現象、すなわち監督・監視が強化される「統制の多元化」が進む、と南島は言う。また、「企業型ＮＰＭ」では、より直接に評価が「中心に位置づけられ」、目標管理や人事管理に活用される（同、二六〜二八頁）。

大事なことは、「国家の失敗」「市場の失敗」と同様に、「ＮＰＭの失敗」も起きうるということである。増殖した評価官僚制がはらむ官僚制的硬直化、戦略的な目標設定による目標管理のゲーム化、多元化した統制の錯綜による非効率の発生などを思い浮かべてみればよいだろう。南島は「企業経営では経常利益の増減が最終的な規律点となる。しかし、公的部門はどのポイントに基づいて判断をするべきなのかという点が曖昧である。しばしばその価値は複数でありこれは相互に錯綜する。そして、究極においてこれを規律する単一のドクトリンが存在しているわけではない。この点こそが公的部門の管理の難しさであり、この点に対する配慮がＮＰＭ論者の重要な欠落点になっているのである」と述べている（同、二三頁）。目的の多重性に由来する混乱や評価の氾濫などは、このようなＮＰＭに固有の弱点に由来するものであると考えられるから、ＮＰＭの手法の洗練や徹底（さらなる評価制度の新設や拡大）によって解決するようなものではない。むしろ、現実に照らして絶えずその手法の氾濫に限定をかけていくことが必要である。ともかく、マネジメントやガバナンスに関して、評価に大きなウエイトを置くＮＰＭの仕組みが、システムを効率化する唯一絶対の「解」ではないことを、前提として考えておく必要があるだろう。

大場淳（二〇〇九）の整理によれば、確かにＮＰＭの実験は、いくつもの失敗を経験してきている。思いきった市場化や成果主義の資源配分を行ったチリやニュージーランドの高等教育改革は失敗だったというふうにいわれている。評価の仕組みが大学に浸透するにつれ、無難な模倣ばかりが流行して多様な教育研究が衰退してきている。そもそも、大学の活動の業績を数値化して示すことの困難性がクリアされてきていない。また、「自律性拡大の利益を享受するのは主として大学執行部で他の多くの教員はむしろ自由を失い、自由を拡大できる教員は企業的活動を行う一部の者に限られる」（一九一頁）。さらに、大場は、ＯＥＣＤが二〇〇八年から、ＮＰＭ路線の見直しに向かっていることを紹介している。

一九九〇年代以降ＮＰＭの行政への適用を加盟国に強く推奨してきたＯＥＣＤは、最近の報告書（ＯＥＣＤ、二〇〇八）で、研究資金の配分方式が競争的資金に重点を置くに伴って様々な問題が生じているとし、短期的な成果を挙げることには寄与するものの長期的観点からは研究革新の発展が阻害され、リスクの高い計画が取り組まれない結果研究活動の同質化が進み、斬新な発見がなされる可能性が低くなると指摘している。加えて同報告書は、資金獲得のために厖大な時間と労力が費やされ、後継者育成が阻害されていることにも懸念を示している。（同、一九一頁）

評価システムや評価手法の細部を議論する前に、まずは、近年の評価の制度化の前提になってきていたＮＰＭの手放しの礼賛に対して、少し冷静になってみる必要がある。おそらく、南島の言うように、国家の介入や市場原理と同様に、NPMもまた、「どの程度までその原理で制度を作るのか」という選択が働かないといけないということである。

（2）収斂しないシステム

もう一つ必要なのは、多元性が保証されるシステムであることが必要だということである。国単位でいえば、外国で取り入れられている仕組みを理想視して無批判に追随していくのではなく、日本の大学の歴史や現状をふまえながら、適切だと考えられるものを適切な形で導入し、日本の法体系や組織風土にあった形にリメイクし、定着させていく努力が必要であろう。国内レベルでいえば、それぞれの大学が置かれた状況や、それぞれの大学が目指す方向によって、教育研究の評価には多様な基準が存在することが必要だろう。

この点に関しては、ヨーロッパの動きが注目される。高等教育品質保証機関国際ネットワーク（International Network of Quality Assurance Agencies in Higher Education : INQAAHE）の理事を務めた（その後会長）リチャード・ルイス（二〇〇五a）は、「一九九七年〔リスボン協定 Lisbon Convention〕までの議論の焦点は同等性にあり、同等性は厳密でなければなりませんでした。ある国の学位をもっている場合に、その学位は別の国の学位と正確に同じでなければなりませんでした。現在では、比較可能性（comparability）という、より微妙な概念に移ってきています。どうすれば比較できるのか、何が共通しているのか、何が違っているのかに着目するわけです。一九九七年とは根底が異なっています」（八七頁）と述べている。高等教育の資格の枠組み（qualification framework）も、完全に内容が同じであることを求めているわけではなく、「ある特定の資格を有するとはどのような行為であるのか、学位を取得したことは何を意味するのか」について、「それぞれの国で同じとは言えないけれども、理解できる仕方で表現された資格の枠組みを作りましょうということ」（八六頁）である。ボローニャ・プロセスにおける質保証の枠組みについて、大場淳（二〇〇五）は、質保証のポイントは相互の信頼であって、拘束性の強い共通枠組みではないことを強調している。ＥＮＱＡ（European Association for Quality Assurance in Higher Education）が二〇〇五年に作成した高等教育の質保証に関するガイドラインの影響について、Ｄ・Ｆ・ウエスターハイデンは、ヨーロッパじゅうの大学教育が統一化されてしまうようなものではないと説明している。「ガイドラインにおけるスタンダードは教育の中身には関わらない。それは、……すべての機関に質保証の仕組みをもつよう求めるものにすぎない。内部質保証が重視され、それによってカバーされる領域の最低限の定義がなされているにすぎない。各国、各機関は、多様な水準、多様なやり方で質保証をしていくことになる」（Westerheijden 2007, p. 89）。

つまり、一九九七年までは各国の高等教育が厳密に同等であることが追求されていたけれども、それ以降は、比較可能性へと考え方が転換しているのである。国際的に同じ方法での質の保証が必要なわけではなく、それぞれの国で信頼に足りるやり方で質の保証がなされていればよいということを意味している。実際、二〇〇三年にＩＮＱＡＡＨＥに加盟する六〇機関を質問紙調査したものによれば（ルイス 二〇〇五b）、現実に採用されている質保証の仕組みもやり方も多様だということがわかる。所管でいうと、政府二六%、独立・政府主導二九%、高等教育機関二一%、それらの混合型一二%、専門団体一二%、である。質保証の対象は、機関一七%、プログラム三七%、両方四六%、結果の公表も、「広く公表」が四一%、「公表するが広く配布せず」が二四%、「非公開」が三五%となっている。

「ある国において、全部または一部が直接的に他国に由来する教育が提供される」場合、すなわち、「国境を越えた教育」においても、「政府は、自国の状況と要求に最もふさわしいモデルを採用する必要がある」とされている（ユネスコ・APQN 二〇〇八、七三頁）。それぞれの国の状況に応じた規制の仕方を採用すればよいわけである。ここでもまた、評価の仕組みや規準がグローバルに一元化するわけではないことになる。

このように見てくると、どの国でも、それぞれに固有の事情をふまえた多様なオプションを採用することができる。日本の文脈をふまえた制度を作れば（そして海外に説明して信頼されれば）、それでよいということである。大学の教育研究の評価のあり方は、この点を見失わないで議論されることが必要であろう。

国内に目を転じてみると、ここでもまた個別の大学や分野が置かれた文脈によって、教育研究は多元的に存在しうるし、またそれが必要でもある。この点は、中教審でも十分理解されている。「機能別分化」という語がそれである。「我が国の高等教育の将来像」答申（二〇〇五年一月二八日）では次のように七つの機能が提示されている。

高等教育機関のうち、大学は、全体として

①世界的研究・教育拠点

②高度専門職業人養成
③幅広い職業人養成
④総合的教養教育
⑤特定の専門的分野（芸術、体育等）の教育・研究
⑥地域の生涯学習機会の拠点
⑦社会貢献機能（地域貢献、産学官連携、国際交流等）

等の各種の機能を併有する。各々の大学は、自らの選択に基づき、これらの機能のすべてではなく一部分のみを保有するのが通例であり、複数の機能を併有する場合も比重の置き方は異なるし、時宜に応じて可変的でもある。その比重の置き方がすなわち各大学の個性・特色の表れとなる。各大学は、固定的な「種別化」ではなく、保有する幾つかの機能の間の比重の置き方の違い（大学の選択に基づく個性・特色の表れ）に基づいて、緩やかに機能別に分化していくものと考えられる。

そのうえでこの答申では、「こうした大学全体としての多様性の中で、個々の大学が限られた資源を集中的・効果的に投入することにより、各大学の個性・特色の明確化が図られるべきである」とされている。どういう方法でどこまで政策的に個性化・特色化を進めるべきなのかについては、議論のあるところではあろう。しかし、それぞれの大学が、複数の機能の中のどこにどういう比重を置くかについての違いがあることによって、結果的に、日本の大学が全体として社会の多様なニーズを満たし、多様な社会的役割をカバーしていることは疑いない。

グローバルな高等教育システムの連携や交流を考えると、比較可能性を確保できる評価のあり方が最低限の条件となる。だが、同時に、日本の固有の文脈や各大学の固有の文脈に即した評価がなされるよう、国際的にも国内的にも過度な標準化や一律化を避ける必要がある。包括的にシステム全体に求める手段は最低限にとどめ、健全な改善工夫の自主努力と長い目で見たときの質改善の競争とがうまく作動するように考えねばならない。われわれは、多様な大学間の差異を「生かすべき多元性」とみなし、狭い枠組みでの評価がそれを一元化したり序列化したりしないよう工夫することが必要である。

（3）評価の目的の限定、限定された目的に適合した手段の選択

第三節第一項で論じたように、評価の目的に関して問題が生じていることが、混乱の大きな原因となってきている。一つの評価にたくさんの目的が盛り込まれ、適切な範囲で手段を設定できない。もう一方で、多種類の評価が調整されないまま多重に制度化されてきてしまい負担感や非効率を生んでいるといったことである。これをどう考えればよいか。

前者に関しては、評価の目的をできるだけ限定し、別の目的のためには別の評価をという切り分け（分節化）が必要であろう。どうしても二つ以上の目的の切り分けができない場合には、どれかを主とし他の目的は付随的・副次的なものとするという、目的間の序列づけを明確にして、それら付随的・副次的な目的に関しては厳格な達成を求めない、というふうな工夫が必要である。

舘昭（二〇〇八）は、認証評価機関による評価の目的のあいまいさとその問題点を指摘して、次の

ように述べている。

ここで問題なのは、適格認定でなくてもいいということが、適格認定だけではいけないということにつながる点である。……

もし答申の線にそった適格認定を主とし、それが結果として大学の自己改善につながるという制度であれば、基準を満たしているかどうかに焦点を絞った評価ができる。受ける側も、自己評価を、基準を満たしているということの証明に集中できる。結果の公表は適否にかぎり、適否に直接関係しない評価を通じて明らかになった諸点は、大学にのみ伝えるということですますことができる。それが、自己改善と社会的な評価の獲得のためとなると、評価の範囲は一挙に拡大するのである。また、目的が違えば、本来方法も異なる。それを、複合的な目的で行うのだから、評価は複雑となる。評価結果も、適不適以外に、評価のすべてを結果として社会に公表する必要が起こってくる。

こうした複雑な評価に要する、人的、物的、時間的なコストは、膨大である。……

こうした中で、認証評価をやり抜くためには、その目的を絞って実施していく必要がある。そして、その絞り込む先は、適格認定でなければならない。（七～八頁）

認証評価の目的を適格認定に限定すべきだという舘の主張に対しては別の意見があるかもしれないが、複合的な目的の設定のために混乱やコストの問題が生じているという舘の指摘には異論はあるまい。もしも各大学が教育研究の細部にわたって資料を準備し、その具体的で細かな部分まで認証評価機関が改善・向上に向けた意見を出すことを重視するならば、評価される側も評価する側も大変な作業を強いられることになる。特に、必要な情報の範囲が確定しないから、個別の学科等から資料を積み上げていくのは途方もない手間がかかる。そうであるとすると、所定の基準を満たしているのかどうかを確認することを主とし、それ以外は付随的なものと位置づける考え方が適切であろう。自己改善の支援という意味では、各大学で改善の努力がどのようになされているのかについての概括的な資料をもとに認証評価機関がそれを確認するというやり方にとどめるのが、現実的だといえるだろう。

無秩序に多種類の評価が折り重なってしまうという後者の問題について、どう考えればよいだろうか。重複する評価の種類を整理したり、学協会や民間のプログラム評価など乱立しやすいものを抑制したりするやり方や、定期的な評価の間隔を充分にとって負担を減らす（頻度を減らす）といったやり方もある。特に、大学に対する外部からの評価の数を増やさない工夫が求められる。

しかし、何よりもそれぞれの大学の側に選択可能性（任意性）をもっと発揮できるような仕組みを工夫し、「選択する」ということを活発化させることが必要なのではないだろうか。たとえば、最低限必要な共通の評価（国際的に「学士」の質を説明するものなど）以外はできるだけ「判別」のための評価をスリムにし、どういう改善・向上に向けてどういう評価をするのか／受けるのかについて、大学や部局の選択が尊重されるような仕組みを長期的に模索していく必要があるだろう。

これまでの大学改革の中では、多くの大学は外からやってくる評価に受け身で対応するので精一杯であった。一部の大学を除くと、多くの大学は、教育研究のあり方に関する長期的な戦略や明確な社会的使命を意識することなく、評価に対応してきた。その結果、評価と名が付くものにはすべて対応する、ただし、それに関わるのは一部の担当教職員のみで、教育研究の改善・向上にはつながっていかない、という状況がしばしば起きてきた。

今後必要なのは、自分たちの組織が教育研究に対してどういう方向性をもつのか――「ミッション」と呼んでおく――を明確にし、それに向けて「大学」という自律的な組織を再構築していくことではないだろうか。大学の自律性が強化され、評価の目的、評価結果の使い方を自ら明確にしたうえで、必要な技術、情報収集力を身につけることなど、大学の自己評価力が高まっていけば、これまでの評価に見られたような形式主義ではなく、外部の評価者にも社会の人たちに対しても、責任と自信をもって自分たちの教育研究の意義や重要性を説明できるようになる。

この点をもう少し考えるために、B・ステンセイカーとL・ハーヴェイによる「アカウンタビリティ（accountability）」という語のとらえ直しの提起を紹介しよう（Stensaker & Harvey 2011）。ステンセイカーらは、アカウンタビリティの仕組みには二つの考え方がありうる、と言う。一つは、「何かに確実な根拠や理由を与える」というものである。これが一般的にイメージされやすいアカウンタビリティの仕組みである。しかし、彼らはもう一つ別の考え方を示す。それは、「民主社会における継続的な対話の一部分と考える」というものである。彼らはM・ボーベンス（Bovens 2007）の議論に依拠しながら、対話関係が構造化されている次の状況のとき、アカウンタビリティが満たされているとしている。すなわち、(a)アクターと公共の場（forum）との間に関係があり、(b)その関係の中でアクターは義務を負う。(c)その義務とは説明や正当化をすることであり、(d)説明や正当化されるのはアクターのふるまい（conduct）である。(e)公共の場はそれに対する質問をし、(f)判断を下すことができ、(g)アクターはその結論（consequences）を手にする、という七つである（Stensaker & Harvey 2011, p. 15）。

「アカウンタビリティ」を、公共的な対話と考えるこの視点は重要で、興味深い。大学が自律性を確立して、評価を使いこなす能力を高めるということは、自らが提供している教育研究の質に関して継続的で公共的な対話のツールとして、評価を活用することだということができるからである。評価の結果に一喜一憂するのではなく、継続的に社会に対して責任をもって教育研究を見直していく契機として、評価が位置づけられることになる。

このような視点から、次の（4）と（5）で、今後の評価のあるべき方向について明確にしていきたい。

（4）内部質保証の重要性

高等教育の質保証をめぐる近年の議論は多様なアクターによって、ますます拡散しているように見えるけれども、総じていうと、内部質保証の重視の方向に向かっているように思われる。

たとえば、先に触れたＥＮＱＡのガイドライン（二〇〇五年）は、内部質保証を重視したものである（大場 二〇〇五、二〇一一、Westerheijden 2007, Kristensen 2010）。「ＥＮＱＡの規準は、……各国の独自性を尊重する一方で、各国内では高等教育機関が自律的に評価に取り組むことを重視し、自己評価が最も重要であることも示した」（大場 二〇〇五、六〇頁）。英国でも、重要なコンセプトは「質保証（quality assurance）」から、「質向上（quality enhancement）」へとシフトしてきている（Filippakou & Tapper 2008）。

日本でも、内部質保証の重視に動きつつある。大学基準協会は、認証評価の第二クールに向けて大学基準協会の新対応として、内部質保証を重視する姿勢を明らかにしている（工藤 二〇一〇、納谷 二〇一一など)。「当協会の設置目的(大学の自律・自主の支援)に照らし、認証評価制度は「最低限の質保証のための制度」と位置づけるのではなく、「質の向上をめざすための制度」として機能する側面にベクトルを置くことを明確にし、そのために制度設計・運用を見直した」(納谷 二〇一一、二五頁)というのである。

こうした流れについて、金性希ら(二〇〇九)は興味深い発展段階図式を提示している。金らは認証評価を各教育機関がどの程度内部の改善に結びつけていっているのかを実証的に検討したうえで、三段階の「評価の内部浸透段階仮説」を示している。それによれば、まず「自己評価を通じて教育・研究を改善する体制が存在せず、組織として機能していない」段階がある。次いで「内部での常設の評価体制が設置される」段階があり、最後に「評価が日常的な改善体制と一体化する」段階があるというのである。金らは、「対象校が評価経験を積み、第二段階、さらには第三段階へと進むことで、対象校内部で日常的に課題を把握し修正することが行われるようになれば、前述のように新たな視点が得られることは減り、第三者評価の費用対効果は逓減せざるをえない。その場合には評価システム自体を変更していくことが求められよう」(三七頁)と述べている。こうした観点に立てば、一九九一年以降の評価の制度化の進行が一定段階に達することで、内部質保証の方向に重点が移っていくことをうまく説明できるように思われる。

もちろん、内部質保証は、自らを不断に点検・評価するという意味で、重い責任と負担を、個々の大学や教員に課すものである。米国の質保証の歴史的変遷をたどったP・イーウェルは、一九九〇年代にパフォーマンス測定(performance measure)が流行した時代があったが、まだこの時期は、(a)パフォーマンス尺度が一般的なものにとどまっていたし、(b)統計上の数値を上げるデータの見せ方の工夫の余地があった、(c)基準を割り込んでも資金配分への影響は小さかったため、個々の機関の負担は小さかったという。そして、二〇〇〇年代以降の「質重視の時代」(一九八〇年代に続いて二回目)になると、特に学生の学習の質に関する評価関連で、個々の機関の負担が増加し、膨大なコストを支払うことを余儀なくされていると指摘している(Ewell 2007)。

また、教育の改善・向上を主要な目的とした内部質保証を、もしも認証評価など外部からの評価に接続して制度を構築するならば、認証評価機関の間での基準の不一致、設置基準と評価機関独自の基準との関係などをどう考えるかという問題も浮上する(前田 二〇〇九)。

さらに、「何が改善・向上なのか」をめぐって組織内部の成員間での考え方の違いを顕在化させ、葛藤を生み出す可能性もある。前述した通り、「教育研究のあるべき姿」は、分野によっても考え方が異なるであろうし、同じ分野の教員間でも大きく異なっているはずだからである。

そうしたいくつかの問題や困難はあるけれども、本章で整理してきたような評価に関わるさまざまな問題は、内部質保証の重視によって軽減されることは期待できるはずである。たとえば、「今、うちの組織で何がうまくいっていないのか。何を目指していくべきなのか」を当事者が率直に議論することを何よりも重視するならば、外形的で形式的な尺度を用いた評価や機械的に細分化されたたくさんの項目による評価などではなく、もっと実質的な意味をもつ評価をめぐる議論が組織の中でなされることになるだろう。

外部に向けて発信すべき情報をむやみやたらに集めて整理するのではなく、本当に必要な情報を集めて議論がなされることになるだろう。アウトカムの測定も、内部での検証に必要な範囲で利用しうる有用な道具の一つに限定されて位置づけられることになる。内部質保証を重視した評価はまた、評価の目的を明確にし、手段を明確に規定することになる。自分たちが議論するための材料を集めるわけだから、ムダなことは極力省略されるはずだからである。

このように考えれば、現場の第一線教員からは重荷、官僚制、ゲーム・プレイングとして経験されているような評価関連の仕事は、実質的な大学教育の改善・向上という正当な目的と結びつけられ、もっとポジティブな意味をもつものとなるであろう。

第4章や第5章ですでにふれたように、トロウは一九九六年の論文で、外部に対するアカウンタビリティを重視した改革に強い批判を浴びせ、大学内部での当事者による改善・向上こそが重要である、と主張している。「教育によるアウトカムを測ることができないからといって、教育機関で何がうまくやれていて何がうまくやれていないのかについて、われわれが学ぶことができないわけではない。それこそが、内部でのレビューを通した内部でのアカウンタビリティの活動である。もし、内部のレビューと評価が、外部の適格判定者のそれよりももっと妥当で実りあるものだとすれば、高等教育機関は自分自身やその部局に対し真剣で周期的なレビューを行うことが必要であり、そのことが本当の効果や成果を得ることになる」（Trow 1996, p. 322）と。

研究大学で研究をしない教員の問題についても、「これは外部者の監査（オーディット）や内部のレビューによってモニターされ、学部や大学で問題にされるべき問題である。中央政府の財政措置で有効に対処できる問題ではない」（ibid., p. 317）とあっさり片づけている。そして、外部からのレビューは、その内部での努力に対して向けられるべきことを主張している。「真剣でしっかりとした内部の質のレビューは、外部による監査――教授の質やアウトカムについての監査ではなく、自己点検(self-study)や自己批判の当を得た手続きとそのような内部のレビューが実際に与えている効果についての監査――を通して、モニターされうる。これが内部のレビューと外部のレビューとをリンクさせ、相互に支え合うやり方である」(ibid., p. 322)――まさに近年の質保証重視へのシフトという動向を先取りしていたといえる。過剰で意義の薄い評価の仕組みや統制の仕組みを整理して、本当に実質のある改善のための評価こそが今後目指されるべきであろう。

内部質保証重視の動向は、そういう意味で歓迎すべきものである。(3)

(5)「評価のシニシズム」を超える必要性

教育研究の評価のより良いあり方を考えようとして、ここまで四つの点を挙げてきた。それらに加えてもう一つ挙げたいのは、大学の教育研究のあるべき方向が評価のあり方によって決められてしまうような転倒した事態――これを「評価のシニシズム」と名づけよう――にならないようにしていく必要があるということである。この「評価のシニシズム」という概念は、近年の事態を表現するためにここで導入された概念なので、もう少し説明しておかねばならない。

教育哲学者の田代尚弘や小玉重夫は、教育目的や理念の実現が追求されるのではなく、手段・方法の効率化や有効性のみが追求されるような事態を、「教育のシニシズム」という語で表現している(小笠原編 二〇〇三、小玉 二〇〇三)。簡単にいえば、「「教育の目的」とは切り離されたところで、目先の現実的効用の追求や達成のみが、教師たちの目標になってしまう」ということである（広田 二〇〇九、一〇八頁）。手段がそれ自体目的化してしまっている点で、それは本末転倒である。

大学における教育研究の評価をめぐる取り組みも、同様の事態を生む危険性がある。本来はまず先に「教育研究が目指すもの」あるいは「それぞれの大学の目指すもの」があり、それがどの程度実現されているのか、どこに問題があってまだ不十分なのかを確認するために「評価」という活動があるはずである。しかしながら、しばしば起きるのは、評価で高い評価を受けることが日常の活動の「目的」になり、評価に盛り込まれた項目で高い点数を取れるように活動の焦点が設定されていく、といった事態である。それは、評価の仕組みや仕掛けが教育研究や大学の目指すものを決めてしまう、という意味で本末転倒した状態である。目的が評価のあり方を決めるのではなく、評価のあり方が教育研究や大学の目指すもの（目的）を決める、というふうになるからである。「評価のシニシズム」は、ひたすら評価の際の項目への対応に向けて教育研究を組織しようとする大学を生み出すことになる。

考えてみれば、大学評価で論じられている目的――「改善」にせよ「判別」にせよ――は実質的な教育研究の中身を具体的に方向づけるものではない。たとえば、「改善」という語は、何を指して「改善」というのか、それを「改善」と呼べるのはなぜなのか、と考えてみると、中身を充塡していない空箱のような概念であることがわかるだろう。そこに、「効率化」とか、「社会に対するアカウンタビリティ」とか、「ステイクホルダーへの情報提供」などといった中身を入れてみたとしても、今度はそれら自体が、あるべき教育研究の姿や方向やその正当性に関して何も言っていないことがわかるはずである。「質保証」と言われるときの「質」もまた、空箱のような概念である。「就職率を上げる」とか、「国際ランキングの順位を上げる」などというのも同様である。それによって、その大学がどういう意味でわれわれの社会に対して有益な貢献をすることになるのか、その大学の教育や研究がどういう公共的な使命に向けてなされるのか、そういった点の説明がまったく欠落している。

このような「評価のシニシズム」を回避するためには、評価の目的とは別の次元で、大学が果たすべき使命や教育研究が目指すべき方向——大学（の教育研究）の目的——が、個々の大学や個々の学問の論理などから内在的に設定される必要がある。では、それはどのようなものか。

狭い特定の社会的ニーズに答えるような卑近な目標を設定することはできる。「資格を取得した学生をたくさん送り出す」とか、「〇〇学の国際的な研究拠点をつくる」とか。しかし、それでは「評価のシニシズム」は避けられても「教育のシニシズム」の外には出られない。「なぜそれを目指すのか」とあらためて問いかけられたとき、答えられないからである。

大学の中から発する教育研究の内在的な目的があるとすると、それは各大学や各教員が、自らの活動にどのような公共的な使命を与えるのかが問われているのではないか。「公共的な使命」を広い世界に向けて説明しようとすると、二一世紀の社会において果たすべき役割を、大学や大学教員自らが定義していく必要がある。そこでは、学問がもつ普遍的でイノベーティブな性格を基盤として、その教育が果たす意味、研究が果たす役割が、社会に向けて説明されるものでなければならないだろう。

大学が外部から押しつけられるきまぐれな「ニーズ」に振り回されず、評価の仕組みに埋め込まれたアドホックな評価尺度にも従属せず、内在的に自らの公共的な使命を明確化し、それに沿って教育研究を組織していくことが必要である。「学問の自由」や「大学の自治」という古くさい語が、新たな意味をもつのはこの点においてである。大学は、自律的に自らの存在理由を作り出していく必要がある。それは、大学が自律的に自らの目的設定をすることによって初めて可能になる。自らの公共的使命を内在的に発出する大学の自律性こそ、「教育のシニシズム」や「評価のシニシズム」を超える唯一の源泉なのである。(4)

おわりに

本章では、大学の教育研究の評価をどう考えるかについての概括的な考察を行ってきた。ここで簡単にそれをまとめておきたい。

まず、第一節では、日本における大学評価が不可欠になってきた社会的・歴史的文脈を検討した。グローバル化が旧来の大学に変化を迫っていること、高等教育進学者の広がりが多様な大学の実態を生み出していることなどから、大学の名にふさわしい教育とはどういうものであるかを明確にしつつ、それを実際に提供していることを社会に対して責任をもつ必要が生じてきていることを述べた。

第二節では、評価の仕組みは多ければ多いほどよいわけではなく、効率的であることが求められると同時に、大学の多様な機能や活動を阻害しないように、スリムであることも求められるということを述べた。

第三節では、スリムで効率的な評価システムを構築するために何を考えておかねばならないのかを論じた。評価の目的と手段に関して、それぞれ議論上や実践上の混乱があることを指摘し、適切に選択することが必要だ、ということである。

目的に関しては、①複数の目的を同時に求めることから混乱が生じているのではないか、②別々の目的の評価が無秩序に持ち込まれて混乱や疲弊を生んでいる、といったことを指摘した。そこには、やっかいなジレンマが存在している。

手段に関しても、議論や実践のうえで、さまざまな混乱が生じている。①「ともかく数字で」という姿勢が、教育研究の現実を歪めたり、改革努力を形骸化させている、②教育や研究が本来的にもっている目標の二重性を理解せず、目標の達成を直接評価しようとするために形骸化が生じている、③不適切な形式的要件の要請や、評価項目の非現実的な機械的細分化が、混乱を生んでいる、といった点を指摘した。

そのうえで、第四節では、何が考えられるべきかについて、いくつかの提言を行った。①「NPMの失敗」に配慮すべきこと、②システムは収斂しないということを前提にして評価のあり方を考えるべきこと、③評価の目的を限定し、その限定された目的に適合した手段が選択されるべきこと、④内部質保証の方向が重要であること、⑤「評価のシニシズム」を超えるべきことを論じてきた。

注

（1）認証評価制度の導入が私立大学にどういう影響を与えているのかをインタビュー調査などによって考察した横山和子（二〇〇七）は、事務的に手間がかかるだけの「義務」であると回答する部局代表者が多いことを明らかにしている。

（2）認証評価における内部質保証へのあり方を考察した宮浦崇ら（二〇一一、一五五頁）は、「評価項目において、機関のコンプライアンス（compliance）と、これとは対比・対照的な質の向上（quality improvement）を混在させることは、異なる根拠資料（evidence）と評価指標を同時に使用した自己評価と第三者評価が行われることを意味する」と指摘している。その通りである。

（3）江原武一（二〇一〇）は、一九九〇年代以降の米国の大学評価の特徴と改革動向について考察し、大学の自己点検・自己評価をベースにした仕組みこそが求められると主張している。その論拠は、研究評価も教育評価もまだ未開発な段階であり、それを用いるのは適切ではないという現実的な論理である。「一般的に公認されるような大学評価の原理や手法が開発されるのは、当分先のことになるだろう。それゆえ自分の大学にふさわしい大学の自己点検・評価を構築し、着実に実施していくことこそが大学の将来にとって建設的なものになる」（一二二頁）と江原は言う。内部質保証の議論が尊重されるべき大きな理由といえるであろう。

（4）田中弥生（二〇〇九）は、企画立案と評価とを組み合わせる「評価可能性のアセスメント」を提案している。目標設定の適切化が図られるだけではなく、「何をめざすのか」についての内部での議論を誘発し、大学の自己評価力を向上させる点で注目すべき提案である。ただし、投入できる資源が制約された中では、「ある程度到達可能で現実的なレベルまで目標値を引き下げる」（三六頁）だけに終始しかねないし、何よりも、達成可能な目標のみに組織の努力が傾注されるなどの「評価のシニシズム」を生み出してしまいかねない点に留意が必要である。

文献

江原武一　二〇一〇「アメリカにおける大学評価の改革動向」『立命館高等教育研究』第一〇号。
大場淳　二〇〇五「ボローニャ・プロセスにおける質保証の枠組構築とフランスの対応」羽田貴史編『高等教育の質的保証に関する国際比較研究』広島大学高等教育研究開発センター。

大場淳 二〇〇九「日本における高等教育の市場化」『教育学研究』第七六巻第二号。
大場淳 二〇一一「欧州における高等教育質保証の展開」広島大学高等教育研究開発センター編『大学教育質保証の国際比較』広島大学高等教育研究開発センター。
小笠原道雄編 二〇〇三『教育の哲学』放送大学教育振興会。
金子元久 二〇〇七「国立大学法人の評価──何が課題か」『ＩＤＥ 現代の高等教育』第四九〇号。
木村孟 二〇一一「大学評価再考」『ＩＤＥ 現代の高等教育』第五三三号。
金性希・林孝之・齊藤貴浩 二〇〇九「認証評価による大学等の改善効果の創出構造──大学等に対する認証評価の検証アンケート結果の比較分析を中心に」『大学評価・学位研究』第九号。
工藤潤 二〇一〇「大学基準協会が実施する新大学評価システム──内部質保証システムの構築の重要性」『大学評価研究』第九号。
クラーク、ジル 二〇〇七「イギリス高等教育における質保証」吉川裕美子訳『大学評価・学位研究』第六号。
小玉重夫 二〇〇三『シティズンシップの教育思想』白澤社。
舘昭 二〇〇五「国際的通用力を持つ大学評価システムの構築──「認証評価」制度の意義と課題」『大学評価・学位研究』第三号。
舘昭 二〇〇八「動き出した認証評価と今後の課題」『ＩＤＥ 現代の高等教育』第四七六号。
田中弥生 二〇〇九「評価可能性のアセスメント（Evaluability Assessment）──大学の自己評価能力向上のために」『大学評価・学位研究』第一〇号。
田中弥生 二〇一一「国立大学法人制度と評価」『シンポジウム──大学における教育研究活動の評価をどう考えるか』報告資料（二〇一一年一二月一一日、東京理科大学森戸記念館）。
遠山敦子 二〇〇四『こう変わる学校 こう変わる大学』講談社。
戸澤幾子 二〇一一「高等教育の評価制度をめぐって──機関別認証評価制度と国立大学法人評価制度を中心に」『レファレンス』第六一巻第一号。
トロウ、マーチン 一九七六『高学歴社会の大学──エリートからマスへ』天野郁夫・喜多村和之訳、東京大学出版会。
南島和久　二〇〇九「ＮＰＭの展開とその帰結――評価官僚制と統制の多元化」『日本評価研究』第九巻第三号。
南島和久　二〇一〇「ＮＰＭをめぐる二つの教義――評価をめぐる「学」と「実務」」山谷清志編『公共部門の評価と管理』晃洋書房。
南部広孝　二〇一〇「大学教員の労働と生活」『ＩＤＥ　現代の高等教育』第五一九号。
納谷廣美　二〇一一「新時代を迎えて――これからの認証評価制度について」『ＩＤＥ　現代の高等教育』第五三三号。
羽田貴史　二〇〇四「大学組織の変容と質的保証に関する考察」『ＣＯＥ研究シリーズ8　高等教育システムにおけるガバナンスと組織の変容』広島大学高等教育研究開発センター（塚原修一編『リーディングス日本の教育と社会12　高等教育』日本図書センター、二〇〇九年に再録）
羽田貴史　二〇〇五「高等教育の質保証の構造と課題――質保証の諸概念とアクレディテーション」『ＣＯＥ研究シリーズ16　高等教育の質的保証に関する国際比較研究』広島大学高等教育研究開発センター。
羽田貴史　二〇〇七「行政改革における評価の動向と認証評価」『ＣＯＥ研究シリーズ28　大学改革における評価制度の研究』広島大学高等教育研究開発センター。
羽田貴史　二〇〇九「質保証に関する状況と課題」羽田貴史・米澤彰純・杉本和弘編著『高等教育質保証の国際比較』東信堂。
広田照幸　二〇〇九『ヒューマニティーズ　教育学』岩波書店。
広田照幸・伊藤茂樹　二〇一〇『教育問題はなぜまちがって語られるのか？――「わかったつもり」からの脱却』日本図書センター。
福留東土　二〇一〇「研究と教育の変化」『ＩＤＥ　現代の高等教育』第五一九号。
ブレツィンカ、Ｗ　一九七七＝一九八〇『教育科学の基礎概念』小笠原道雄他訳、黎明書房。
前田早苗　二〇〇九「大学の質保証における認証評価が果たすべき役割について」『大学評価研究』第八号。
宮浦崇・山田勉・鳥居朋子他　二〇一一「大学における内部質保証の実現に向けた取り組み――自己点検・評価活動

および教学改善活動の現状と課題」『立命館高等教育研究』第一一号。
村田直樹 二〇〇四「英国高等教育の質保証システムについて——イングランドを中心に」『ＩＤＥ 現代の高等教育』第四六四号。
ユネスコ・ＡＰＱＮ 二〇〇八「ユネスコ—ＡＰＱＮツールキット——国境を越えた教育の質の規制」齊藤貴浩訳『大学評価・学位研究』第八号。
横山恵子 二〇〇七「日本型評価国家における私立セクターの特性——機関別認証評価の私立大学への影響に関する研究」『大学論集』第三八号。
ルイス、リチャード 二〇〇五ａ「講演録：ボローニャ宣言——ヨーロッパ高等教育の学位資格と質保証の構造への影響」吉川裕美子訳『大学評価・学位研究』第三号。
ルイス、リチャード 二〇〇五ｂ「講演録：国際的な教育の質の保証の動向——ＩＮＱＡＡＨＥの活動を中心に」齊藤貴浩訳『大学評価・学位研究』第三号。
Bovens, Mark 2007, “Analysing and Assessing Accountability : A Conceptual Framework”, *European Law Journal*, Vol. 13, No. 4.
Ewell, Peter 2007, “The ‘Quality Game’ : External Review and Institutional Reaction over Three Decades in the United States”, in Don F. Westerheijden, Bjorn Stensaker & Maria Joao Rosa (eds.), *Quality Assurance in Higher Education : Trends in Regulation, Translation and Transformation*, Springer-Verlag.
Filippakou, Ourania & Tapper, Ted 2008, “Quality Assurance and Quality Enhancement in Higher Education : Contested Territories ?”, *Higher Education Quarterly*, Vol. 62, Issue 1/2, pp. 84–100.
Kristensen, Bente 2010, “Has External Quality Assurance Actually Improved Quality in Higher Education Over the Course of 20 Years of the ‘Quality Revolution’ ?”, *Quality in Higher Education*, Vol. 16, No. 2, pp. 153–157.
Stensaker, Bjorn & Harvey, Lee 2011, “Accountability : Understanding and Challenges”, in Bjorn Stensaker & Lee Harvey (eds.), *Accountability in Higher Education : Global Perspecyiives on Trust and Power*, Routledge.
Schwarz, Stefanie & Westerheijden, Don F. (eds.) 2007, *Accreditation and Evaluation in the European Higher Education Area*,

Springer.

Trow, Martin 1996, "Trust, Markets and Accountability in Higher Education : A Comparative Perspective", *Higher Education Policy*, Vol. 9, No. 4, pp. 309–324.

Westerheijden, Don F. 2007, "States and Quality of Higher Education", Don F. Westerheijden, Bjorn Stensaker & Maria Joao Rosa (eds.), *Quality Assurance in Higher Education : Trends in Regulation, Translation and Transformation*, Springer-Verlag.

第7章　評価に関する議論の整理と今後の課題

はじめに

本章では、大学における教育研究活動の評価のシステムに関する議論のベースにある評価の目的や方法などに関わる考え方を整理する。特定の具体的な制度について丹念に検討するのではなく、さまざまな評価制度の議論の中に含まれる目的や方法などをある程度抽象的なレベルで整理するのが、ねらいである。第一節では、誰が何のために評価するのかという問題を扱う。評価の主体や目的が多元的に存在しているため、それらの整理が必要だと思われるからである。第二節では、何をどのように評価するのかという問題を扱う。さまざまな評価手法や技術がもつ可能性と限界とを確認するためである。評価の乱立によって議論が混乱している現状において、何をどう考えればよいかを整理する基礎的な作業である。

1　誰が何のために評価するのか

（1）内部評価と外部評価

本節では、喜多村和之と金子元久の議論を手がかりにして、「誰が何のために評価するのか」という観点から評価に関する議論を整理していきたい。

「誰が」という点で見ると、大学の教育研究の評価は、多くの論者が述べている通り、大きく二つに分類することができる。内部評価と外部評価である。喜多村和之（一九九九＝二〇〇三）は、内部評価を「大学が自らの主導権で自己を評価する行為」、外部評価を「大学の外部者（例、政府）が大学を評価する行為」と説明している（二二八頁）。

外部評価には、当然のことながら、外部者が大学に対してもつ期待や願望が反映することになる。外部評価には政府ないし非政府機関による評価が考えられるが、「大学評価にとって最も微妙かつ重要な問題は、何といっても大学に対する外部評価の要求と大学側の大学自治の主張との間の葛藤であろう」（二三三頁）と喜多村は述べている。

行政権力の下での大学評価は、学問の自由や大学自治の侵害の見地から望ましくないばかりでなく、基本的には教育・研究という、自発的で効率性という尺度になじまない機能の評価には、適切でない場合が少なくない。とりわけ政府が大学評価に介入してくる場合には、ときの政治的、財政的状況の影響を受けがちであるのみならず、画一的な評価尺度を硬直的に大学に適用される恐れ少なしとしない。（二三三～二三四頁）

ここで喜多村は、大学における教育・研究が自発的なものであり、かつ効率性という尺度になじまないものとしてとらえることで、外部評価の要求と大学側の大学自治の主張との間の緊張関係と、外部評価のもつ危うさを指摘している。(1)「大学自治」を古びた時代遅れの理念とみなす向きもあるが、「評価の氾濫」が懸念される状況の中では、この喜多村の視点は重要である。大学が持続的に知の生産や革新に貢献し、またその教育によって生まれる人材が不透明な現代社会に対して長期的に貢献的な役割を担っていくためには、大学は一定程度、社会の即時的なニーズから距離をとる必要がある。「大学自治」は中世大学の遺物などではなく、大学が短期的・即時的な社会のニーズと一線を画すために必要な制度・慣行であると考えることができるだろう。

大学教育の「質」や研究の「水準」を簡単な尺度で測ることがむずかしいのは、一つには、その判別には一定レベルの学問的な専門性や大学教育についての理解が必要だからであり、もう一つには、教育が本源的にもつ不確実性（広田 二〇〇九）や、個別の研究成果が知的な発展に対してもっている意義の説明しがたさに由来しているだろう。そうであるがゆえに、外部から持ち込まれる評価の項目や尺度は、しばしば、大学の教育研究の実情とはズレたものが押しつけられるような印象を、大学内部の者に与えることになる。

この点は、ヨーロッパでも同様である。高等教育における「質」をめぐる議論の流行と経営思想との関わりを考察したB・ステンセイカーは、大学外部の者が望むほど改革が進まないのは、大学が単に怠惰だからなのではない、と論じている。技術的に有効でないもの、役に立たない改革が採用されるために、それに抵抗する面がある一方で、自分たちのあり方を見直す契機になる場合もある、と(Stensaker 2007)。評価のあり方は、この議論と重なっている。技術的に有効でない評価や、教育研究の改善・向上に役に立たない評価は、いくら外部の者にわかりやすいものであったとしても、現場の教員にとって受け入れられるようなものではない。

ヨーロッパの質保証の仕組みの展開を批判的に振り返るJ・ニュートンは、一九九〇年代初めの、外部から大学に対して押しつけられた改革が、結果的にモラル・ハザードを生み出した、と論じている。質保証を言い立てるさまざまなアクターが、各々の「質」の定義を売り込んだが、彼らはそれが現実に質の向上につながるのか、学生の経験がよくなるのかに言及しなかった(Newton 2010, pp. 51–52)。それゆえ、前の章でも見たように、当の大学の教員たちは、「質」の強調をまったく異なる意味のものとして経験することになった。それは、実質的な大学教育の改善・向上とは無縁な、重荷、官僚制、ゲーム・プレイングとして経験されている、というのである(Newton 2002, 2010)。こうした状況は、多かれ少なかれ、近年の日本の状況でもある。

もちろん、ステンセイカーが言うように、外部からの評価の項目や尺度が自分たちの自明視してきた慣行や実践を見直す契機になる場合もあるだろうから、外部評価がいけないというわけではなく、それは両義的なものである。少なくとも、「大学内部の者、大学関係者は、既得権や現状維持を求めていいて信用ができない。外部者こそ、本当に大学が必要なものが何かを知っている」というような一方的な見方ではなく、もっとニュートラルに、喜多村が述べるような、外部評価の要求と大学側の大学自治の主張との間の緊張関係としてとらえる必要があるだろう。

（2）改善・向上のための評価と判別のための評価

「何のための評価か」という点で大きく分けると、改善・向上のための評価と判別のための評価という区分が可能である。教育評価論の中では、教育過程へと情報をフィードバックして教育指導の改善を目的とした「形成的評価」と、完結した教育過程の成果を外部に可視化することを目的とした「総括的評価」という区分で語られることが多い。両者は、情報の性質のみならず、情報の作られ方や扱われ方がまったく異なっている。

機関や政策の評価においても、改善・向上のための評価と判別のための評価は、まったく異なる性格や機能をもっている。評価の志向性という点から大学評価には二つの理念があると述べる金子元久（一九九一＝二〇〇三）は、その二つを次のように論じている。

ひとつは、微視的に組織的にも、よりよい高等教育の機能を発揮するために、様々な手段を統制（コントロール）するための情報を得る手段として評価が位置づけられることである。これを「統制」の原理といっておこう。これに対して、いま一つは「自主性」の原理ともいうべきものである。これは評価の対象自体が、評価の基準に強く関わることに関係している。これら二つの原理を如何に調和させるかが、大学評価の具体的な形態の基本的な課題であるといってもよかろう。（一二七頁）

	〈自主性〉		〈統制〉
〈主体〉	自己	——	他者
〈目的〉	育成	——	判別
〈基準〉	内在的	——	外在的

図 7–1　評価の志向性という観点からの概念化

出典：金子（1991＝2003）。

評価の対象者自身が関わる内在的な基準から、自らの活動の改善・向上（育成）を目指して行う評価と、外部者（他者）が外在的な基準で高等教育の質を判別するために行う評価という二つである（図7－1）。

金子の整理はとてもすっきりしているが、やや単純すぎる。というのも、「主体」「目的」「基準」がこの組合せ以外にも考えられるからである。すなわち、内在的な基準は、前述したように、外部者（他者）にはなかなか設定がしにくいため、「主体」と「基準」とはセットとして考えられるが、育成―判別という「目的」は、「主体」「基準」とは別の組合せが考えられるのではないだろうか。たとえば、「自己―判別―内在的」という組合せの例を考えてみることができる。大学執行部が雇用している教員を査定（＝判別）したり、教員同士が不出来な同僚を排斥（＝判別）したりするために評価を行うといったケース（大学教員としては憂鬱になるが）がそれにあたる。あるいは対照的に、「他者―育成―外在的」という組合せを考えることもできる。それは、大学の外部の評価機関などが、それぞれの大学の教育研究の改善・向上（育成）を目的として外から持ち込んだ尺度や手法で評価を行う、といったケースなどである。

そこで、ここでは、「目的」の部分に注目し、改善・向上（金子の言う「育成」）のための評価と判別のための評価という二種類の評価について、もう少し考えてみよう。

改善・向上のための評価と判別のための評価という二種類の評価は、ともに現状の問題点を明らかにし、改革努力を刺激するという点ではポジティブな効果をもつけれども、同時に、まったく異なる種類の問題を伴ってもいる。

(3) 改善・向上のための評価が抱える難点

教育指導における形成的評価と、機関や政策を対象にした改善・向上のための評価とは、前述した通りよく似ている側面がある。しかしながら、決定的に違うのは、前者は指導―被指導という教育的な関係(教師―生徒関係)があらかじめ制度化されており、それを前提とした評価であるのに対して、機関や政策を対象にした改善・向上のための評価については、その関係の構築自体が論争的な課題になるということである。換言すれば、このタイプの評価の制度化は新たな指導―被指導関係を作り出し、既存の社会諸関係を変容させるということである。

ここから改善・向上のための評価が抱える難点の多くが出てくる。

第一に、評価の制度化は強い統制機能をもっているということである。たとえば、政府や第三者機関が大学に対して評価を行い、改善・向上のための勧告や指示を出す制度が新たに作られたとしたら、それは、政府や中間団体による大学の質的な統制という関係ができたことを意味する。同様に、大学の管理者が学部や学科に対して、さらには、学部や学科の評価セクションが個々の学科や教員に対して評価を行う仕組みが制度化されることは、大学組織内の統制―被統制関係に新しいものがつけ加わったことを意味している。それゆえ、自治や自律性を伝統的に重んじてきた大学という組織では、改善・向上を名目としたものであっても評価に対する抵抗感を強くもつのは当然である。「評価を通した統制」を警戒するからである。

第二に、教育研究についての考え方の違いがコンフリクトを生む。「何が改善・向上なのか」について、ある特定の考え方が強調されるとき、それとは異なる考え方をする者は、改革に向けた議論を拒否したり、抵抗したりする。教育条件の整備や研究資金の増額のようなインフラ的な部分を除くと、大学の教育研究のあるべき姿をどう考えるかについて、誰もが合意するものは存在しない。そのような大学観・大学教育観などの違いによって、「何が改善・向上なのか」についての考え方も一致しないのが普通である。また、分野や専門による違い、カリキュラム上で担当する科目群の違いなどによっても、望ましい方向が異なっていることもある。誰かの目から見て「改善」と思われるものが、別の者には「改悪」として映る。

第三に、改善・向上のための評価が外形的で形式的な尺度を含む場合には、その尺度から何かがこぼれているという感じを、個々の部局や個々の教員が抱くことも起きる。「何が改善・向上なのか」を外部の者が定義し、ごく限られた特定の尺度を使って部局間や教員間、授業間の比較を行うとすると、それは当事者の不満やみかけだけの取り繕いを生んだりしてしまう。

このように考えると、大学外部の者が望むほど改革が進まないのは、大学が単に怠惰だからなのではないという、前述のステンセイカーの議論をもう一歩踏み込んで考えることができる。それは、大学という組織のもつ特徴――組織内の多元性や大学観・大学教育観の多様性、個々の部局・教員の自律性など――を無視して、ある方向の「改善・向上」を外から押しつけることの困難さや問題なのである。

もちろん、評価を通した改善・向上がどういう方向になるかはわからないが、それぞれの大学、それぞれの部局は、何らかの改善や向上が可能なはずである。もしもそれを大学自らが自主的に追求していくのであれば、それは、上で述べた、大学という組織に固有の特徴である多元性・多様性・自律性をある程度まで尊重して、その強みを生かしたものでなければならないだろう。

その際の一つの方法として、共通の目的・目標を共有するための議論の過程自体を重視する、というやり方がある。考え方が対立する複数の部局の間や、大学観・大学教育観が異なる教員の間で、評価を介したコミュニケーションがなされること自体の意義に注目するということである。教育研究の現状や教育研究が目指すべきものについて組織の成員が率直に話し合い、相互の共通点と相違点を確認することが、自発的な改善・向上の努力や目標を引き出すことになる。そういう取り組みがなされる場合には、改善・向上のための評価は、議論のための契機や素材として重要な役割を果たすことになるだろう。

（4）判別のための評価が抱える難点

外在的な基準で、判別を目的としてなされる評価は、大学の教育研究を対象として、何をどこまでやれるのだろうか。理論上・形式上は多様なやり方が考えられるし、制度化されてもきているが、ここにもいくつかの重要な難点が存在する。

第一に、多くの指摘がくり返しなされてきたように、評価において外在的な基準として使用される指標・尺度の恣意性の問題である。

たとえば、複数の尺度を合成して総括的な評価を数値で示すような場合、個々の尺度の妥当性や信頼性の問題だけでなく、何に関して尺度を選定するのかという点やそれぞれの項目にどういうウエイトをかけて総括評価を行うのかといった点もまた、恣意的なものであることを免れない。大学のランキングは典型的な例である。金子元久（二〇〇七a）は、研究能力の指標の乱暴さや、「評判」のウエイトの大きさが、既存の暗黙の秩序を強化する機能をもつなど、ランキングの指標としての問題点を列挙している。

また、国立大学法人評価における目標設定のように、それぞれが設定した独自の目標の達成度を測るような評価が行われる場合には、評価結果自体が相対的なものなので、相互の比較や序列付けはできない。それゆえ、それぞれが設定した目標の達成へのインセンティブを作り出す装置としては機能しうるけれども、資源配分などのための情報として利用するのは適切ではない。高い目標を掲げて十分達成できなかったA大学と低い目標を掲げて達成したB大学とを相互に比較することは、原理的にはできない。たとえば、国立大学法人の中間評価の仕組みを考察した金子元久（二〇〇七b）は、教育研究の評価に関して、「関係者の期待」が基準とされ、しかもそれは大学の特性や条件によって異なることになっているから、大学の側が想定する水準と機構の側のそれとが食い違うことは十分にありうる、と指摘している。独自の目標を掲げる限り評価の基準は相対的なものでしかありえないから、誰もが合意できるような達成度の評価は原理的にできないと考えるべきであろう。

つまり「判別」はあいまいさや恣意性を免れないのである。もちろん、指標や尺度の恣意性を理解したうえで、ランキングを詳細に分析検討して大学や部局がそれに向けた戦略を立てるということはありうる（Taylor & Braddock 2007, 坂本 二〇〇七）。ある大学や部局があるユニークな目標を戦略的に設定して、数年間、組織成員の注意や努力をそこに傾注させていく手段として活用する、ということもできるだろう。だがそれはあくまでも、個々の大学や部局が周到な戦略のもとで評価を活用するという意味での効用であって、大学ランキングやそれぞれが設定した独自の目標の達成度を測るような評価では、外部に発信されるわかりやすい数値での評価結果は、指標・尺度の恣意性があるため、情報としての利用法は謙抑的なものでなければならない。朝日新聞社で『大学ランキング』の編集に関わる小林哲夫は、あえて総合ランキングを作っていない、という（小林 二〇〇七）。それは、ここで述べたような問題点をよく理解しているからであろう。

第二に、外在的な基準で判別を目的としてなされる評価は、にもかかわらず、情報の非対称性を克服できない。つまり、外部者に評価結果を示すことが、大学内の成員と同様にその大学を知る手立てになるわけではない、ということである。

判別のためになされる評価は、通常、二種類のタイプの情報として外部に発信される。一つは、項目別であれ、総括的なものであれ、序列や点数評価など、結果を縮約した情報にまとめたものである。もう一つは、評価に関連した大学内の情報をそのまま、できるだけ多く外部に公開させるというものである。しかし、前者は、縮約された情報であるだけに、大学の教育研究の内実に関する具体的な情報を含まない。それゆえ、ランキングや序列付けなどには使うことができるが、その大学の教育研究の実際を知る手がかりにはならないのである（A大学がTHEの国際ランキングで何番目かということは、ある分野で学ぶためにその大学に入学すべきかどうかを決める情報にはならない）。後者は、逆に、詳細な情報の公開を求めれば求めるほど、外部者には何が有益な情報なのか取捨選択できなくなる。分厚すぎて誰にも読まれない評価報告書だけが積み上がっていくことになる。

この問題は、判別のための評価を誰がどういう情報によって行うかという点で二つに分けることができる。一つは、認証評価機関やランキング作成機関など、外部の何らかの機関が判別するようなやり方である。もう一つは、さまざまな学内情報をそのまま公開させて、直接外部の消費者（受験生や企業など）からアクセス可能にすることで、彼らに判別（評価）を委ねてしまうやり方である。

前者の場合、大学から出てくる情報が少なければ判別（評価のとりまとめ）が不可能だが、逆に、膨大な情報が出てきたとしても判別（評価のとりまとめ）が困難になる。限られた人員と時間とで行う評価では、途方もない量の情報を与えられたとしても、それらを適切に生かした評価を行えるわけではないのである。また、外部の一般の消費者にとっては、ランキングや序列はわかりやすくて好まれるが、これは前に述べた通り、あいまいさや恣意性を帯びたものにすぎない。だからといって、膨大な学内情報が公開されていたとしても、それを丁寧に閲覧し、分析的に考察するスキルが欠けている（熱意や時間も欠けているのが一般的である）。

そもそも、大学の側の問題を解決しないといけないということ以上に、現代の大学に対する世間の無理解や過剰な不信感を改善していく手立てが必要なのではないだろうか。この点については、ここでは書ききれないが、たとえば、企業と大学の活動の性質の違いが十分理解されていない。また、大学教員自身が学生の現状を過度にネガティブに語りがちだし、大学の外の人たちは、三〇年前、四〇年前の自分の体験に依拠して「今」の大学教育の問題を論じたり、問題を抱えた逸話的な事例を過度に一般化したりして論じてしまう傾向もあるだろう。

葛城浩一（二〇一〇）によれば、ボーダーフリー大学の若手教員は、研究だけでなく教育にも強い熱意をもち、また所属する組織に対するコミットメントも高い。そんな教員たちの実情が世間には知られていない。そして、改革の努力の跡や一生懸命おこなった挑戦的な試みの資料には目もくれず、ランキングや序列のような簡単で相対的な位置を示す数値のみをほしがっている。そうした、世間の人たちが抱く大学の実情に対する根強い思い込みや、発信される情報に対するリテラシーの欠如が、判別のためになされる評価の拡大を支えているとするならば、いくら評価結果の公表や大学内部の情報の公開を進めていったとしても、事態は改善されえない。「評価疲れ」「評価の水ぶくれ」が問題になってきていることを考えると、世間の人たちの偏見を正し、大学の教育研究の現状に対して正しい認識をもってもらうことこそが、何よりも喫緊に取り組むべきことではないだろうか。

2　何をどのように評価するのか

（1）評価基準の種類――三つの基準、二つのアウトカム

大学教育の質をどう評価するかについても複数の考え方がある。ここではまず、金子元久（二〇一二）の整理を見ておこう。

金子は、大学教育の質を、どのような基準で、またどのような形で「保証」するのかについて三つ

のタイプを挙げている。①絶対基準、②インプット基準、③アウトカム基準、の三つである。評価において使用されるのは、この三種類の基準のどれかである。

第一の「絶対基準」は、「大卒者の知識・能力が、明確に定義された一定の水準を満たしていること」である。しかし、金子は、こうした考え方による質保証は現代では困難になっている、という。というのも、一つには、一部の専門職分野を例外として「卒業生に要求される知識技能が、必ずしも厳格に定義しえない」からである。もう一つには、「知識・技能には多様な側面があり、それをかぎられた試験のみで判定することは難しい」（六頁）からである。

第二の「インプット基準」は、「大学における教育内容について、明確に基準を定め、それを満たしていることを基準として、質の保証とみる考え方」である。中等教育の延長上に発展したアメリカの大学は、こうした考え方をもとに適格認定制度を作り上げた。「授業科目の構成、個々の授業（単位）の修得に必要とされる授業時間数と学習時間数、教員の数と構成、諸施設、さらにその運営、といった要素が完備される大学が学位を授与することができる大学として認定される」。それに対して、日本では戦後導入された適格認定制度が質保証の役割を果たすことができなかったため、「政府が設置の際に一定の基準が備えられていることを基準として認可をおこなう設置認可制度が実質的に質保証の役割を果たしてきたことは周知の通りである」（七頁）[2]。

金子は、そこには問題があった、という。教育の中身に踏み込まないで「教員数、設備など外形的なインプットのみを基準として質保証が行われるという傾向がもたらされた」うえ、社会的な要求に対応していない。「最も基本的な問題は、インプット基準が、学生が何を学習するかという視点を十分に踏まえたものではない、という点である」（七頁）。

第三の「アウトカム基準」は、「大学教育が、学生にどのような知識・能力を形成したかを基準とする質保証である」。ここでいうアウトカム基準の質保証は、第一の絶対基準のそれとは異なるものである。「絶対基準の質保証では、卒業者の知識・能力そのものについて一定の最低基準を設定することが想定されていた。これに対してアウトカム基準が着目するのは、大学教育が、学生が一定の知識・能力を形成するうえで、どのような効果があるのか、という点にある」（八頁）。

近年の大学評価の流れは、欧米でも日本でも「インプットからアウトカム重視へ」というものである。しかしながら、「アウトカム重視」という議論には、二つの種類の評価のあり方が存在している。一つは、「アウトカムの測定をもとにした評価」である。もう一つは、「アウトカムを明確にした教育改善（の評価）」である。この二つをきちんと区別しないと、議論が混乱することになる。両者はともに欧米で議論され、実践されているが、前者はまだ部分的・試行的なものにとどまっている。現実的な形で制度全体をカバーするような議論や実践は、後者のものであるように思われる。以下では、この二つについて順番に考えていくことにしたい。

（2）アウトカムの測定

まずは「アウトカムの測定をもとにした評価」である。個々の学生の学習の成果をテストや試験によって直接測定し、それを教育の成果として評価に用いるものである（たとえば川嶋 二〇〇九）。前章でもふれたが、議論や実践を見ていくと、テストや試験の利用のされ方の違いによって、そこにはさらに二種類の評価方法を区別することができる。

(1) 個別化した利用法

一つは、学生個々の判定を含んだ個別性に基づくツールである。つまり、測られた当人の評価、あるいは、当人が所属する集団の評価にテストや試験の結果が用いられるという使い方である。もっとよい用語があるのかもしれないが、ここでは「個別化した利用法」と呼ぶ。この利用法は、個人または集団を判別することを目的としたものである。

たとえば、特定分野の知識やスキルを測って選抜や資格付与に使う、というアウトカム測定がある。医師や法曹などの国家試験、特定の分野や特定の資格に関して行われている各種の検定試験や資格試験などがそうした例である。当の学生の選抜や資格付与だけでなく、場合によっては、大学別に合格者数や合格者率などを算出して、大学間で成果を比較する、といった使われ方もする。ただし、分野によっては不当にカリキュラムがしばられてしまい、教育内容の画一化や硬直化を生んでしまいかねない。また、「試験のために学習をする」という行為を呼び込んでしまいかねず、大学における知の創造性や柔軟性に悪影響を与えることもありうる。

また、近年急速に広がっているのは、ジェネリックな知識やスキルのテストである。米国ではかなりの大学が認証評価の際のデータとして採用するようになっているし（羽田 二〇一二）、日本では企業が採用希望の応募学生を一時選抜するための道具として流行している（SPIなど）。しかしながら、この種のテストが本当に教育のアウトカムを測っているのかという点で疑問がある。大学入学以前の学生の「素質の差」によるところが大きいのではないかという指摘もある。反復して測定しない限り

「伸び」を測ることはできないし、逆に（SPIがそうだが）集中的な練習でスコアを変動させることもできる。さらに、大学のほとんどの科目は高度な教養的知識や特定の専門的知識を伝達することを主要な役割としており、ジェネリックなスキルの涵養を直接的な目的とはしていないので、教育の成果としてはやや筋違いものを測っているともいえる。もしも高度な教養的知識や深い専門的知識をまったく教育しないで、ひたすら体験学習などでジェネリックなスキルを形成する教育機関があったとしたら、それは「大学教育」の名に値するかどうか、疑念が表明されるはずである。

金子元久はアウトカム評価の技術的な問題点として、適切性・妥当性への疑問、実施可能性・信頼性への疑問を提示している（金子 二〇〇九a）。その通りである。また、羽田貴史（二〇〇四）が指摘しているように、学習成果の数値自体からは、その成果をもたらした要因を特定することができない。学生間、機関間、プログラム間の比較はできるとしても、だからといって具体的な改善のための情報としてはあまり役立たないのが現実なのである。

ジェネリックな知識やスキルのテスト自体が無意味なわけではないが、少なくとも、個々の科目や各回の授業のレベルでジェネリックな知識やスキルを用いた効果を検証しようとしたりするのは、あまり意味がないことであろう。

(2) 一般的知見を引き出す情報としての利用法

もう一つの「アウトカムの測定をもとにした評価」の方法は、さまざまな特性や経歴をもった個人の間でのアウトカムの違いを把握することで、環境や教育の諸条件がアウトカムにどう影響を与えているのかを一般的知見として得ようとする利用法である。ここでは、「一般的知見を引き出す情報としての利用法」と呼ぶ。この利用法は、改善・向上を目的としたものである。

金子元久（二〇一一）は、アウトカム測定を三種類に分けている。①専門領域別の学習達成度テスト（College Basic Academic Subjects Examination : College BASE, Major Field Test : MFTs など）、②一般的な能力（generic skill）を測定するテスト（Collegiate Learning Assessment : CLA など）、及び③学生の意識や行動についての質問紙調査（全米学生学習行動調査 National Survey on Student Engagement : NSSE など）である。この分類に依拠していえば、①と②は主として前項の個別化した利用法に用いられているが、③は主として一般的知見を引き出す情報として利用されている。

この利用法は、社会学や心理学の統計的な手法を用いてサンプル内でのグループやカテゴリー間を比較する形で、アウトカムの差異を説明しようとする。たとえば、特定の属性や経歴（例：高校時代に勉強時間が長かったグループとそうでないグループ）を独立変数とし、アウトカム（例：大学での学習時間）を従属変数とし、相互の関連がどの程度か、また、カリキュラムのあり方や生活スタイルの違いによってどの程度その差が影響を受けるのか、あるいは、大学四年間のうちにそれがどのように変容したのか、といったことを考察する。

こうした利用の仕方から得られるのは、アウトカムの高低を左右する属性要因や環境要因についての知見である。単純な言い方をすれば、どういう学生が、どういう環境の下で、どういう教育を受けていれば、高いアウトカムを示すのか、ということが明らかにされる（たとえば、山田 二〇〇九、二〇一一、金子 二〇〇九ｂなど）。研究としてなされるこうした考察は、サンプルとなった大学や学生の教育のあり方を改善する手がかりを与えるだけでなく、似たような条件や状況の下にある大学や学生の教育の改善のための知見となることができる。その意味で、この利用法は、ごく少数のサンプル調査によって広範な適用性をもった知見を引き出すことができるメリットがある。

とはいえ、このやり方にはいくつかの限界がある。

第一に、誰もが行えるわけではない。一つには、調査票の設計や変数の同定、データの処理や解釈などに専門性が必要だからである。質問紙調査法のスキルに熟達しない者が見よう見まねで行ったとしても、決して信頼できるような知見は得られない（出来の悪い実態調査にとどまる）。また、調査票の設計から分析までかなりの手間と費用がかかる。しばしばすでに実感としてわかっていることが数字で裏づけられるぐらいの結果になるから、徒労感も生まれてしまうだろう。だから、一部で主張されているような、すべての大学が自前でそのような調査分析をすることを求めるのは困難だし、ムダである。限定されたサンプルデータを用い、きちんとした専門家によって入念に設計されたデザインで行われる調査から導き出された一般的知見を積み上げていき、それを各大学で参照しつつ有効活用するほうが、明らかに効率的である。

第二に、回答者のモチベーションや戦略的対応の問題がつきまとっている。米国の大学で認証評価のためのデータとするために、学生に対する調査がしきりに行われているが、困難の一つは、回答者に熱心に取り組ませることのむずかしさである（星・鈴木二〇〇九、金子二〇〇九a）。当人の評価に関わるアウトカム測定と異なり、匿名性を保持したままの調査の場合には、モチベーションの調達が大きな課題となる。米国のCLA実施校のヒアリング調査を行った星千枝らによれば、「受検料を大学が負担する上、受検謝礼を学生に支払ってCLAを実施していた。このような実施方法では、受検者が確保できたとしても、学生が真面目に取り組むかどうか疑問があ」った（星・鈴木二〇〇九、五五頁）。だからといって、記名などで個人を特定する形でデータを収集するならば、回答者は戦略的に回答してしまう（普段本をほとんど読まない者が「よく読む」と答える、など）。大学名を明らかにしてアウトカムを比較する調査を行ったとしたら、どの大学も調査の実施過程でさまざまな工夫（望ましい回答のほのめかし、など）をしてしまうかもしれない。つまり、あくまでも匿名性が保持されないとデータが歪んでしまうのだが、だからといってその形式では、回答者のモチベーションの面で問題が残る、ということである。(3)

一般的知見を引き出す情報としての利用法については、もう一つ大きな問題がある。個人を匿名化して集団レベルでアウトカムがどれぐらいかを測って比較してみたとしても、その結果は個々の学生の選抜や指導の情報としては価値が低い、ということである。東京大学の卒業生が全体として高いアウトカムを示したとしても、それは集合的な情報にすぎない。その大学のある卒業生の採用を考慮する企業は、結局、別のツールであらためて個人の能力・適性やスキルを測ることになる。また、演習への出席率が低い学生がジェネリック・スキルの伸長の程度が低いという一般的な傾向が得られたとしても、ある学生が演習への出席率が低いからといって、ジェネリック・スキルの低さを前提に指導するならば、まちがってしまうケースが続出するだろう。アウトカム指標を取り入れたとしても、それによって大学は個々の学生・卒業生の「質」を保証できるわけではないのである。妙な期待を抱いて、アウトカムを測る努力を大学が積み重ねたとしても、結局は個々の卒業生の採用時の選抜はまた別の基準や手段でなされてしまうことになるはずである。

（3）アウトカムの明確化による教育改善とその評価

アウトカムを直接測定するというのではないもう一つの「アウトカム重視」のやり方は、各教育機関や部局が「どういうアウトカムを目指して教育していくのか」を明確にして、それによって、カリキュラムや授業の改善工夫を行い、それが適切になされているかどうかを外部者が評価する、というふうなやり方である。

近年の評価のあり方をめぐる大きな流れは、どちらかというとこの方向が盛んである。一九九〇年代に詳細な分野別評価を行っていた英国は、評価に関わる負担や効率を顧慮して、二〇〇〇年代には分野別参照基準（Subject Benchmark Statement）を作成して、各大学がそれを活用してカリキュラムや授業の編成原理を説明することを課す、というやり方に切り替えた。こうした英国のQAAの仕組みを参考にしながら日本学術会議が提案しているスキームもこれである（日本学術会議 二〇一〇）。大陸ヨーロッパ諸国でも、ENQAが二〇〇五年にまとめたガイドラインは、同様に、各国の高等教育機関が自らの教育の質を説明できることを重視するスキームを採用している（クラーク 二〇〇七）。福留東士（二〇〇五）によれば、米国のアクレディテーションにおけるアウトカム評価もまた、学生のパフォーマンスの測定ではなく、各大学がアウトカム像を明確化し、その像の実現に向けて教育をいかに改善しているのかを外に向かって説明するという点が重視されている。

もちろん、こうしたやり方は、必ずしもアウトカムの測定自体を不必要にするものではない。教育の現状にどういう問題点があるのか、あるいは、教育の改善工夫がどのような結果を生んでいるのかをモニターする手立てとして、アウトカムの測定結果が用いられることもある。しかしながら、このやり方で最も重要なのは、アウトカムの測定結果それ自体ではなく、それに直接・間接に影響を与えているであろう教育課程や教育方法の編制のされ方なのである。江原武一（一九九四＝二〇〇三）が言うように、評価に用いられる指標には、①主観評価、②量的指標、③評価尺度、④記述的個別分析、の四つがありうる（七二〜七六頁）。どの指標もそれぞれ長所・短所があるけれども、少なくとも、一般に「アウトカムの測定」でイメージされるような評価尺度による指標は、仮に利用されるとしても、ここでは評価のための多様な参考情報の一つという位置づけにすぎない。

（4）まとめ——内部質保証への着目

欧米の動向を見る限り、全体として、内部質保証（internal quality assurance）が鍵となる概念になっている。欧州は全体としてそうであるし、米国でも、連邦政府は外部からの統制を強めようとしているものの、アクレディテーション団体は機関内部での自律的な教育の改善・向上への関心を強めているといえる。

近年の内部質保証への重点のシフトは、大学自身の内部からの自律的で自発的な動きこそが、「質」の保証の中心だというふうに考えられるようになってきていることを示している。内部質保証とは、たとえば、大場淳（二〇〇九）がユネスコ・ヨーロッパ高等教育センターを引いて紹介している定義では、「機関（プログラム）の一連の活動に関する質の監視（Monitoring）と向上（Improvement）に用いられる大学内部の仕組み」であるとされている。大学内部の仕組みをどう作るのかが重要な課題だが、たとえば、鳥居朋子・山田剛史（二〇一〇）は、教学ＩＲとＦＤの連動を梃子とした内部質保証のシステム化こそが、「学習・教授の質的な改善を第一義的な目的とした自己点検・評価活動を恒常的かつ磐石なものにする」と述べている。

以上をふまえて、最後に二点、若干の問題提起をしておく。

一つは、いかなる仕組みであれ、評価システムの形骸化をどのように防ぐべきかという点を考えないといけない、ということである。その際、儀礼化したものは思いきってやめてしまう、徹底して簡素化するというのも一つの考え方である。

評価システムの形骸化の問題は、たとえば「監査の儀式化」の問題としてとらえ直すことができる。マイケル・パワー（二〇〇三）は「監査社会」と呼べるような変動が起きているけれども、監査一般の営みは儀式化してしまうことがある、と警鐘を鳴らしている。仮に監査体制が不十分であって、監査の失敗が認識されるようになったとしても、それは中止に向かうのではなく強化が目指されることになってしまい、そのための内部統制が強まっていきがちである。その際、監査証拠の収集は莫大な作業量であって、時間と人員の大きなコストを払いながら、結局はデータの収集行為が目的化、儀式化してしまう危険性がある。また、必ずしも意図していなくてもそれが経営ツールとして利用されることになる。そのことの是非の問題もはらまれている。

パワーはまた大学教育の質の監査にも言及し、「質の概念は、成果を強調する定義と成果を決定するプロセスを強調する定義との間で不安定にさまよっている」と述べている。まさに、大学評価の現状を的確に示しているようにも思われる。

もう一つは、「質」「評価」の概念のあいまいさの問題である。「質」や「評価」という概念を自明視してしまわないで、どのような評価システムの設計や運用においても、常にその概念の中身を問い直していくことが必要だ、ということである。羽田貴史（二〇〇四など）は、「質」は歴史的・相対的な概念としてとらえなければならず、それは単一の尺度によって規定されるものではないと述べている。すなわち、「質」とは、①学習や研究の成果のような伝統的な概念、②アカウンタビリティとしての基準・仕様への適合、③目的への適合性、などがありうるのであって、何を指すのかについてきちんと議論して共通の理解を得ることが必要なのである。

羽田はまた、「評価」の概念についても同様に慎重に考えないといけないことを指摘している。それは、evaluation なのか、assessment なのか、accreditation なのか。また、大まかな傾向として、業績評価、数量化、格付け、外部評価へのバイアスがあるので、そうしたことへの慎重な目配りもまた必要である（羽田 二〇〇九）。

おわりに

前の章でもふれたように、一九九五年に創刊された *Quality in Higher Education* 誌に掲載された一五年間分の研究論文をレビューしたL・ハーヴェイらによれば、掲載された諸論文を通して明らかになるのは、アカウンタビリティを強く要求するような外部評価は、全体として大学の質を高めることには成功してこなかったということである。それらはかえって、「信頼の解体（dissolution of trust）」を生んできた（Harvey & Williams 2010a）。

また、高等教育機関が自らの手で改善・向上していくという内部質保証も、特に消費者主義的なアプローチは大学人には受け入れられず、抵抗が続いてきた。一方では改革への熱狂やたくさんのアイデアが出され、他方では旧来からの惰性（inertia）や従順な無関心（compliant indifference）が存続した一五年間であったと結論づけられている（Harvey & Williams 2010b）。

考えてみれば、日本の状況もよく似ている。われわれは「何をすべきなのか」を議論する前に、「何をしたいのか」についてきちんと議論していく必要がある。あいまいな概念をスローガンのように語り、不明確な目的と未成熟な方法とで評価のシステムをいじくり回していったとしても、決して望ましい未来は得られない。欧米の動きから学ぶべきものがあるとすると、それは評価システムや評価手法などのもつ可能性と限界の両面でなければならない。欧米の経験をその両面で吟味しながら、日本の大学の現状の文脈を十分理解し、「われわれが何をしたいのか」という点に即した目的や手段の選択をすることが何よりも必要であろう。

注

（1）なお、この議論に続けて、喜多村は、受験産業によるランキングなど「非政府機関による大学評価」について、「その評価は個々の大学のごく一面の部分的に偏った評価であるにすぎない」（喜多村 一九九九＝二〇〇三、二三四頁）と述べている。評価尺度としてのランキングのもつ問題点については、本文でふれた通り、他にも多くの論者が述べている。

（2）ここでの金子の議論は、設置認可制度が戦後ある時期まで教育の質を保証する唯一の仕組みだったように論じているが、それはやや単純すぎる。むしろ金子自身が別稿（金子 一九九一＝二〇〇三）で述べているように、アカデミックな水準を重視した教授会自治が、ある時期まではもう一方の質保証の役割を果たしたと考えるべきであろう。大学評価導入以前の教育がもつ難点は、質が低いのではなく、教授内容にせよ、学生の自主的学習への期待にせよ、質が高すぎて高等教育の大衆化の現実との間で距離が広がったと考えるべきだろう。現在でも、「ダメな授業」として描かれる事例のある部分は、質が低いのではなくて、むしろ講義の質が高すぎて学生の意欲や知識とのギャップが大きいものを含んでいる。

（3）スペリングス報告（二〇〇六年）以降の米国大学におけるアウトカム測定の現状を考察したS・カッツは、①技術的未熟さ、②費用、③組織内の不同意、④多様な組織の違いや役割を捨象してしまう問題、の四つを問題点として挙げ、本来は形成的評価こそが必要なのに、ジェネリック・スキルを測るテストはそれには使えないというふうに厳しく批判している（Katz 2010）。

文献

江原武一 一九九四＝二〇〇三「大学評価の意味」大南正瑛・清水一彦・早田幸政編『文献選集 大学評価』エイデル研究所。

大場淳 二〇〇九「フランスにおける高等教育の質保証」羽田貴史・米澤彰純・杉本和弘編著『高等教育質保証の国際比較』東信堂。

金子元久 一九九一＝二〇〇三「高等教育の構造変化と大学評価」大南正瑛・清水一彦・早田幸政編『文献選集 大学評価』エイデル研究所。

金子元久 二〇〇七ａ「大学ランキングと大学」『ＩＤＥ 現代の高等教育』第四九五号。

金子元久 二〇〇七ｂ「国立大学法人の評価――何が課題か」『ＩＤＥ 現代の高等教育』第四九〇号。

金子元久 二〇〇九ａ「大学教育の質的向上のメカニズム――「アウトカム志向」とその問題点」『大学評価研究』第

八号。
金子元久　二〇〇九b「基調講演　大学の教育力と学生調査」『一橋大学大学教育研究開発センター全学FDシンポジウム報告書』第一〇号。
金子元久　二〇一一「質保証の新段階」『ＩＤＥ　現代の高等教育』第五三三号。
川嶋太津夫　二〇〇九「アウトカム重視の高等教育改革の国際的動向――「学士力」提案の意義と背景」『比較教育学研究』第三八号。
喜多村和之　一九九九＝二〇〇三「大学評価の可能性――自己点検・評価と外部評価」大南正瑛・清水一彦・早田幸政編『文献選集　大学評価』エイデル研究所。
葛城浩一　二〇一〇「ボーダーフリー大学教員の大学教授職に対する認識――「大学教授職の変容に関する国際調査」を用いた基礎的分析」『大学論集』第四二集。
クラーク、ジル　二〇〇七「イギリス高等教育における質保証」吉川裕美子訳『大学評価・学位研究』第六号。
小林哲夫　二〇〇七「偏差値で上位にない大学へ光を当てる」『ＩＤＥ　現代の高等教育』第四九五号。
坂本達哉　二〇〇七「慶應義塾の国際戦略と大学ランキング」『ＩＤＥ　現代の高等教育』第四九五号。
鳥居朋子・山田剛史　二〇一〇「内部質保証システム構築に向けた教学ＩＲとＦＤの連動」『大学教育学会誌』第三二巻第二号。
日本学術会議　二〇一〇「回答　大学教育の分野別質保証の在り方について」(http://www.scj.go.jp/ja/info/kohyo/pdf/kohyo-21-k100-1.pdf)。
羽田貴史　二〇〇四「大学組織の変容と質的保証に関する考察」『COE研究シリーズ8　高等教育システムにおけるガバナンスと組織の変容』広島大学高等教育研究開発センター（『リーディングス日本の教育と社会12　高等教育』塚原修一編、日本図書センター、二〇〇九年に再録）
羽田貴史　二〇〇九「質保証に関する状況と課題」羽田貴史・米澤彰純・杉本和弘編著『高等教育質保証の国際比較』東信堂。
パワー、マイケル　二〇〇三『監査社会――検証の儀式化』国部克彦・堀口真司訳、東洋経済新報社。

羽田積男　二〇一二「学生の学習成果評価と揺籃期ＮＩＬＯＡの機能」『教育学雑誌』第四七号。
広田照幸　二〇〇九『ヒューマニティーズ　教育学』岩波書店。
福留東士　二〇〇五「米国のアクレディテーションにおけるアウトカム評価の動向」羽田貴史編『高等教育の質的保証に関する国際比較研究』広島大学高等教育研究開発センター。
星千枝・鈴木尚子　二〇〇九「社会人に求められる能力の育成とアセスメント――イギリス・オーストラリア・アメリカの状況と日本への示唆」『ＢＥＲＤ』第一六号。
山田礼子　二〇〇九「学生の情緒的側面の充実と教育成果――ＣＳＳとＪＣＳＳ結果分析から」『大学論集』第四〇集。
山田礼子　二〇一一「大規模継続学生調査の可能性と課題」『大学論集』第四二集。
Harvey, Lee & Williams, James 2010a, “Fifteen Years of Quality in Higher Education”, *Quality in Higher Education*, Vol. 16, No. 1.
Harvey, Lee & Williams, James 2010b, “Fifteen Years of Quality in Higher Education（Part Two）”, *Quality in Higher Education*, Vol. 16, No. 2.
Katz, Stanley N. 2010, “Beyond Crude Measurement and Consumerism”, *Academe*, Vol. 96, No. 5, pp. 16–20.
Newton, J. 2002, “Views From Below : Academics Coping With Quality”, *Quality in Higher Education*, Vol. 8, No. 1.
Newton, Jethro 2010, “A Tale of Two ‘Qualitys’ : Reflections on the Quality Revolution in Higher Education”, *Quality in Higher Education*, Vol. 16, No. 1.
Stensaker, Bjorn 2007, “Quality as Fashion : Exploring the Transformation of a Management Idea into Higher Education”, Don F. Westerheijden, Bjorn Stensaker & Maria Joao Rosa（eds.）, *Quality Assurance in Higher Education : Trends in Regulation, Translation and Transformation*, Springer-Verlag.
Taylor, Paul & Braddock, Richard 2007, “International University Ranking Systems and the Idea of University Excellence”, *Journal of Higher Education Policy & Management*, Vol. 29, No. 3.

V

学問の自由と大学の自律性

第8章　ポスト「教授会自治」の時代における大学自治を考える

はじめに

すべての改革論は、これまでの状況をことさら悪く描写し、改革案によってもたらされるよい所だけを強調し、改革案が生むかもしれない問題点には目を向けない。大学のガバナンス（経営管理）をめぐる改革論がまさにそうである。教授会による自治が、大学の抱える問題の元凶とされ、「権限の明確化」という謳い文句の下で、権限を学長に集中する仕組みが作られた。トップダウンの大学改革がはらむ問題や、生み出す弊害についての配慮がなされていない。これまでの問題は改善できる部分があるだろうが、それによって新たな問題が生まれることになる。ここでは、大学自治のあり方の問題について、このかんの流れを整理し、大学が大学であるために手放してはいけないものを考察し、今後の可能性について論じてみたい。

1 教授会自治の時代の終わり

(1) 自治から自律へ

近年の動きは、教授会自治の時代の終わりだといえるだろう。二〇一四年六月に成立した学校教育法及び国立大学法人法の一部を改正する法律によって、日本の大学のガバナンスの仕組みは大きく変化した。教授会の役割について、学校教育法では、次のようになった。

教授会は、学長が次に掲げる事項について決定を行うに当たり意見を述べるものとする。

一 学生の入学、卒業及び課程の修了

二 学位の授与

三 前二号に掲げるもののほか、教育研究に関する重要な事項で、教授会の意見を聴くことが必要なものとして学長が定めるもの

教授会は、前項に規定するもののほか、学長及び学部長その他の教授会が置かれる組織の長（以下この項において「学長等」という。）がつかさどる教育研究に関する事項について審議し、及び学長等の求めに応じ、意見を述べることができる。

改正前の学校教育法では、「大学には、重要な事項を審議するため、教授会を置かなければならない」とされ、実際の教授会は幅広く教育研究に関する事項だけでなく管理運営に関する事項まで審議

し、場合によっては大学トップの意向に拒否権を発動したりしていた。すなわち、教授会自治である。

この二〇一四年の改正は、教授会がそれまでもっていた広汎な決定権限を吸い上げて、学長に決定権を集中させるものであった。教授会には教育研究に関する事項の中のごく限られた事項について「意見を述べるものとする」とされ、その他の教育研究に関する事項については、学長等から求められた場合に限って、意見を述べることができる、というふうになったのである。これによって、これまで教授会が決定権をもっていた教員人事と教育課程に関する事項のような、学部の教育研究の中核的な部分も、法令上は教授会の意向に関わらず学長サイドで決定できることになった。教授会の決定が学長の決定を拘束するような内規があった場合、それを廃止させるなど、文部科学省の指導は徹底していた。

ここに至る経緯を一言でまとめると、「自治から自律へ」の考え方の変化である。

教授会が人事や教育研究、一部の施設管理などの決定権限をもつ教授会自治の慣行は、すでに戦前期に帝国大学、官立大学に広がっていたが、戦後、憲法二三条で「学問の自由」が掲げられると、その系としての教授会による「大学の自治」が、新制の国立大学や私立大学にも広がっていった。

一九六〇年代の中教審答申（六三年「大学教育の改善について」、六九年「当面する大学教育の課題に対応するための方策について」）では教授会自治のあり方の改善が議論されていたが、六〇年代末には、教授会自治を見直す二つの議論が登場した。

一つは、学生運動の中で主張されていった、職員や学生を含めた「全構成員自治」への拡大の要求である。教授会が握っていた権限を組織全体に幅広く拡大しようというものである（渡辺 一九七二）。

欧州ではこの方向での改善がなされていったものの、日本では文部省の意向などが働き、ほとんど進展しなかった。学生を成長させる機能をキャンパスの知的に自由な文化に期待したり、知的に自由な教育研究環境の形成者の一員として職員を考えたりする途もありえたのだが、日本の大学はその方向を選んでこなかったのである（もちろん、後述する通り、あらためてそれを志向する途はある）。

もう一つは、教授会の権限を上に吸い上げていこうとする考え方であった。一九七一年のいわゆる中教審四六答申（「今後における学校教育の総合的な拡充整備のための基本的施策について」）には、次のような文章がある。

これまで、大学の内部管理に関する法制はじゅうぶんには整備されず、多くは各大学の慣行に任されてきた。その結果、割拠的な学部自治の考え方が大学全体の管理運営の立場と衝突したり、学外に対する閉鎖的な自治意識が一般社会の意見を謙虚に受け入れることを妨げたりすることが多く、そのような多年の慣行が、今日でも大学の自律的な改革を困難にしていると思われる。

「割拠的な学部自治」「閉鎖的な自治意識」が問題にされ、「大学の自律的な改革」がそれらに対置されているのである。教授会の「自治」から大学の「自律」へということである。しかしながら、その「自律」の方向に向け、大学はすぐには動き出さなかった。学生の管理の問題を除くと当面の課題はバラバラだったし、自律的に改革を進める具体的な方向についての影響力のあるビジョン（＝イデオロギー）も存在しなかったからである。

教授会自治体制を揺るがせる大きな変化が始まったのは、一九九〇年代初頭からだった。大学審議会の答申に基づいて、大学設置基準が大綱化されるとともに、自己点検・自己評価が導入された。シラバス・学生による授業評価・FDなど、アメリカの大衆化した大学で学習意欲のない学生に学ばせるための「改革の小道具」が持ち込まれた。自分たちの組織のあり方や教育のあり方を見直すことが、政策的に求められるようになったのである。授業のやり方から教養部の改組まで、これまでのあり方を見直さざるをえなくなった教授会の議論は大変だった。ただし、まだ教授会が大学自治の足場であった。

一九九八年の大学審答申「二一世紀の大学像と今後の改革方策について」が考え方の上での大きな転換であった。「国際的通用性・共通性を確保しつつ大学等の自律性に基づく多様化・個性化を推進する」とし、「学長を中心とする大学執行部、評議会等の全学的な審議機関、学部長、学部の教授会等が、それぞれの機能分担を明確にし」ていくことが求められた。大学の個性化・多様化を大学の自律性に基づいて進めて行く、というその後のモデルがここで出てきたのである。ただし、まだ教授会自治は否定されてはいなかったし、あくまでも各大学の自主的な努力に期待するものにとどまっていた。

とはいうものの、この答申では、「各資源配分機関は、大学の教育研究の個性を伸ばし、質を高める適切な競争を促進し、効果的な資源配分を行うため、きめ細かな評価情報に基づき、より客観的で透明な方法によって適切な資源配分を行う必要がある」と謳われていた。これが、二〇〇〇年代に入って急速に進む、競争と評価の制度化のスタートとして、教授会自治を追いつめていくことになった。二〇〇四年の国立大学法人法の制定、私立学校法の改正に続く、二〇〇五年の中教審答申（「我が国の高等教育の将来像」)になると、もはや各大学の自主的な改革に期待するのではなく、「選択と集中」と「政策誘導」とで各大学を作り変えていこうとするものになった。この答申では、「自治」という語は補論「諸外国の高等教育改革の動向」においてドイツとフランスの紹介の中で使われるにとどまっていた。答申が照準を当てたのは、「機関の自律」であって、しかもそれは「各大学ごとの自律的な選択に基づく機能別の分化が必要となっている」など、政策誘導で強いられた選択を指すものとなった。

二〇一二年の中教審答申「新たな未来を築くための大学教育の質的転換に向けて」では、具体的に組織のあり方が明示されるようになった。「全学的な教学マネジメント」が必要で、そのためには、「学長のリーダーシップによる全学的な合意形成が不可欠であり、それを可能とする実効性あるガバナンスと財政基盤の確立が求められる」としたのである。それが具体的な法改正と結びつけて議論されるようになり、先述したような、教授会の権限を上へ吸い上げる、二〇一四年の法改正に至ったのである(石原 二〇一四、二〇一五、大河内 二〇一四)。「自治」から「自律」への転換の完成である。

(2)「自律」が意味するもの

このように、「自律」への転換は、強力な政策誘導とセットで進められた。ゆえに、「自律」といっても、学長ができることには大きな制約がある。

第一にお金がない。二〇〇一年の遠山プラン以来、教育や研究に競争的資金が導入され、代わりに、二〇〇四年の国立大学法人化以降は、国立大学への運営費交付金は毎年のように削減され、二〇〇四年の一兆二四一五億円から二〇一八年度には一兆九七一億円へと削減されてきた。代わりに競争的資金をという話だったが、努力して競争的資金を獲得しても、初年度以降どんどん配分が少なくなるのが通例であるし、使途が限定されているプロジェクト型経費のため、安定した組織や部局を立てる基盤にはならない。私立大学のほうは、日本ではそもそも財政基盤が弱い学校法人が多く、貧弱な教育研究の水準で来たから、少子化で受験生や学生の確保に苦しんでいる中では、思いきった教学体制の再構築を行えるだけの余裕はない。

お金がない中で改革を進めようとするから、国立大学では定年退職者の補充を凍結して、学長サイドに人事枠を集めて全学的な改革を進めることになり、結果的に、既存の部局の多くは学科や教育課程の不本意な再編を余儀なくされるに至っている。私立大学の場合には、教育研究についての見識のない理事長の下で、学生集めやコストカットばかりが学長のリーダーシップで進められるような事例が目につく。

第二に、文科省からの統制が年々細かく、厳しくなっている。川嶋太津夫は、それを、マイクロマネジメントの登場と強化という文脈で説明している。「将来像答申〔二〇〇五年〕以降、中教審から出されてきた答申は、大学の教育や運営のありかた、つまり、教育内容、教育方法、さらにはマネジメントやガバナンスまで、具体的なあり方を示し、あわせてそれらが各種補助金等への申請条件とされることにより、大学にとっては、否が応でも従わざるを得ない「マイクロマネジメント」へとその性格を変えてきた。審議会の答申は、本来は、政府に対して提言するものであろう。しかし、次第に答申そのものが、大学に対して直接指示を与えるものへとその性格を変えていったのである」（川嶋 二〇一八、一三八頁)。

文科省の大学ガバナンスへの関与は止まらない。二〇一八年暮れには、国立大学の運営費交付金の約一〇%を二〇一九年度から共通指標による評価結果に基づいて配分することを決定した。二〇一九年二月には、認証評価で「不適合」とされた大学への関与を強めるとともに、私立大学を運営する学校法人に中期計画の策定を義務づけるなどの方針を決めた。二〇一八年暮れに出された中教審答申(「二〇四〇年に向けた高等教育のグランドデザイン」)では、「教学マネジメントに係る指針」を、中教審の大学分科会が作って各大学に示す、となっており、川嶋は「もし実際にこの教学マネジメント指針が徹底されていけば、この指針は大学教育にとって「学習指導要領」的な性格を持つことにもなりかねない」(同、一五七頁)と危惧している。

実際、このかんの改革の中では、三つのポリシーの義務化や教育課程の体系化が行政のチェックの下で進められ、教授会の意向とは無関係に教育課程の再編が、行政による政策誘導に沿った形で進められている。経営に関わる部分では、国立大学法人・学校法人(私立大学)における理事の構成が問題にされ、民間の外部人材をもっと増やせという圧力が強まっている。また、経営だけでなく、産業界の意向を反映した教育、それができる実務経験のある教員が必要だという論理が持ち込まれ、教員人事にも反映するようになってきている。つまり、「学長のリーダーシップ」と言いながら、現実には、文科省が示した経営体制・教学のあり方が、各大学に求められるようになってきているのである。

このように、「選択と集中」とマイクロマネジメントによる二重の統制が強まっていく中で、各大学には「自律」的改革が求められている。「大学の自治」は伝統的に「学問の自由」の一部に位置づ

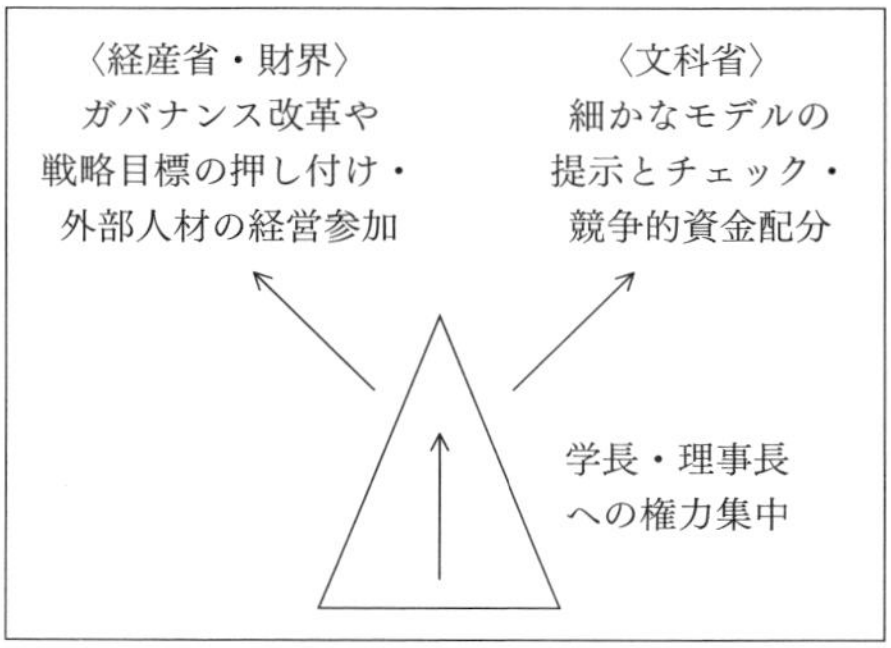

図 8-1　大学の意思決定の権力移動

くものとみなされてきた。しかし、一九九八年以降急速に進んだ「大学の自律性」は、組織・経営の戦略や効率とつながるもので、そこでの「自律」とは、組織内の一般構成員の意向には左右されない、という意味に変質している。「文科省の言うことは聞け。大学のヒラ教員どもの言うことには耳を貸さなくていいよ」というのが、「自律」の本当の意味である。

二〇〇〇年代以降の大学改革は、①お金をできるだけかけずに教育を改善するために、②大学間の競争や各大学のトップの戦略的経営で改善を図り、③改善のモデルは文科省などが提示し、その実行状況をシラバスの記載事項まで細かくチェックして、改革を徹底させる、というものである。大雑把にいえば、①は財務省の意向、②は経済産業省や財界の意向、③は文科省の意向が反映している。一九九八年の大学審答申がもっていた、各大学での自主的な改革に期待するという謙抑的な姿勢は、もはや姿を消してしまった。

大学の意思決定の権力移動を図にしてみると、図8-1のようになる。教授会がもっていた権限は学長（私立大学は理事長）に吸い上げられるとともに、その権力は財界の意向を受けた経産省や、自省の権益を拡大しようとする文科省に吸い上げられていく。経産省や財界は、大学のガバナンス改革を強く要求し、経済発展に寄与する大学に向けた戦略的経営を押しつける。文科省は、細かな改善モデルを提示しチェックして、それによって各大学に競争的に予算を配分する。教授会自治が滅んで、国の大学統制が強まっているのである。

こうしたガバナンス改革の長期的な結果は、まだよくわからない。優れたトップがしっかりとしたビジョンをもった改革を成功させている一部の私立大学の事例などが報告されているし、国立私立を含めて一部の研究プログラムや教育プログラムでは、確かに見るべき成果が上がっているものもあるように思われる。

しかしながら、その一方では、現場の疲弊や混乱が広がっている。競争的資金への準備や対応、上から降ってくる指示への対応で、研究に割ける大学教員の時間がますます少なくなっている。文科省から提示される細かな改善モデルが、教育研究の実情や個々の大学の実情に合わないため、つじつま合わせに膨大な労力と時間が割かれるようになっている。

「かつての教授会自治には問題があった」という言明と、「だからこの改革Xが必要だ」という言明との間には、決定的な論の飛躍がある。今進んでいる改革は、全体としては必ずしも望ましいとは思えないし、それどころか、教授会の権限を上に吸い上げたことに便乗して、トップが私腹を肥やす仕組みの導入とか、教職員の労働強化とか、教育研究の質の切り下げとかをトップダウンで進めている私立大学などもある（私のよく知っている大学がそういう大学になった）。どんなにおかしな、愚かな改革であれ、大学組織のボトムにいる私を含めた多くの大学教員は、ひたすら受け入れて対応することが求められているのである。

（3）世界的に死にゆく「大学自治」

こうした動きは、実は日本だけではない。教育研究に関する事項はもちろん、管理運営にも教員が参加するのは当たり前であった欧米でも、徐々に教員の権限が削減されていっている。米国では、一九六〇年代後半から権限共有型管理運営の大学が増え、専任の大学教員が教育研究だけでなく管理運営の重要なメンバーになっていっていた。しかし、一九七〇年代後半以降、その流れが逆向きになり、再び大学管理者の強力なリーダーシップが謳われるようになり、権限共有型管理運営との折衷に向けて動いている（江原 二〇一五）。ヨーロッパの大学でも、機関の意思決定への教員の関与は削減されてきている（江原・杉本編 二〇〇五）。予算削減と競争と質のチェック、そして大学のトップ層への権限集中は、日本に限らず世界中で広がっている。日本での改革論は、改革の必要性の論拠も含めて欧米で行われてきたことのコピーのように見えてくる。

英国の大学改革を論じたM・ヘンケルは、(1)知識社会への変化、(2)ネオリベラルな理論による国家と市場との再定義、の二つを、大学のガバナンス改革の原因として論じている（Henkel 2007）。知識社会への変化は、知の意味を変化させ、大学はそれまで外の世界との間に築いてきた障壁を崩し、市場や国家や経済との新しい関係を求める声が強まることになった。ネオリベラルな理論は、財政削減と新しいマネジメントを高等教育に求めるようになった。

問題は、ボトムアップの構成員参加を重視してきた大学自治とその根拠になってきた学問の自由の位置である。EU諸国において、学問の自由を支える諸要因がどう法的に擁護されているのかを比較研究したK・バイターらの研究を紹介しよう（Beiter et al. 2016）。彼らは、学問の自由について、五つの要因を設定して指標化している。①個人の教育研究の自由（individual freedom to teach and carry out research）、②機関の自律性（institutional autonomy）、③当事者による統治（self-governance）、④地位の保証（tenure）、⑤国際条約の批准と憲法による擁護（ratification of international agreement and constitutional protection）の五つである。バイターらによれば、②は近年強くなっているが、①③④が弱まっていっている。「機関の自律性は、次第に曲解されるようになってきており、その自律性は、個人レベルの学問の自由の要請にも、当事者による統治や地位の保証の要請にも左右されないもののようにみなされるようになっている」（p. 674）、というのである。彼らは、特に、高等教育機関自体が学問の自由を脅かす存在になってきている、と注意を促している。

日本の改革論は外国からの借用だし、そのレトリックで進んできた改革が大学の自治や学問の自由に及ぼす影響も、おそらく同じである。先に挙げた一九九八年大学審答申、二〇〇五年、二〇〇八年、二〇一二年答申を見ると、「学問の自由」「研究の自由」に言及があるのは、二〇〇八年答申で一カ所のみにすぎない（「学位とは、学問の自由を享受する自治的・自律的な団体である大学が、その責任において授与するものであることが、単なる能力証明との本質的な相違である」）。「自律」が多用されるようになった（一九九八年―二三、二〇〇五年―三一、〇八年―一八、一二年―五）のとは対照的に、「自治」も「学問の自由」も、これからの大学を語る言葉として軽視されるようになっているのである。つまり、日本だけでなく諸外国でも、大学のガバナンスが自治から自律へとシフトしていく中で、学問の自由を支えてきた制度的枠組みがやせ細っていっていることがわかる。

二〇一八年一一月に出された中教審答申（「二〇四〇年に向けた高等教育のグランドデザイン」）でも、

全体の中の一カ所だけ、「大学の自治」の重要性が掲げられた箇所がある。

「学問の自由（Academic Freedom）」及び「大学の自治」とは、大学における学問の研究とその結果の発表及び教授が自由かつ民主的に行われることを保障するため、教育研究に関する大学の自主性を尊重する制度と慣行であり、国際的にも高等教育の根幹を支える概念となっている。つまり、憲法で保障されている「学問の自由」は大学と教員・研究者に蓄積された知識に基づいた研究と、その結果の発表と教授の自由であり、「大学の自治」は、これらの自由を保障するためのものである。教育研究の自由が保障されていることが、新しい「知」を生み出し、国力の源泉となる根幹を支えていることを再確認しておく必要がある。

ここに書かれていることはその通りだ。よくぞ答申の中に書いてくれた、という気がする。おかしな改革の行きすぎに対する歯止めとしては意味があると思う。とはいえ、残念ながら他の議論とは文脈が切れた形で唐突に挿入されており、この考え方とは矛盾する改革案があれこれ答申の中で提案されているから、単なる「リップサービス」と言われても仕方がないものである。

2　自治を手放してはいけない理由

かつての教授会自治の体制には、よい所も悪い所もあった。それを今の時点でどう論じようとも、教授会の権限が削減され、さまざまなことの決定権限が大学経営層に、さらには外部へと吸い上げられてきたことは疑いない。しかし、「自治から自律へ」というのが支配的な動向になってきたとしても、それでも大学には、やはり自治が必要である。

一つには、教育や研究のことを一番よく知っている者（あるいは一番よく知っていなければならない者）は、組織のボトムにいる大学教員だからである。教育が効果を上げるためには、目の前の学生の状況を理解したうえで、最善の教育のために何が必要なのかを判断しなければならない。個別の分野の主題に関して、何がどう研究するに値するのかを理解できるのは、当事者である個々の研究者である。

トップダウンで降りてくる教育研究の改善策は、たいてい、それぞれの現場の教育研究の実態から乖離したものか、あるいは、有用性があっても手間やコストが大きいものである。大学教育の質保証の議論でいうと、上から押しつけられる「質」と、第一線教員が考える「質」とは、考え方が大きく食い違っている。上からくる「質保証」の考え方や枠組みを第一線教員から見ると、それは「重荷」で「相互信頼の欠如」や「儀礼主義」などを生み出すだけのものである（Newton 2002）。藤村正司（二〇一六）によれば、中教審が推奨する参加型授業は現場の大学教員には必ずしも効果的だとみなされていないし、基盤研究費を削って競争的研究費へとシフトする政策は、研究業績の「質」の保証を不安定にしている。上から押しつけられる教育モデル・研究モデルは、必ずしも現場の実情に沿ったものではない。

本当に大学の教育研究を改善しようとするなら、第一線の教員の声を集め（そこにはおかしなものや無責任なものも混じっている)、相互に議論を交わして改善に必要なものを選び出し、実現を図るという、ボトムアップのプロセスが欠かせないはずである。そこには、全教員が参加していく自治が要請される。

もう一つには、もっと根源的に、大学という場の特殊性が自治を必要としている。それは、大学が、知それ自体を目的とした場だからである。ロビン・コーワンの表現を借りると、「大学は、目的論的でない反省が制度化された唯一の制度である」。つまり、「何かの目標に従属した知ではなく、真理への関心自体が正当化されている場である」(Cowan 2006)という点で、大学は社会の他のどんな制度とも区別されるのである。

「学問の自由」は、この意味で解釈される必要がある。大学の知を特定の目的に従属させてしまうと、知は堕落する。社会の安寧秩序の観点から大学の知を取り締まっていった戦前の社会は、社会の人々が考え議論できるものの幅を狭めてしまい、愚かな歴史を生んでしまった。大学の知を経済発展という目的に従属させてしまえば、経済とは違う次元で人間の存在を豊かにするための知がやせ細ってしまう。

実際、本当に優れた大学の研究や教育は、「知のための知」として探究されている。本当に優れた研究は、特定のアクターの性急な現実的ニーズにそのまま応えるのではなく、知それ自体を目的とした研究に沈潜することによって得ることができる。仮に誰かのニーズに応えようとする場合でも、学問上の知見に照らし、研究のルールに沿って、いったんは知自体を目的とした研究として深めることで、研究者は既存の知の見直し、現状を超える知に到達することができる。学生の教育も、卒業後にすぐ使える有用性とは無縁の教材や課題に取り組み、それらへの没入を通して、はじめてさまざまな深い知識や高度なスキルが獲得されるのである。私が指定する、学生にとって難解なテキストについて、「このテキストを苦労して読んだら、私の仕事にどう役立ちますか？」と学生に質問されても困るのだ。学問を学ぶということのある部分は、必ずそういうものなのだ。

もちろん、だからといって、大学の研究や教育は浮世離れしたもので、社会と無縁だというわけではない。大学の知は、特定の目的＝有用性からいったん距離をとることで、結果として、さまざまな知が全体としては汎用性をもっているし、時代や場所の制約を超えた普遍的な有用性をもっているはずだ、と言いたいのである。

この観点から見ると、「国益」や「経済成長」や「民主主義」など、外部の特定の何かを大学の教育研究の「目的」に据えた議論は、視野が狭すぎることになる。競争への最適な戦略を選んだ改革を目的とするのは、人間にとっての善でも正義でもない。外部の特定の何かを大学の教育研究の目的に据えてしまうと、そぎ落とされてしまうものが生まれるし、その結果、教育研究全体が長期的に歪んだ方向に進んでしまう。

むしろ、知自体を目的とした知的探究が、結果的に職業人の育成や新しい技術の開発、民主主義社会の実現など、さまざまな外部のニーズに応える有益な貢献ができる、と考えればよい。一つの目的の追求が多様な機能を果たしうる。つまり、外部の特定の目的に従属しないことによって、逆説的に、大学は、社会にとって幅広い有用な機能を果たすことができるはずだということである。外部の特定の目的に従属しない知の追求こそが、あらゆる利用可能性に開かれた知を提供できるはずなのである。

とはいえ、公的助成を受ける大学は、「社会的正義」という大きな目的には従属しているのではないか、という反論はありうる。この反論への私の答えは「イエスでもあるし、ノーでもある」というものである。大学は「何が正義か？」を不断に問い直す場でもある。「社会的正義」が多義的である限り、大学や大学教員は社会的正義を追求するべきである。しかし、特定の狭く定義された特定の社会的正義（たとえば「経済成長」）の道具になってはならない。それとは別に定義された社会的正義に関わる知が居場所を失ってしまうからである。近年の人文社会科学不要論をめぐる議論は、この論点に関わる問題である。

大学は、知それ自体を目的とした場だとすると、それを実質化し、維持していこうとする人たちが必要である。大学教員を中心にした自治は、単に自分の権益を守ろうとするものではなく、外から持ち込まれるおかしな目的に抗い、知それ自体を目的とした場を現実化させる役割を果たしてきたと見ることができる。寄せ集めで発足した戦後の国立大学や、施設も人も不十分な中で出発した私立大学が、何十年かの間に、図書館や研究施設を充実させ、研究体制を作っていったのは、教授会を足場にした第一線の大学教員の粘り強い努力の成果であった（本書第1章を参照）。

3　自治をあきらめない

長い歴史の中で作られてきた教授会自治の仕組みや慣行が失われつつある。どうなるか／どうするかを考えねばならない。

(1) 分断統治

個々の大学教員が何もしないであきらめていくとすると、大学の教員は同僚性を失い、個々バラバラに分断されることになる。大学という官僚制機構の末端の教育研究職として、個別に分断統治された組織ということである。ただ、そのときの組織文化は悲惨なものになるだろう。組織の上位者への同調や思考停止が広がり、大学人は決められたこと、命じられたことをこなすだけの存在になっていくだろう。新しいアイデアや改善意見を出すような雰囲気ではなくなっていく。さらには、個々の教員が自分の研究と自分の学生の教育だけに関心をもつ、「超タコツボ化」とでもいうべき状況も考えられる。

そうした分断統治で不信感や無責任が広がった大学にならないようにするためには、大学教員は、新たな連帯の可能性を探り、教授会も一つの足場にしながら、学内の委員会などのフォーマルな場や、インフォーマルなコミュニケーションを通して、「自治」を再活性化させていく必要がある。

(2) 連帯1——下と下

連帯の可能性の一つ目は、下と下、同僚間の連帯である。ただしこれはむずかしい。大学教員という仕事は、小中学校の教員や会社員とは異なる点がある(広田 二〇一三)。どの分野の教員であれ、特定の分野の特定の課題を専門とする者は、一つの機関や部局にほぼ一人しかいない。特に研究面では、個々の教員は大学の外に準拠すべき集団(アカデミック・コミュニティ)をもっており、その研究もそれを反映した教育も、機関が設定する戦略的な目標とは別次元にある。そして、知的創造性が発現されるような教育研究には、高度な自由裁量の保障が必要である。

だから、大学の教育にせよ、研究にせよ、そのアウトカムは寄せ集めの雑然としたものになりやすい。実はそれでもよいということもいえなくはない。学生は大学時代にさまざまな知に触れることで思いがけない知的出会いがあり、教養にもなるのだ、と考えることだってできる。研究も大学の同僚と一緒にしなくたって、自分のテーマに関心をもってくれる仲間はいくらでも日本じゅう、世界じゅうにいる。

しかしながら、現実的に目の前の学生のより良い教育を考え、自分たちのより良い研究環境を考えると、同僚間の対話や協力がどうしても必要になる。教育についていうと、個別の専門的知識を組み合わせて学生に提供する教育が成り立っているのだから、学科や学部の同僚との連帯が必要になる。研究面では、専門分野や関心が違っていても、学術研究固有のルールや価値、研究者としてのエートスを共有しているもの同士が連帯しなければ、より良い研究環境は実現していかない。

また、大学のキャンパスを知的刺激に満ちた空間にしていくためには、学生の参加や職員の協力も必要不可欠である。職員の人たちには「学問の自由」に根ざす知の自由な空間を支えてもらわないといけないし、学生たちは「知的な自由」の意義を自分たちで理解し、自分たちで創造的な活動をしていってもらわないといけない。大学教員だけが大学の知を大事にしていったとしても、職員が官僚制的な人間、学生が知に興味をもたない消費者にとどまっていたとしたら、知的刺激に乏しい大学になってしまう。大学職員や学生を、適切に位置づけ直してみる必要がある（大場 二〇一三、井上 二〇一三など）。

研究にせよ、教育にせよ、おもしろいものを創っていくためには、さまざまな知的活動が自由に展開できる空間を準備する必要がある。かつてエリート学生文化の中にあった知の尊重と希求は、大衆化した大学では失われてしまっているから、意識的にさまざまな仕掛けを創り出していく必要がある。そこでは、大学教員だけでなく、職員や学生も、仕掛けを創り動かす当事者として関わってくる。だから、教育研究環境の面でも、キャンパスを知的空間にしていく面でも、「分断統治」を超えていく自治の契機は、必然的に存在するのである。

（3）連帯2——上と下

対話を欠いたままでのトップダウンの改革は、しばしば誤った判断で、いびつな帰結をもたらすことになる。たとえば、同僚性のガバナンスからトップダウンのマネジメントへと変化した英国の大学では、機関の自律性が強まった代わりに、方針決定の基準がアカデミックなものから財政的なそれへとシフトしたという（Henkel 2007）。トップダウンのマネジメントは、ややもすると教育研究の充実とは逆の方向に進んでしまいかねないのである。

「収益性を高める改革」ではなくて、「教育研究を充実させる改革」を考えるならば、現場の第一線の大学教員の理解や了解が欠かせない。教育研究の充実のためには、「何が望ましいのか」を決めていく実質的な権限を下に委任するか、あるいは、十分な意見を反映することなしに、適切な組織運営ができるわけがない。それは、ある意味では、組織の一般論からいえる。従業員のやる気を喚起しないとうまく回らない企業や、教職員の協力なしに良い学校づくりができない小学校の校長と一緒である。

ただし、大学の場合には、教育研究の内容に関して専門的自律性が高いため、学部ごとの事情や特定の科目の事情など、どうしても分権割拠型の多様性をはらんでしまう。個別に異なる状況下で、個別の事情を知悉した構成員に教育研究の充実を任せざるをえない。だからこそ、大学という機関は「経営体的組織と自治に象徴される共同体的組織という性格の異なる二つの組織が併存する」(吉武 二〇一三、五九頁) ことになるのである。小さな単位の共同体的組織で意見を集約して、学内各所の意見を吸い上げる多元多層的なパイプがどうしても必要なはずである。

だから、大学組織の良いマネジメントのためには、上と下の対話が欠かせない。「対話」には、参加や協議から、意見聴取、交渉、葛藤まで、さまざまなタイプのものがある。

(4) 連帯3――内と外

前に述べた通り、大学の知は知自体を目的としたものであるだけに、逆説的に、世界のあらゆるものにつながっている。狭い特定の「社会からのニーズ」からいったん切り離したところで探究される知を、あらためてどう社会とつないでいくのかには、たくさんの回路、たくさんの方向が考えられるのである。それゆえ、大学の知の意義 (「知の内容」ではない) は、さまざまな外部の人たちに理解されるはずだし、それを通してさまざまな連帯の可能性がありうるはずである。

職業人を育成するための知は狭く、特定の方向に限定されたものだが、大学の知が提供するものは、もっと広がりがある。法学の学修を通して得られた知識は、仕事でも使えるし、環境保護の市民活動でも使える。経営学だって、化学だって同じだ。文学を学ぶことによって得られた人間理解は、あらゆる人と人との関係を豊かにする。哲学を通して学んだ論理的思考は、いろんなことに対応するために役立つはずである。たくさんの分野のさまざまな教育の成果と研究の成果とが、結果として、相互に補完・協力しながら、社会の諸課題に対応する人や知識を生んでいく。

今進んでいる大学改革は、経済成長や職業人育成などに狭くターゲットを絞った議論になっているけれども、大学の教育研究が意義をもつ領域はもっと広い。このことをここで強調するのは、大学の教育は学生個人の利得のためだけにあり、研究は単に大学教員の個人的な知的好奇心を満たすためだけにあるという、まちがった見方を見直してほしいからである。

もちろん、大学の知の内容は誰にでも理解されるかというと、それは困難である。私の隣の部屋の同僚が研究していることは、私にもきちんと理解できないし、私が教えている講義を、残念ながら受講者全員が十分理解できているわけではない。しかし、社会の人々は誰でも、特定の専門知をもつ専門家を使いこなすことができるはずだし、特定の専門知をある程度もつことで、自分でできるようになることもいろいろある。

それゆえ、思い思いの形で世界とつながっているそれぞれの教員の教育研究の広がりは、世界全体との関わりを潜在的にもっている（それに比べると、特定の「戦略的目標」を追求する大学の改革は、世界とのつながり方が狭い）。

ここにもう一つの大学自治の足場がある。上から降ってくる戦略的目標や、上から指示された教育研究とは別の社会への応答性を、学部や学科、教員集団レベルで組織し、展開していくことが可能である。それは産学協同のようなタイプのものもあるだろうが、それとは異なるさまざまなものが考えられる。大学の教員や学生が、「自分たちの考えで、世界とつながっていく」実践になる。

おわりに

二〇一四年の法改正は、実は、法的な最終責任が学長にあることを明確にしただけだ、と考えることだってできる。だから、「教授会の決定が学長を拘束するような内規は廃止せよ」というのが文科省の考え方だが、それにもかかわらず、学内のいろいろな意見が学長の判断に実質的に影響を与えるような仕組みや慣行や実践は、さまざまに考えられる必要がある。むしろ、そうした仕組みや慣行や実践がなくなってしまうと、大学は知自体を目的とする場としての強みを失ってしまうことになるからである。ボトムアップの自治の側面が必要なのである。

怠惰な大学教員を野放しにしてきた教授会自治の時代は終わったかもしれないが、「知の共同体」としての大学の必要性は終わらない。あらためて、新しい自治の可能性を考え、実践していかねばならない。

文献

石原俊 二〇一四「大学の〈自治〉の何を守るのか――あるいは〈自由〉の再構築にむけて」『現代思想』第四二巻第一四号。
石原俊 二〇一五「それでも守るべきは、大学の自治である」『現代思想』第四三巻第一七号。
井上義和 二〇一三「大学構成員としての学生」広田照幸他『シリーズ大学6 組織としての大学――役割や機能をどうみるか』岩波書店。
大河内泰樹 二〇一四「ガバナンスという名の従属――「学校教育法及び国立大学法人法改正」問題と大学の新自由主義的統治」『現代思想』第四二巻第一四号。
大場淳 二〇一三「大学職員の位置」広田照幸他『シリーズ大学6 組織としての大学――役割や機能をどうみるか』岩波書店。
川嶋太津夫 二〇一八「日本の大学はなぜ変わらないのか？ 変われないのか？――4半世紀にわたる個人的体験を通して」佐藤郁哉編著『五〇年目の「大学解体」二〇年後の大学再生――高等教育政策をめぐる知の貧困を越えて』京都大学学術出版会。
江原武一 二〇一五『大学は社会の希望か――大学改革の実態からその先を読む』東信堂。
江原武一・杉本均編 二〇〇五『大学の管理運営改革――日本の行方と諸外国の動向』東信堂。
広田照幸 二〇一三「序論 大学という組織をどうみるか」広田他『シリーズ大学6 組織としての大学――役割や機能をどうみるか』岩波書店。
藤村正司 二〇一六「高等教育組織存立の分析視角（二）――「脱連結」論から見た改革・実践・アウトカム」『大学論集』第四九集。
吉武博通 二〇一三「ガバナンスの確立に向けた議論を通して大学改革の根源的課題について考える」『カレッジマネジメント』第一八三号。
渡辺洋三 一九七一『大学改革と大学の自治』日本評論社。

Beiter, Klaus D., Karran, Terence & Appiagyei-Atua, Kwadwo 2016, "'Measuring' the Erosion of Academic Freedom as an International Human Right : A Report on the Legal Protection of Academic Freedom in Europe", *Vanderbilt Journal of Transnational Law*, Vol. 49, Issue 3, pp. 597–691.

Cowan, Robin 2006, "Universities and the Knowledge Economy", in Brian Kahn & Dominique Foray (eds.), *Advancing Knowledge and the Knowledge Economy*, The MIT Press, pp. 135–149.

Henkel, Mary 2007, "Can Academic Autonomy Survive in the Knowledge Society? : A Perspective from Britain", *Higher Education Research & Development*, Vol. 26, No. 1, pp. 87–99.

Newton, Jethro 2002, "Views From Below : Academics Coping with Quality", *Quality in Higher Education*, Vol. 8, No. 1, pp. 39–61.

第9章　学問の自由と政治
——自由な社会のために

はじめに

二〇一五年六月一六日、国立大学長会議であいさつに立った下村博文・文部科学大臣は、国立大学の学長たちに向かって、「入学式・卒業式における国旗・国歌の取り扱いについて、適切にご判断いただけるようお願いする」と述べました。公的な場で、文部科学大臣が「要請」をしたわけです。多くのメディアがこの出来事を大きく報道したので、目にした人も多かったでしょう。

世間の一般の人たちの中には、「入学式や卒業式で国旗を掲揚し、国歌を斉唱するのは別に何の問題もないんじゃないか」と考えている人は少なくないと思います。あるいは、「どうせ大学のことではないか。自分たちには関係ない」と思う人もいるかもしれません。

大学関係者の中にも、「たかが入学式や卒業式のことだから、国旗・国歌を押しつけられても、まあいいんじゃないの」とか、「国立大学のことだから、自分たち私立大学は関係ない」、「うちの大学はすでに国旗掲揚・国歌斉唱をしているから、何を今さら問題視するのか」と考える人もいるかもしれません。実際、この件が出てきた時点で、すでに国立大学の八割は入学式や卒業式で国旗を掲揚していたし、二割は国歌を流していました。

しかし、今回の事態は、国家（というか、ときの政府）と大学との関係という点で見ると、重大な問題をはらんでいます。今後の展開次第では、日本の大学が知的な自由を失ってしまう、その歴史的な転換点になりかねない危険性をはらんでいるのです。

本章では、今回の事態の問題点を教育学者の視点から論じたいと思います。その上で、日本の大学が「学問の自由」とどう向き合っていけばよいのか、私たちは何を考えるべきなのかについて、述べてみたいと思います。

1　国会でのおかしなやり取り——問題の発端

問題の発端は、二〇一五年四月九日の参議院予算委員会における松沢成文議員（当時、次世代の党）による安倍晋三首相への質問でした。松沢議員は、過去二年間の国立大学法人の国旗・国家の実施状況に関する調査結果を示しながら、「国民の税金で賄われている国立大学なのだから、入学式・卒業式で国旗掲揚・国歌斉唱はある意味で当然だ」と述べ、安倍総理の見解を問いただしました。

それに対して、安倍首相は「税金によって賄われていることに鑑みればですね、いわば教育基本法の方針に則ってですね、正しく実施されるべきではないかと私はこんな感想をもったところでございます」と答えました。

続いて下村文科大臣が答弁に立って、小中高等学校のような学習指導要領は、大学については存在しないので、「各大学の自主的な判断に委ねられている」としつつも、「文科省としては、国旗掲揚、国歌斉唱、長年の慣行により広く国民の間に定着していること、また、平成十一年の八月に「国旗及び国歌に関する法律」が施行されたことを踏まえて、各大学において適切な対応がとられるよう要請してまいりたいと思います」と答えました。

私は、国会でのこのやり取りを知って、驚くとともに怒りが湧いてきました。教育学者の目から見て、あまりにも問題だらけの、おかしなやり取りだったからです。

2　教育目標規定の乱用

教育学者の目から見て何よりもおかしいのが、教育基本法の用いられ方です。「教育基本法の方針に則って」という安倍首相の言葉は、おそらく同法の第二条（教育の目標）の中の、「伝統と文化を尊重し、それらをはぐくんできた我が国と郷土を愛するとともに」という箇所を指しているのだと思います。

しかし、この第二条自体は対象を特定せず、一般的で抽象的に教育の目標を論じているにすぎません。だから、その条文の一部を恣意的に抜き出して、特定の教育の場に具体的な教育のあり方を政治的に求める、という使い方をすべきものではありません。もしもその使い方を許してしまうと、たとえば、社会教育としてのイベントや個々の家庭の中の教育まで、「教育基本法の目標の××の部分に照らして○○せよ」というふうな政治的・行政的な介入が正当化されてしまうことになります。日常生活全体が教育基本法第二条をタテマエにしたような、窮屈でそらぞらしい社会になってしまいます。

あるいは、この第二条が排除や攻撃の道具になってしまいかねません。大学でも、政治家などが恣意的に第二条の適当な文言を拾うことで、大学の具体的な教育内容／方法を批判・攻撃できてしまうことになります。「○○教授の講義の第×回目の内容は教育基本法第二条の教育目標に照らして逸脱だ」といった具合にです。

まさかそんなバカなことは起きないだろう、と考える人がいるかもしれません。では、次のような事例をお話ししましょう。

政治思想史研究者の将基面貴巳さんが書かれた『言論抑圧——矢内原事件の構図』(中公新書、二〇一四年)というおもしろい本があります。矢内原事件というのは、一九三七(昭和一二)年一二月に、当時の時局に批判的な文筆活動を行った東京帝国大学教授・矢内原忠雄(のち東京大学総長)が、経済学部の内紛と文部省教学局の圧力との結果、辞表を出させられた、という事件です。

詳しくは将基面さんの本をお読みいただければと思いますが、矢内原を追い込むときに使われたのが、一九一九(大正八)年に作られた大学令の第一条にあった「大学ハ……国家思想ノ涵養ニ留意スヘキモノトス」という文言だったのです。要するに、矢内原の言論は、国体精神に反しているからけしからん、とされたわけです。

大学の授業には、眼前の政治情勢を批判的に考察するとか、国民国家という存在を相対化するとかいった内容のものが、当然含まれています。社会科学は利害やイデオロギーにとらわれない真理を探究するものだからです。しかしながら、誰か悪意をもった人が教育基本法の第二条の都合のよいところを引っ張ってきたら、そうした授業を簡単に批判できてしまいます。ちょうど、矢内原が大学令を使って批判されたように。矢内原の事件では最後の歯止めだった大学が権力に屈した結果、「国体精神に反しているからけしからん」という他者攻撃の論法を誰も止められなくなり、世の中にあふれかえってしまいました。それがあの陰鬱な戦時中でした。

安倍首相のような論法をもしも認めてしまったら、昔大学令が果たした言論抑圧の役割を、今度は教育基本法が果たすことになってしまいます。教育基本法第二条の中の都合のよいところをつまみ出して、大学教育のさまざまな内容や方法がやり玉に挙げられてしまいかねません。

ちなみに、このことは大学だけの問題ではありません。教育委員会の役人が、地方政治家が、あるいは、町内のおっさんが、「えー、教育基本法の第二条に照らしてだな、あんたの学校の○○先生は逸脱した授業をしたんじゃないかね……」などと文句をつけ始めたりしたら、大変やっかいな事態になります。一般的で抽象的に教育の目標を掲げた教育基本法第二条を、具体的な教育の場面に対して安易に適用してはいけないのです。安倍首相の答弁の問題点の一つはこれです。

3　歯止めを無視

戦後日本の七〇年間は、大学の教育研究の具体的な場面に対して、ときの政府が直接口出しをしてくることはありませんでした。大学の管理運営に関してはいろいろ口を挟んできましたが、教育研究の内容を具体的なレベルで「ここをこうしろ」とは言ってこなかったのです。歯止めになってきたのが、日本国憲法の第二三条です。それは「学問の自由は、これを保障する」という条文です。この条文は、大学で教えられる教育内容にも及びます（ポポロ事件最高裁判決、一九六三年五月）。歴代の政権はこの条文を尊重してきたから、具体的な教育の場面に立ち入って、「大学の教育はこういうふうにやれ」という政治的な介入を行ってこなかったのです。

教育基本法の中にも国家権力が大学に対して安易な政治的介入をさせないための条文が入っています。第七条二項では、「大学については、自主性、自律性その他の大学における教育及び研究の特性が尊重されなければならない」と定めてあります。大学は外部の権力や利害にとらわれない自由な知の生産と教授の場であるべきで、そのためにわざわざ大学の自主性・自律性が尊重されるべきことが書かれているのです。

また、第一六条では「教育は、不当な支配に服することなく、この法律及び他の法律の定めるところにより行われるべきものであ」るとされています。これは大学だけに関わる条文ではありませんが、当然ながら大学も対象に入っています。国家の行政権力もこの「不当な支配」の当事者になりうることは、もとの教育基本法（一九四七年）の立法時に国会での議論の中で確認されています。

戦後日本の新しい教育の方向を提言した、一九四六年の米国教育使節団の報告書では、「学問の自由は、公私立を問わず、あらゆる大学および専門学校の教授団が、新しい知識の探求にあたって、器械装置で実験するのと同じように、思想を駆使して実験することを許される場合にのみ存在する。大学の教授団に対する抑制の壁は、どの国家においても設けられやすいものだが、とくに戦時中においては、もっとも有害なものである。それゆえ、精神の回復こそ、今日、教育および研究をつとめとする日本の機関において、まず最初に、またもっとも必要とされる事柄である」とされていました（村井実訳）。戦後日本の高等教育の再出発にあたっては、学問の自由が特に重要なものとみなされていたわけです。

一九五二年に、東京大学法文学部二五番教室で起きた事件（ポポロ事件）の最高裁判決では、「大学の学問の自由と自治は、大学が学術の中心として深く真理を探求し、専門の学芸を教授研究することを本質とすることに基づくから、直接には教授その他の研究者の研究、その結果の発表、研究結果の教授の自由とこれらを保障するための自治とを意味すると解される」（一九六三年五月二二日）と判示されました。「研究結果の教授の自由」という形で、大学の教育にもまた学問の自由が及ぶものであることが明確にされたといえるのです。

大学の入学式や卒業式は、大学にとって教育の重要な場だといえます。そうであるがゆえに、そのあり方は、ときの政府から距離をとった、「学問の自由」の論理で実施されなければなりません。ときの政府が大学の教育の場における国旗掲揚や国歌斉唱を求めるというのは、学問の自由に対する介入であり、政府による不当な介入であるというべきです。右で引用した国会でのやり取りには、「学問の自由」に対する配慮がすっぽり抜け落ちているのです。

このように、ときの政権は安易に大学に介入してはいけないということが、憲法―教育基本法の中のいくつもの条文でしっかりと書かれているし、裁判所もそう判断してきているのです。しかし、安倍首相らは、それらをまったく無視して、今回のような「要請」を出してしまったわけです。憲法を無視するだけでなく、教育基本法の読み方なども「ご都合主義」なわけです。

4　「適切に」ということの不適切さ

最初に掲げた国会でのやり取りの中の、下村文科大臣の「各大学において適切な対応がとられるよう要請してまいりたい」という言葉にも引っかかります。おそらく国旗掲揚・国歌斉唱が「適切な対応」ということですが、なぜ適切だといえるのか、根拠が示されていません。

下村文科大臣は、六月一六日の「要請」のあいさつの中でも「各国立大学で適切にご判断いただけるようお願いしたい」と述べ、さらに要請の後に記者団に対して、「時代の変化を各大学で適切に判断していただきたい」と語りました（ＮＨＫニュース）。まさに「適切」だらけです。

なぜこのように、「適切」がくり返されているのでしょうか。それは、この「要請」には、法令上の根拠がないからなのです。下村文科大臣は、さすがに教育行政の専門家です。安倍首相のように軽率に教育基本法を根拠として持ち出すようなことはしません。でも、そうすると、根拠になるものが何もない。下村文科大臣が口にした国旗・国歌法は、掲揚や斉唱について何も書かれていないから、それ自体は「要請」の根拠にはなりません。

小学校から高校までは、学習指導要領（文部科学省告示）があって、そこに国旗・国歌に関する指導のことが書いてありますから、教育現場に押しつけるときには、それが根拠にされています。しかし、大学に関してはそういう法令上の根拠が何もないのです。

根拠がないものを押しつけようというのだから、下村文科大臣は確たる根拠を示せません。だから、政治家（下村）があらかじめ一方的に「適切／不適切」の判断を勝手にしておいて、国立大学に対して、「こちら（政権）の意向を読み取って、あうんの呼吸で同調しろよ」という論法になっているのです。

政治家が「適切な教育／不適切な教育」を勝手に判断しておいて、それを大学に押しつけようというわけですから、それはきわめてひどい話です。「適切に」と大臣が決めつけて言うこと自体が不適切だといえます。安倍首相の論法もひどいものですが、下村文科大臣の論法もまたあざとい気がします。そもそも、政治家が教育の内容に関わって、「正しい教育」とか「適切な教育」とかいった表現を口にしてはいけないと考えるからです。それは政治家のイデオロギー的に狭く片寄った教育観を、行政を通して押しつけるものでしかないと、いつもわれわれは警戒するべきでしょう。

5　税金で賄われているから言うことをきけ？

もう一つ見逃せないのは、松沢議員と安倍首相の言葉の中で使われている、「税金で賄われているから」という文言です。これもまたよくわからない乱暴な議論です。もしも「税金で賄われているから国旗・国歌を」という論だとすると、国立大学が税金で支えられるということと、国旗掲揚・国歌斉唱の義務づけとの間をつなぐ論拠が欠けています。私は税金から支出された科学研究費をいただいて研究をしていますが、だからといって「研究グループの会合では国旗掲揚・国歌斉唱をせよ」とはなりません。短絡だと思うわけです。

また、もしも「税金で賄われているから文科大臣の言うことをきけ」というのでしたら、これもまた乱暴な議論です。この論理を認めてしまうと、公教育は常にそのときどきの政権与党に所属する文科大臣の意向を反映した教育をさせられる、ということになってしまいます。学校は、選挙で勝った政党のプロパガンダの装置になりはててしまいます。教育基本法第一六条一項の、教育への「不当な支配」を呼び込んでしまうことになるわけです。

そんなことにならないように、戦後の日本では、政治から行政を独立させる意味での「教育の政治的中立」や、教育行政は教育内容にむやみに踏み込まず、教育条件の整備に専ら関わるという「内的事項／外的事項論」などが重視されてきました。もちろん、学問的にも実際的にも、国がどこまで教育内容に関与できるのか、については難しい論点が多々あります。しかし、少なくとも、教育の内容は、そのときどきの政治から一定の距離をとらねばならないということは、教育行政の基本になってきました。「税金で賄われているから」という論は、公教育全体を危機にさらしてしまうものです。

そして特に大学は、「まだない知」を探して、今の社会をリニューアルしていく役割をもっています。目の前の政策目的だとか、特定のものさしで判断した国益だとかの枠を超えて、広い視点からあらゆるものを探究する場です。たとえば、社会科学でいうと、目の前の今の日本ではなく、もっと多様な、別のあり方の日本の可能性や選択肢を考えていく必要があるし、実際、たくさんの研究が、現状を批判しつつ新しい可能性に向けた提案をしています。もしも社会がおかしな方向に向かって動いているときには、大学はそれとは違う方向を向いていないといけません。また、社会が当たり前だと思っているものにしばられないで研究をしたり考えたりすることができるからこそ、新しい発見や新しい見方が生まれるのです。つまり、「知の自由さ」こそが、大学の存在意義だといってもよいかもしれません。だからこそ、大学は、その時々の政権与党の言いなりになっていてはいけない場所だといえます。

先に引用した米国教育使節団報告書では、「もしも、高等教育機関が、社会への奉仕の自由に値するものとすれば、それは知的監視からの自由に値する。それゆえ、学問の自由に財政的抑圧が加えられるような問題が起きた場合は、いつでも、警戒が必要である」と論じていました。国会で持ち出された「税金で賄われているから」という論理は、まさに米国教育使節団がクギを刺していた点に関わっています。学問の自由を尊重する観点からは、政府はお金を出すが教育研究の内容には注文をつけないのが当然の姿だ、というべきなのです。

6　たかが式典？

今回の「要請」を擁護する議論の中には、「たかが式典じゃないか。学問の自由とは関係ない」という議論があります。しかし、前に述べた通り、「学問の自由」は「研究結果の教授の自由」を含みます。すなわち「学問の自由」が及ぶ範囲は、大学教員の研究活動だけでなく、当然学生を相手にした大学教育の方にも及ぶわけです。

では、「たかが式典」と言っている人たちの主張は、「入学式や卒業式は、単なる式典だから教育には入らない」ということなのでしょうか。しかし、それは安倍首相が「教育基本法の方針に則って」と述べたことと矛盾します。教育基本法は教育に関する法律ですし、しかもその教育目標をわざわざ取り上げているわけですから、安倍首相の答弁は、「入学式や卒業式は教育だ」という判断を含意しているのです。だから、「たかが式典」という議論は、問題の性質をごまかそうとする言い逃れにほかなりません。

入学式や卒業式で日の丸を掲げるか否か、君が代を歌うか否かというような、具体的な教育活動のあり方に、もしも政権の意向が反映させられるべきということになれば、大学の他の教育活動や研究活動にも同じ論理が適用される可能性が生まれます。「すでに入学式等では、文科大臣の要請が受け入れられている」という論理です。うっかりだまされて「たかが式典だから」と見過ごしていると、今回の「要請」が突破口になって、ときの政府が、カリキュラム、教材や授業の具体的やり方などに介入してくる「前例」になってしまいかねないわけです。

7　国旗・国歌問題とネオリベラルな大学改革

今回の事態には、「学問の自由」をめぐる問題とは別の問題も含まれています。直接の主題ではありませんが、ここでは二つ取り上げて、私なりの見方を論じておきます。

一つ目は、国旗・国歌の問題、という側面です。日の丸・君が代が国旗・国歌であることに納得できない人たちもいます。また、国旗・国歌を式典で実施すること（参加者に押しつけられること）に反対だ、という人たちもいます。この問題に関しては、私は次のように論じておきたいと思います。

第一に、「自由な知」が保障されるべき大学では、そうした反対論も含めて自由に議論がなされるべきです。すでに八割以上の国立大学が、入学式・卒業式で国旗を掲揚しているそうですが、だからといって、そういう大学においても、「日の丸・君が代に反対だ」という教員の意志表明が封じられてはいけない、ということです。

第二に、先ほど「たかが式典」という言葉を拾いましたが、式典だからこそ、批判的な教員をあぶり出して処分する「踏み絵」の場になってしまいかねません。小中高で起きてきたことはまさにこれです（広田『《愛国心》のゆくえ』世織書房、二〇〇五年）。小中高についても、批判的な教員をあぶり出すための式典の利用はやめてほしいと思いますが、大学においても、排除やあぶり出しの道具に使ってはいけません。

昔、キリスト教指導者だった内村鑑三が、一八九〇（明治二三）年に第一高等中学校の嘱託教員になったのですが、翌九一年一月に行われた教育勅語奉読式の場で最敬礼を行わなかったのです。キリスト教の信仰の関係で葛藤があるから、ちょっとだけ浅い敬礼にとどめたんですね。ところがそれで、同僚の教員や生徒から「不敬だ」と非難を浴びることになってしまいました。新聞などでもこの事件が書き立てられて、内村は体調を崩して二月に退職してしまいました。国旗・国歌問題というのは、具体的な個人に同調の身振りを強制し、それを他者からチェックできるというふうな使われ方をするところが、大きな問題なのです。

二つ目の問題は、一連の大学改革との関係性の問題です。

今回の事態を批判する人たちの中には、「一九九〇年代以来のネオリベラルな大学改革の帰結がこれだ」と論じる人がいます。私はこの見方に半分賛成しつつ、半分は反対です。

半分賛成だというのは、一九九〇年代以降のネオリベラルな大学改革――評価システムや競争的な財政配分の導入、ガバナンスの改革など――が、大学の自治をやせ細らせた。大学は、ビクビクしながら文科省の顔色をうかがうようになりました。だからこそ、今回のような教育内容への政治介入が安易に行われる事態を招いた、と思うからです。

半分反対なのは、一連のネオリベラルな大学改革と今回の「要請」とは、まったく性格が違うと思うからです。ネオリベラルな大学改革は、実は教育研究の中身に関して無関心です。教育研究の中身に関する明確な理念をもつわけではなく、単にその外側で効率（efficiency）とか効果（effect）とかを問題にしているにすぎません（本書第1章）。しかし、今回の「要請」は、まさに政治家が自分（たち）の偏狭なイデオロギーに基づく教育を、大学の中でさせたいと思ったところからきているんです。教育研究の中身に関して過剰で歪んだ関心をもっているのが、今回の「要請」だと思うわけです。

おわりに——学問の自由が社会の自由を支える

私たちは何を考え、何をすべきなのでしょうか。最後に二つの点を強調したいと思います。

一つは、大学における学問の自由は、社会全体の自由と密接に関わらせて考えていかないといけない、ということです。日本国憲法では、思想及び良心の自由（第一九条）や集会、結社及び言論、出版その他一切の表現の自由（第二一条）が謳われています。これらは私たちの社会が自由な社会であるために不可欠な条件です。それに対して、第二三条の学問の自由は、「どうせ大学人の特権の話だろう」と思われてしまいがちです。しかし、それは違うと思うのです。

みんなが何を考え、何のために集まり、何を話すのかを考えると、中身が本当に自由が保障された中で作られる必要があります。知の生産や知的な学生の育成を通して、大学は市民社会の自由と深く関わっているのです。

研究に関していうと、さまざまな情報としっかりした方法論とによって、世の中のことについての確かな知見を導き出すこと、そうした知見の上に立って既存の価値や常識にとらわれない新しいアイデアを出していくことは、大学の自由な研究こそがなしうることです。それが、個々人が自由にものを考え、判断していくときの素材になり、社会のさまざまな思想や言論の資源になっていきます。

また、教育に関していうと、予断にとらわれないで、怪しい知とよりましな知とを見分ける力や、論理的にものごとを判断する力をはぐくむこと、また、ある特定の分野について体系的で専門的な知を備えた者を社会に送り出していくことは、大学の自由な教育こそがなしうることです。

こうした大学の研究と教育とは、世の中の人々が何らかの思想をもち、行動していくときの、そこでの自由の具体的中身になるもの（思考の素材）を提供する役割を果たすものです。いわば、大学の学問の自由は、自由な思想・言論の社会を維持していくために不可欠な基礎条件だといえます。

だからこそ、ときの政府の考えや世間の人たちの日常感覚から一定の距離をとって、何にもとらわれない自由な思考や議論がなされるような大学のあり方を、大学人は擁護していかねばなりません。また、社会の人々にもその大学の役割をもっと理解してもらい、支援してもらう必要があります。

もう一つは、「学問の自由」の脆弱さを意識する、ということです。「どうせ大学人の特権の話だろう」と思われていることが多いことに表れているように、学問の自由はそれほど堅固な社会的支持基盤の上に立ってきたわけではないようです。実際、大学を政治に従属させようとする動き、大学を世論に迎合させようという流れは、これまでも常にありましたし、今もあります。諸外国を見ても、大学の「学問の自由」が保障されていない国や、あるけれども脅やかされていっている国など、さまざまです。

脆弱だからこそ、「学問の自由」をみんなであらためて尊重し、鍛え直していく必要があるだろう、と私は思います。放っておいたら、社会の変化や大学改革やちょっとした政治的出来事によって、いつの間にか「学問の自由」は掘り崩されてしまいます。

確かに、大学改革や高等教育の大衆化が進む中で、「うちの大学は「学問の自由」とはほど遠い」と概嘆するしかないような状況が広がっているかもしれません。しかし、理想の放棄は、今の大学にまだ残っている「よい部分」を投げ捨ててしまうことになってしまいます。私たちは、あらためて、何ものにもとらわれないで自由に知を探究する大学という像のもつ可能性を、高等教育政策をめぐる議論や大学の管理運営に関する議論、あるいはカリキュラムや学生についての議論の中で、今後もっと意識的に追求していく必要があるでしょう。

今回の下村文科大臣の「要請」はあまりに軽率で乱暴なことでした。石川健治さんが述べているように、天皇機関説事件は同時代の人には事件の本質が理解されず、ほんの些細な出来事だと見えていたようです（石川健治「天皇機関説事件八〇周年——学問の自由と大学の自治の関係について」広田他『学問の自由と大学の危機』岩波書店、二〇一六年）。矢内原事件を考察した将基面さんの本でも、「必ずしも学問の自由や大学の自治に対する侵害という意味での言論抑圧事件としては認識されていなかった」（前掲書、二一〇～二一一頁）と指摘されています。歴史の大きな分かれ道は、しばしば、どうでもよい、ごくありふれた分かれ道のような感じで、私たちの前に現れます。文科大臣による「要請」は今回なされてしまいましたが、今後の事態がどの方向に進んでいくのか、私たちはしっかりと注視していかねばなりません。

VI これからの社会と大学

第10章　技術革新が描く社会と大学

——その性格を問い直す

はじめに

人文社会科学の現状をめぐる議論では、一九八〇年代以降高等教育政策の中で大きな影響をもつようになった新自由主義イデオロギーの影響が焦点に据えられることが多い。特にこのかんの改革では、組織構造、ガバナンスとマネジメント・システム、カリキュラムと教授方法、資金とインセンティブの仕組みなど、さまざまな大学改革論が、研究と教育の両方を変化させてきた（広田 二〇一三ａｂｃ↓本書第1～3章）。

しかしながら、盛山和夫（二〇一七）が論じているように、教養の衰退や人文社会科学の行き詰まりが、もっと大きな変化、すなわち近代化の達成による大きな共通課題の喪失を背景としているのであれば、大学組織論や高等教育政策論のレベルに視野を据えているだけでは十分ではないことになる。盛山はグローバル化する世界が新たに直面している課題（たとえば環境問題）に向き合うべきことを指摘している。私はその通りだと思う。ただし、グローバル化する世界が新たに直面している課題が他にもある。私がここで取り上げたいのは、「第四次産業革命」とネーミングされた大規模な技術革新が、大学に対して、特に人文社会科学の研究・教育に対してどういう意味をもつことになるのか、という問題である。

新自由主義のイデオロギーは、いずれ流行おくれの思想になり果てるかもしれない。だが、国家間の競争を含んだ資本主義のシステムの下では、高度でかつ複合的な技術革新は、大きく見れば不可逆な形で進行していくことが予想される。そうだとすると、未来に起きる社会変動に対して、大学における人文社会科学の研究・教育がどういう役割を果たしうるのかを考えてみることは、重要ではないだろうか。

ただし、まったく空想論のような未来像を相手にするのは危うい。ここでは、具体的な検討対象として、現在の安倍晋三政権のもとでの科学技術・イノベーション政策の議論を手がかりにして、そこで描かれている未来社会像を検討する。そして、それらの技術革新が産業や生活のあり方を根本から変えていく、という未来社会の構想が、もしも実現していくとすると、大学の人文社会科学にどういう意味を与えるのかを考えてみる。あらかじめ検討結果を述べておけば、人文社会科学の重要性の一層の衰退か、もしくは、その逆に人文社会科学に新しい使命が与えられるか、の対極的な二つの未来を想像できる。

1 大学の知と社会的有用性

そもそも、大学の知と社会的有用性との間の関係について考えてみると、大学の知は研究であれ教育であれ、直接的な社会の有用性から切り離された点に特色がある。先にも述べたようにロビン・コーワンは、大学に固有なのは、そこにおける知が何かの目標に従属した知ではなく、真理への関心自体が規範として正当化されている点だという (Cowan 2006)。一つには、目的論的でない反省が制度化された唯一の場が大学であり、大学は政府や市場から切り離された思索の場を提供している。もう一つには、真理への関心という独自の知的関心である (市場は真理に対して関心を抱かない)。こうした大学の知の特色は、日本でも大学の目的を定めた教育基本法や学校教育法の文言にも表現されている。

○教育基本法

第七条　大学は、学術の中心として、高い教養と専門的能力を培うとともに、深く真理を探究して新たな知見を創造し、これらの成果を広く社会に提供することにより、社会の発展に寄与するものとする。

2　大学については、自主性、自律性その他の大学における教育及び研究の特性が尊重されなければならない。

○学校教育法

第八十三条　大学は、学術の中心として、広く知識を授けるとともに、深く専門の学芸を教授研究し、知的、道徳的及び応用的能力を展開させることを目的とする。
2　大学は、その目的を実現するための教育研究を行い、その成果を広く社会に提供することにより、社会の発展に寄与するものとする。

しかし、大学の知は研究であれ教育であれ、直接的な社会の有用性から切り離されているからといって、大学の知にはまったく有用性がないというわけではない。大学は、いったん直接的な有用性から距離をとることによって、学習への専心、自由な知、意外な発想が可能になり、それで研究や教育が成り立っている。このことによって、大学が生産・伝達する知は、かえって有用性の面で他の制度では代替不可能な、多様な社会的機能を果たしてきた。国民文化の形成、民主主義的市民の育成、経済成長への寄与、個人の職業達成、平等な機会の提供など。そうであるがゆえに、多様な社会的機能の何に注目し、何を意図的な「目的」として重視するかは、それぞれの時代状況に大きく規定されてきている。

特定の機能が目的として強調されすぎると、他の機能が損なわれることにもなるし、大学に固有の特色である、知自体を目的とした知の探究・創造・伝達という規範も損なわれる。そうであるがゆえに大学に有用さを求める時代の要求との間で、くり返し対立や葛藤が起きてきている。特に、国家との緊張関係、市場との緊張関係が常に存在してきた（たとえば、ブラウン 二〇一七）。特に、人文社会科学の分野は、有用性が明確ではないうえ、しばしば政治性を帯びる知を含むため、これらの圧力に敏感にさらされてきた。また、大学が大衆化する過程で、人文社会科学の研究・教育も大学拡大の恩恵を被り、研究・教育のすそ野を広げてきた。しかし、近年になって、国家財政の行き詰まり、大学財政の効率化を求める新自由主義イデオロギーの浸透、高学歴労働市場の情勢の悪化は、人文社会科学の研究・教育にさまざまな課題を突きつけるに至っている。

とはいうものの、現在の大学に最も大きな影響を与えている新自由主義的な大学改革論は、研究・教育の具体的な中身のあり方を直接指示しない。あくまでも旧来の大学像に寄生し、その効率性や効果を求めるばかりの「寄生木」のようなものなのである（本書第1章）。

それに対して、現在動き始めている「第四次産業革命」論は、大学における研究・教育の具体的な中身のあり方に対する根本的な見直しを迫る内容を含んでいる。以下、本章では、「第四次産業革命」論の社会像を紹介し、それがはらむ歪みについて考察する。それによって、「第四次産業革命」がもしも進展していくならば、大学の人文科学の研究・教育に一層深刻な危機をもたらすことになるのか、それとも新しい可能性が生まれるのか、を考察する。

2　第四次産業革命論と日本の Society 5.0 論

ＩＴ技術と産業との融合によって新たなビジネス・サイクルが出現する、という議論が急速に広がっている。ＩｏＴ（Internet of Things）、ビッグデータ、人工知能（ＡＩ）、ロボット、ナノテク等によるイノベーションが、産業や生活のあり方を根本から変えていく、という考え方である。二〇一一年にドイツで作られた第四次産業革命（the Fourth Industrial Revolution, industry4.0）という言葉は、ドイツの強みである製造業をＩＴ技術との融合でリニューアルしようという考え方である。アメリカでは情報産業を起点にして、それをあらゆる産業と結びつけるような未来構想のビジョンが作られてきた。二〇一二年には、ジェネラル・エレクトリック社（ＧＥ）がインダストリアル・インターネットという言葉を作り、二〇一四年にはCisco, AT&T, IBM, Intelなどと組んで、インダストリアル・インターネット・コンソーシアム（Industrial Internet Consortium）を設立した（永野 二〇一六）。ドイツやアメリカは、今後の産業基盤の国際的な標準、すなわちデファクト・スタンダードを自分たちの手で握ってしまおうと、戦略的に動いている。中国や韓国などアジア諸国もこの動きに敏感に反応して動き始めている（尾木 二〇一五）。

日本では、こうした動きに経済産業省がいち早く目をつけ、二〇一四年の暮れ以降、ＡＩなどそれまで個別に政策化していた先端研究とその成果の産業化の計画に関して、「第四次産業革命」という概念で大きく一つに束ねた政策案を作っていった。経産省は改革案を内閣府に売り込んだ。二〇一五年六月には、内閣府が作成する経済成長計画の中に「第四次産業革命」という語が登場し、二〇一六年六月の経済成長計画では、この語はさまざまな計画を一つの枠組みに束ねるためのキイ・ワードへと成長した。さらに、同年九月に、内閣府に「未来投資会議」という名前の巨大な審議会が設置された。「産業競争力会議」の後継審議会で、諸分野の政策案を具体的に検討して、それらの政策案を各省庁で実施させるための審議会である。

未来投資会議は二〇一七年六月九日に『未来投資戦略二〇一七――Society 5.0 の実現に向けた改革』という報告書をまとめた。そこでは、「この〔経済の〕長期停滞を打破し、中長期的な成長を実現していく鍵は、近年急激に起きている第四次産業革命（ＩｏＴ、ビッグデータ、人工知能〔ＡＩ〕、ロボット、シェアリングエコノミー等）のイノベーションを、あらゆる産業や社会生活に取り入れることにより、様々な社会課題を解決する「Society 5.0」を実現すること」（一頁）が打ち出されている。

何が5.0かというと、「①狩猟社会、②農耕社会、③工業社会、④情報社会に続く、人類史上五番目の新しい社会。新しい価値やサービスが次々と創出され、社会の主体たる人々に豊かさをもたらしていく」と注記で説明されている（一頁）。ドイツや米国との考え方の違いは、「ドイツの「Industry 4.0」や米国の「Industrial Internet」が、主として製造業の生産管理や在庫管理をＩｏＴによって個別工場や企業の枠組みを超えて最適化しようとする試みであるのに対し、我が国は、製造業を超えて、モノとモノ、人と機械・システム、人と技術、異なる産業に属する企業と企業、世代を超えた人と人、製造者と消費者など、様々なものをつなげる Connected Industries を実現していかなければならない」（三頁）と説明されている。

図10-1は、未来投資会議で内閣府が提案した計画の中の図である。これは、今後の日本がどういう重点領域（ターゲット領域）の研究開発を進めていくのかを図にしたものである。中央に「基盤技術」とされるものの一群がある。「革新的サイバー空間基盤技術」は情報関連についてのコアになる技術開発である。また、「革新的フィジカル空間基盤技術」はものづくりのコアになる技術開発である。データベースやＩＣプラットフォームの技術もある。それらの技術開発を基盤にして、円の外側

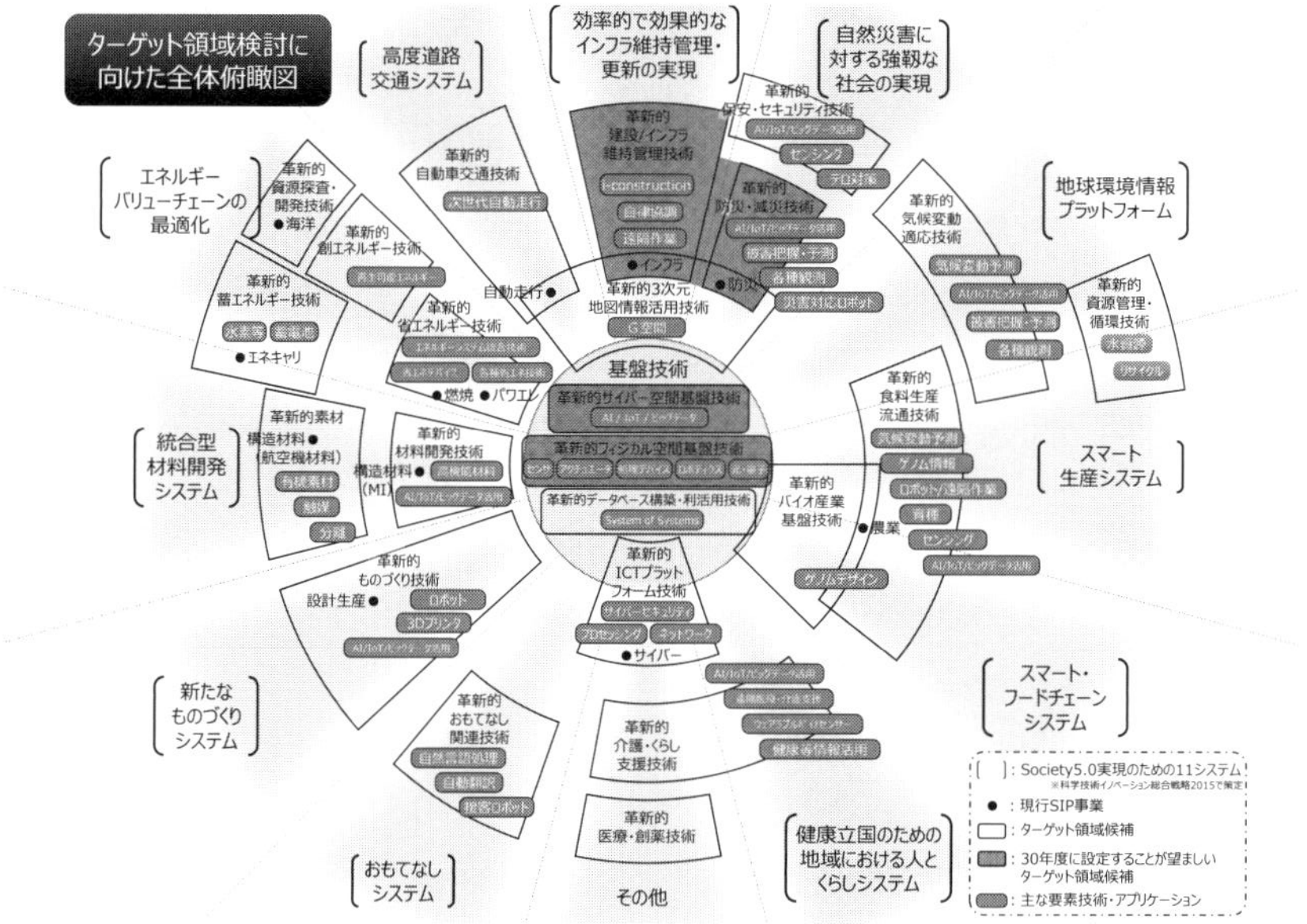

図 10-1　第 4 次産業革命の重点領域

出典：内閣府政策統括官（科学技術・イノベーション担当）「官民の研究開発投資拡大に向けて」（未来投資会議　構造改革徹底推進会合「第 4 次産業革命（Society5.0）・イノベーション」会合（イノベーション）（第 4 回）・「企業関連制度改革・産業構造改革－長期投資と大胆な再編の促進」会合（ベンチャー）（第 3 回）合同会合配布資料）2017 年 4 月 28 日（http://www.kantei.go.jp/jp/singi/keizaisaisei/miraitoshikaigi/innovation_dai4/siryou2.pdf）。

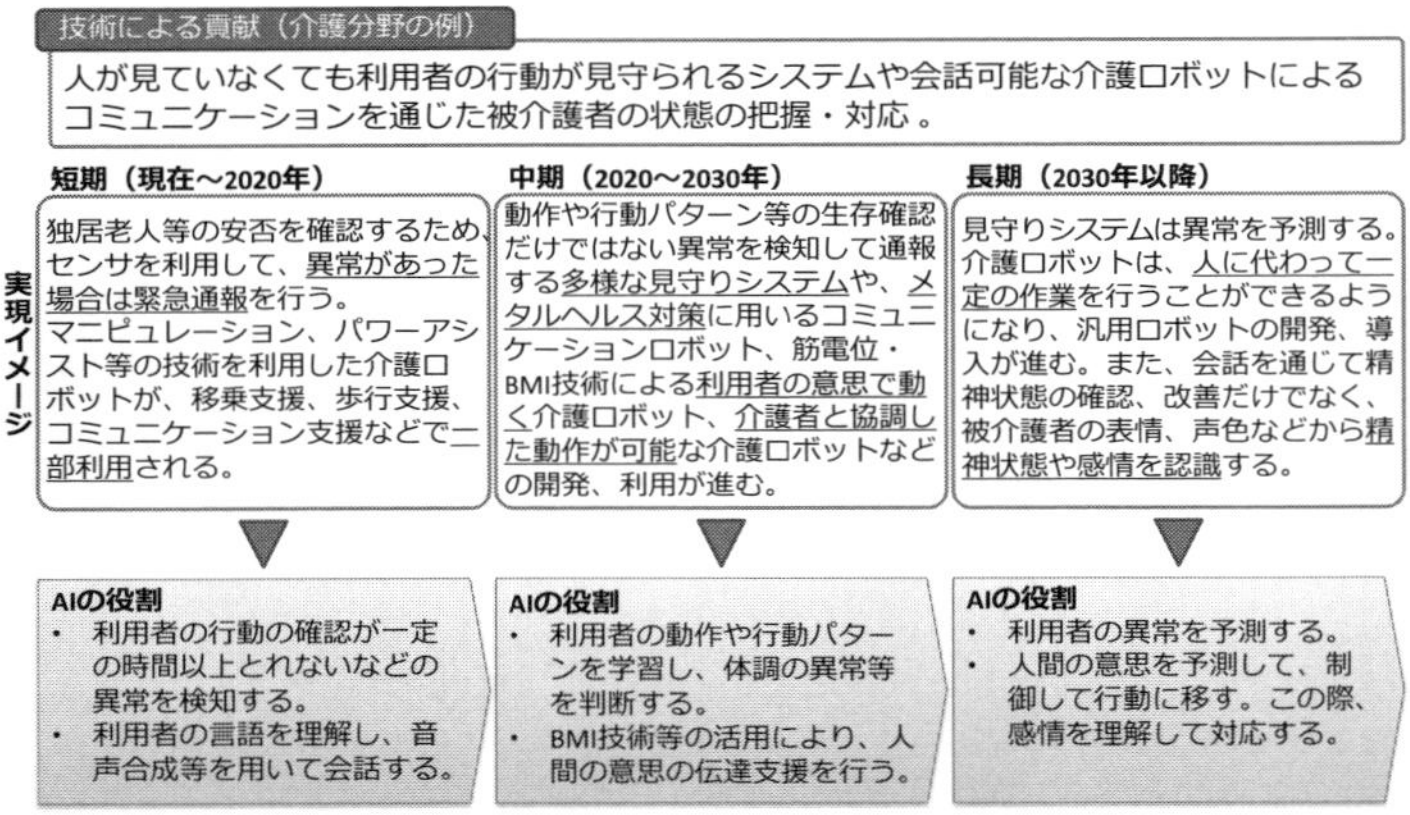
技術による貢献（介護分野の例）
人が見ていなくても利用者の行動が見守られるシステムや会話可能な介護ロボットによるコミュニケーションを通じた被介護者の状態の把握・対応。
短期（現在～2020年）
中期（2020～2030年）
長期（2030年以降）
実現イメージ
独居老人等の安否を確認するため、センサを利用して、異常があった場合は緊急通報を行う。
マニピュレーション、パワーアシスト等の技術を利用した介護ロボットが、移乗支援、歩行支援、コミュニケーション支援などで一部利用される。
動作や行動パターン等の生存確認だけではない異常を検知して通報する多様な見守りシステムや、メタルヘルス対策に用いるコミュニケーションロボット、筋電位・BMI技術による利用者の意思で動く介護ロボット、介護者と協調した動作が可能な介護ロボットなどの開発、利用が進む。
見守りシステムは異常を予測する。
介護ロボットは、人に代わって一定の作業を行うことができるようになり、汎用ロボットの開発、導入が進む。また、会話を通じて精神状態の確認、改善だけでなく、被介護者の表情、声色などから精神状態や感情を認識する。
AIの役割
・利用者の行動の確認が一定の時間以上とれないなどの異常を検知する。
・利用者の言語を理解し、音声合成等を用いて会話する。
AIの役割
・利用者の動作や行動パターンを学習し、体調の異常等を判断する。
・BMI技術等の活用により、人間の意思の伝達支援を行う。
AIの役割
・利用者の異常を予測する。
・人間の意思を予測して、制御して行動に移す。この際、感情を理解して対応する。

図 10–2　人工知能の研究開発目標と産業化のロードマップ（医療・介護）

出典：経済産業省産業技術環境局「イノベーションを推進するための取り組みについて」（未来投資会議　構造改革徹底推進会合「第 4 次産業革命（Society5.0）・イノベーション」会合（イノベーション）（第 1 回）配布資料）2016 年 11 月 2 日（http://www.kantei.go.jp/jp/singi/keizaisaisei/miraitoshikaigi/innovation_dai1/siryou5.pdf)。

に向けて一二個の重点領域が設定されている。

政府が当面の施策として考えているのは、①重点領域への集中的な政府資金の投入、②重点領域への企業からの投資の三倍増、③規制の緩和や見直し及び税制上の優遇などの措置、によって研究開発を促進しながら社会全体を作り変えていこうということである。一つの例として、図10-2を掲げておく。これは、医療・介護領域のイノベーションのロードマップである。二〇二〇年までには独居老人等の緊急通報システムを作る。二〇三〇年までには独居老人等を常時見守るシステムを作る。二〇三〇年以降になると人間の代わりに介護ロボットが活躍する、というふうな変化が構想されている。

3　未来投資会議における大学教育論

この未来投資会議における大学改革論は、比較的短期のものに限られている。研究に関しては、イノベーションへの重点投資、市場価値の重視、産官学連携強化、教育に関しての議論は仕事の有用性に限定され、特にＩＴ力と「学び直し」が強調されている。すなわち、研究では、新たな市場が開拓されることが見込めるもの、教育ではＩＴ技術の普及を中心に、（将来あるかないかわからない）仕事の有用性に限定されたものに重点が置かれている、ということになろう。

ここでは大学教育改革論に関わる議論を確認しておこう。『未来投資戦略二〇一七』では、「人材の育成・活用力の抜本強化」のための目指すべき社会像として、「求められる能力・スキルが常に変化していく中、「生涯学び直し」を続けられる人材の厚みが生まれている。あらゆる産業でＩＴとの組合せが進行し、日本で働く全ての者が「ＩＴ力」を備え、全ての企業人が、それぞれのニーズに応じた「ＩＴ力」を身につけ、「ＩＴ力」を活用した付加価値の創造を絶え間なく行うようになる」と論じている（未来投資会議 二〇一七、二一頁）。そして、そのために新たに講ずべき具体的施策として次のものを掲げている。

○個々の働き手の能力・スキルを向上させる人材育成・人材投資の抜本拡充
①ＩＴ人材需給を把握する仕組みの構築、第四次産業革命に対応したＩＴスキル標準の改定

②実践的な能力・スキルを養成するための産官学連携したシステムの構築
③大学等の高等教育機関が「ＩＴ・データスキル」育成の重要なプレーヤーとなるための制度改正・政策支援
④「社会人の生涯学び直し」における「ＩＴ・データスキル」等育成の抜本拡充
⑤産業界をリードするＩＴ等トップ人材・専門人材の創出
⑥初等中等教育におけるプログラミング教育等のＩＴ・データ教育の実装

（同、九一頁）

また、内閣府のこの議論につき合ってきた文部科学省は、図10-3のように、経産省と内閣が提案してくる教育改革案と、文科省がこれまで進めてきた改革案とをミックスして対応しようとしている。教育に関する改革の重点は高等教育に置かれている。最も重視されているのが、トップレベルの研究人材の育成と、数理、情報関係の学部・大学院の強化である。いわばイノベーションを牽引していく人材の育成に向けた改革である。産業界と大学と政府とが緊密に連携を組んで、最先端の研究レベルを目指しつつ、高度なスキルをもったＩＴ人材の需要予測を立てて、その養成計画を打ち出している。また、学部や大学院の教育では、社会全体の情報化が進んでいくため、あらゆる分野の大学生に数理・情報教育を強化しようとしている。イノベーションの成果を多様な産業の現場レベルで使いこなす人材を育成しようとしているわけである[1]。

ここまで、第四次産業革命とそれに関わる大学改革について、日本の状況を確認してきた。日本もまた他の先進国と同様に、第四次産業革命という考えを受け入れ、産業も教育も大きく変えようとし

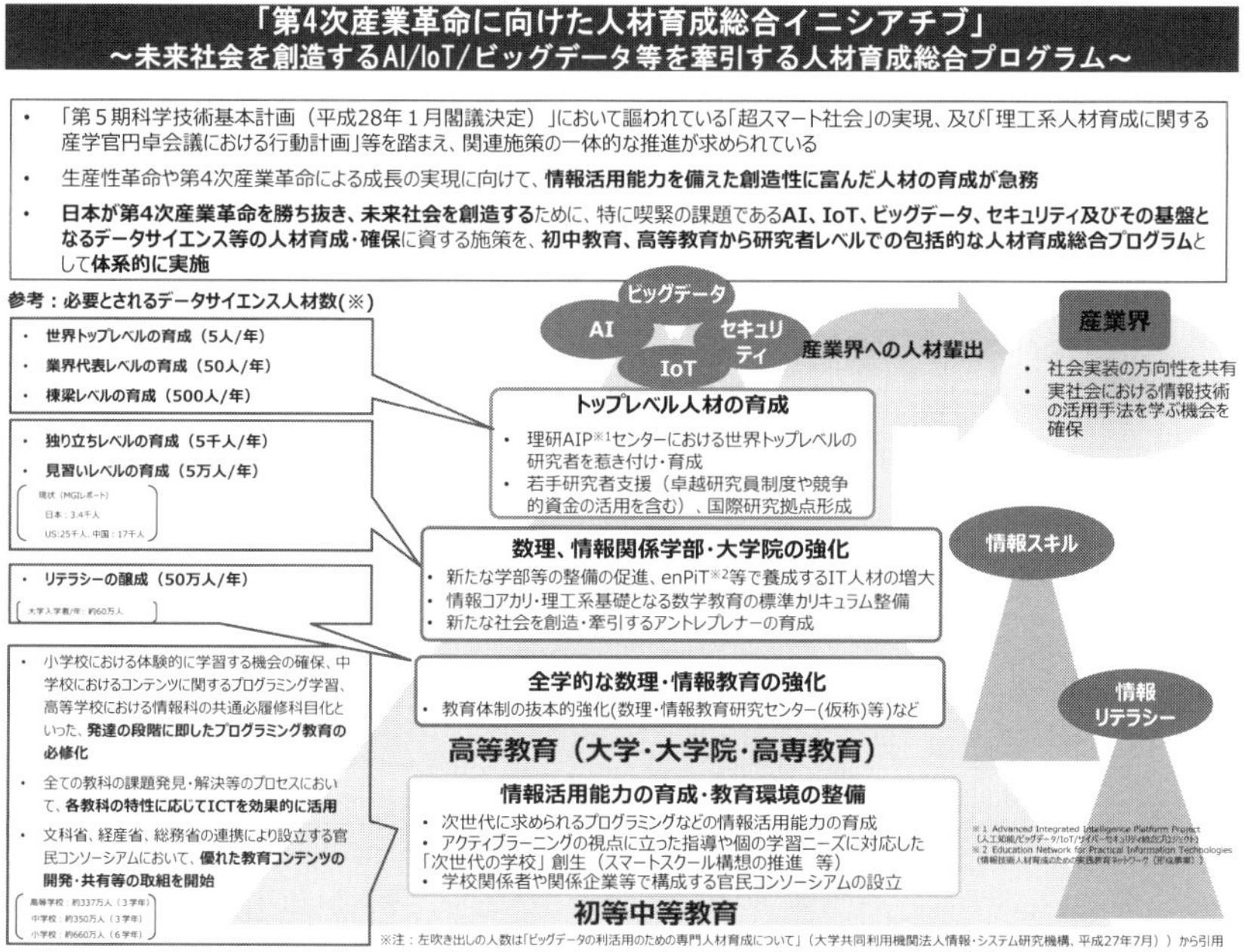

図 10-3　第 4 次産業革命に向けた人材育成総合イニシアチブ

出典：文部科学省生涯学習政策局・高等教育局「第 4 次産業革命人材育成推進会議（第 1 回）文部科学省提出資料」（第 4 次産業革命人材育成推進会議配布資料）2016 年 12 月 9 日（http://www.kantei.go.jp/jp/singi/keizaisaisei/miraitoshikaigi/jinzaiikusei_dai1/siryou7.pdf）。

ているところだということがわかる。ただし、今後もっと大きな変化が教育に求められるようになるかもしれない。政府が選んだ産業界やエコノミストの委員たちは、文科省や厚生労働省からの提案を「生ぬるい」と批判しているからである。もっと大胆な改革案を出せ、改革を加速せよ、と。それゆえ、さらに大きな改革が打ち出されていく可能性が高いと思われる。

4 見落とされている諸問題

しかしながら、未来投資会議の「Society 5.0」をめぐる議論や報告で描かれている社会像、あるいはそのもとになっている「第四次産業革命」論の重大な問題点は、それが技術決定論的な社会変動論である、という点である。比喩的にいうと、水が高いところから低いところに流れるように、まず科学技術のイノベーションが生み出され、それが実用化されていく。その実用化が経済成長をもたらし、産業構造を変容させ、人々の生活をより快適なものに変えていく、という像である。独立変数としての科学技術の進歩が、従属変数としての社会を自動的に変化させていく、という像だといえる。

だが、この像には大きな欠落がある。社会を一面的に描いた、過度に楽観的でイデオロギー的な未来像だということである。(2) 私は相互に関係する問題点を三つ指摘したい。

（1）単純すぎる社会観

第一に、技術決定論的な社会変動論であることによって、第四次産業革命や「Society 5.0」をめぐる議論や報告は、社会観が単純すぎるものになっている。(1)政治や民主主義は欠落しているし、(2)雇用の問題が過度に楽観視されている。政治像も経済像も歪んでいるのである。

(1) 政治、民主主義の欠落

すなわちその一つ目は、多様な価値の選択をめぐる政治や民主主義が欠落しているという点である。市場と政府のみが「社会」を構成していて、公共的な議論や人々の参加・選択といったものがまったく無視されている。新しい科学技術が作り出され、社会の中に現実化していくのを支えているのは市場原理とされ、それを媒介し調整するのは、ごく一部の専門家と国家の操縦に熟達した政治家や高級官僚とされる。社会のあり方を自分たちで選んで決定していく、民主主義が欠落した社会モデルなのである。第四次産業革命論を鼓吹する竹中平蔵氏は、①時間がかかる、②社会的に合意できないこともあるという理由で、民主主義を改革にとっての障害だ、と明言している（竹中 二〇一七、七三頁）。

実は、第四次産業革命に伴う社会変動は、多くの政治的な課題を抱えている。「科学／技術関連問題には、科学で扱うことのできない社会的・規範的考慮の次元があり、それはフレーミング前提のように科学的判断の推論構造にも存在している」（平川 二〇一七、一三五頁）。すなわち、科学的知識には不定性（incertitude）があり、民主主義がチェックや決定をしなければならない事項がたくさんあるはずなのだ。

たとえば、この社会変動論には、「個人の自由やプライバシーをどう考えるか」という難問が隠れて存在している。ビッグデータを用いた諸技術は、個人についての情報に関するシステムが暴走してしまう危険性をはらんでいる。また、技術に従属させられた労働や消費が、個人が自分で状況を判断し決定する自由を失わせてしまうかもしれない。

また、変動が生む不平等や格差の問題が軽視されている。経済的な価値を創造する力の程度で個人間の大きな不平等が是認される社会にもなりかねない（ツーケル 二〇一七）。

さらに、この社会論には、社会のメンバーの連帯をどう考えるかについての新しい難題もはらまれている。第四次産業革命が描く個人は、生産性の高さを競う個人であり、同時に、システムによって制御された快適な生活環境を楽しむ個人である。そこでは、自分の仕事の上での顧客や自分の親密圏にいる人など以外の人たちは、無関係な存在に映ってしまうはずである。「社会的な連帯をどう築きうるのか」という重大な問題が存在しているのである。

これら自由・平等・連帯の危機に関する課題への対処を、市場と専門家とに委ねてしまうのは、あまりにも危険である。

(2) 雇用問題への楽観、もしくは隠蔽

単純すぎる社会観という問題の二つ目は、雇用問題を過度に楽観視した、もしくは隠蔽した議論だ、ということである。

日本の経済産業省は、未来の就業構造について、図10-4のような図を作って、次のように説明している。現状のまま放置すると、高い価値を生む仕事の多くは海外に流出したり、ＡＩやロボットに代替されていってしまう。結果として多くの仕事が低賃金化してしまう。第四次産業革命を推進すれ

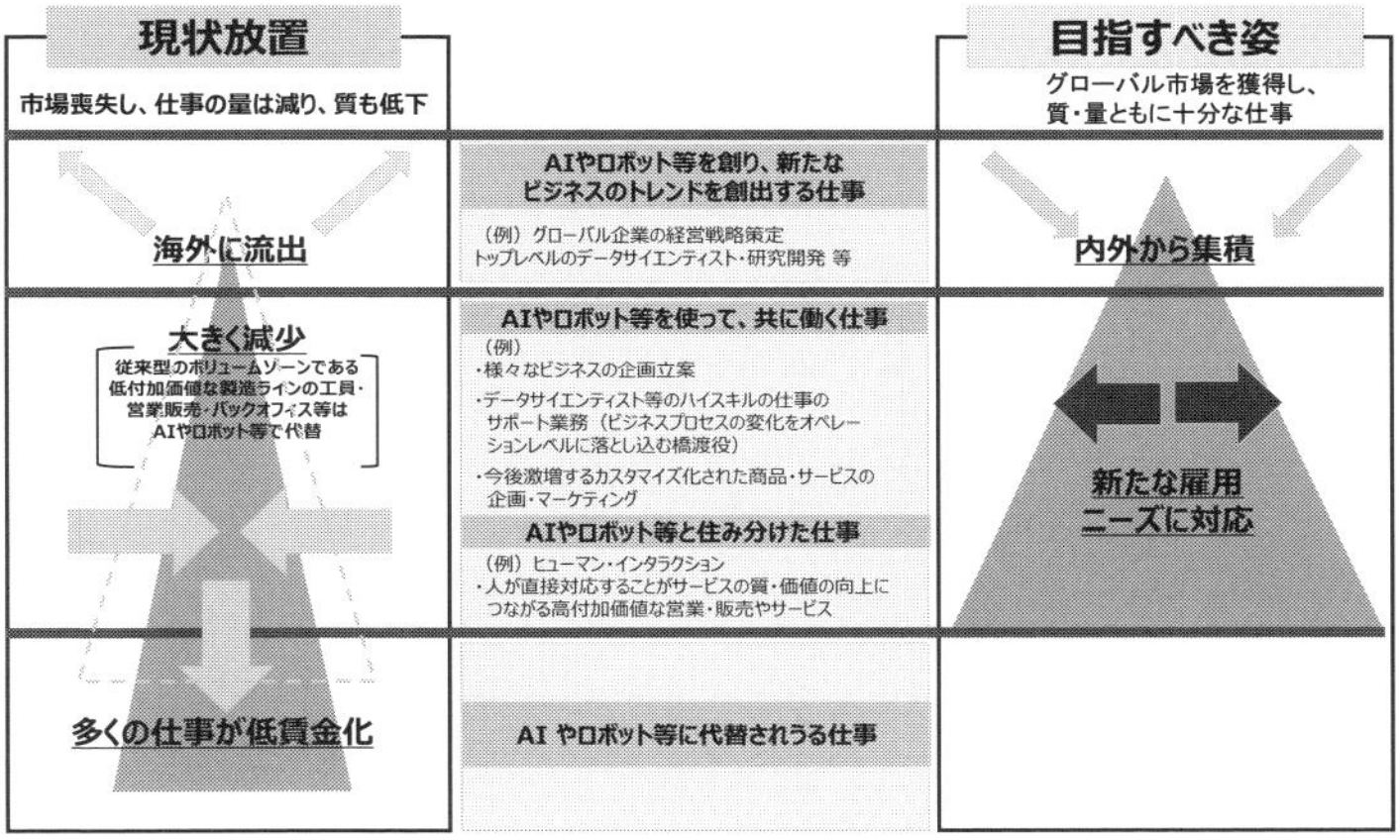

図 10-4　第 4 次産業革命による就業構造変革の姿（イメージ）

出典：経済産業省「第 4 次産業革命による産業構造の転換と人材育成」（第 4 次産業革命人材育成推進会議配布資料）2016 年 12 月 9 日（http://www.kantei.go.jp/jp/singi/keizaisaisei/miraitoshikaigi/jinzaiikusei_dai1/siryou5.pdf）。

ば、高い価値を生む仕事が集まるとともに、新たな雇用のニーズが生まれるはずだ。現状のままではこれからの平均経済成長率が年一・四%と推計されるが、第四次産業革命を推進すると三・五%になり、雇用の減少は食い止められる——これが経産省の説明である。

だが、この議論にはいくつも問題点がある。第四次産業革命が進めば社会の全員に雇用を提供してくれる社会になるわけではない。むしろ逆である。

第一に、AI等を活用した産業の変革は、全体として雇用の縮小を伴うことになる。特に汎用AIが開発されると、大規模な雇用喪失が生じることになる（井上 二〇一六）。経産省が描くシナリオは、競争相手の国や自国の遠い未来に雇用が空洞化することに注意を払っていない。

第二に、第四次産業革命に向けた改革は、

生産性の低い産業部門や職種を政策的につぶしていくことになる。第四次産業革命によって成功する人たちは社会の中のある特定の人たちで、痛みをこうむるのは別の人たちなのである。ここに大きな社会的対立の種がある。

第三に、日本が経産省の想定した数値のように競争で本当に勝つのか、という点にも疑問がある。私の見るところでは、三・五％という経済成長率の実現は無理だろう。結果的には技術革新が多くの失業を生む問題と向き合わないといけなくなるはずである。

雇用をめぐる問題はきわめて悩ましい問題である。結局のところ、技術革新が独立した要因になって、国内・国外両方で雇用の空洞化問題は起き続ける。問題は、ここでまた民主主義の必要性という点に行き着くことになる。

（2）単純すぎる人間観

「第四次産業革命」論や「Society 5.0」をめぐる議論がはらむ第二の問題点は、人間観が単純すぎるということである。それらの議論が描く人間は、仕事での有用性を発揮する人間、かつ私生活で快適さや快楽を追求する人間、というだけの、非常に中身の乏しい人間像である。

仮にすべての人が、技術革新の恩恵を平等に享受することができたとしよう。そのときには、ＡＩやロボットがわれわれの生活を、豊かで便利で快適なものにしてくれるかもしれない。しかし、その快適な空間の中で、われわれはどういうふうに自分の人生を意味づけて生活していくのだろうか。労働では有能に働き、私生活では快適に暮らす、それだけが人間の生なのか。絶えず自分の生に意味や意義を探す人間の生の側面などに対しては、技術革新自体はまったくといってよいほど無関心である。

それどころか、この問題はかなり根本的なものをはらんでいる。ＡＩやビッグデータの発展は、人間が世代間の伝達（＝教育）を通して文化を保持・発展させていくことの必要性を、ひょっとすると終わらせてしまうかもしれない。すべての文化的情報は、ビッグデータとつながったＡＩの中に収蔵されていく。有用性を基準にすると、世代間の文化伝達の必要性は特定の職業教育のみに限定されてしまう。ロボットはどんどん賢くなり、人間自身はどんどん怠惰で愚かになるかもしれない。

また、ＡＩやビッグデータに制御された社会の仕組みが発展していくと、人間が社会について認識・思索することの必要性が感じられなくなってしまう恐れもある。社会や生活のあらゆる部分が自動制御されるようになると、市民の活動領域は狭められ、公共的な決定の困難さも増すからである。

ＡＩやロボットの発展は、われわれがどういうふうに自分の人生を意味づけて生きていくのかという問題に有益な役割を果たしてくれないだろうし、それどころか、これまで文化や社会と結びついてきた人間の生の意味を、根本的に見失わせてしまうかもしれないのである。

（3）大学観の問題

第三に、教育観が単純すぎる。経済に有用なもののみが教育の中での価値を与えられている。学校（大学）は個人の職業的な有用性を高めるためにあり、その個人の生産性が経済成長につながるという道具主義的な学校利用観が、「Society 5.0」論での基本的な前提になっている。経済からの要請が教育の目的を独占してしまうような状態である。これは、新自由主義が普及させてきた学校観・教育観をそのまま引き継ぐものである。生涯学習――「学び直し」の議論も、もっぱら技術革新への個人の再適応の文脈で議論されているにすぎない。

その延長線上でもしも考えるならば、ＡＩなどの技術革新による大規模な社会変動は、人文社会科学の危機を促進するかもしれない。研究は市場価値と結びついたもののみが重視され、人文社会科学の研究の多くは「役に立たない」と不要視される。大学教育の目的は、経済にとって有用な人材の育成、雇用されるための学習へと純化し、その結果、人文社会科学分野の教育では知識の内容そのものが軽視され、コミュニケーション・スキルとかＩＴ技術の活用能力といったものばかりが求められることになるかもしれない。

また、ビッグデータを処理するＡＩの発展は、大衆化した人文社会科学教育を根本的に不要化してしまうかもしれない。ＡＩ技術により、①人間が高次の文化を学習し、それによって、保持・発展・伝達していくことが必要でなくなり、②人間が社会について認識・思索を高度化させて、公共的な事項のより良い決定に関与することが必要でなくなるかもしれない。文化も民主主義も快適な生活に不要だとしたら、そのような知は、一部の専門家、政治家、高級官僚のみが学べばよいことになる。

5　民主主義と文化という社会的有用性に向けた大学――結論に代えて

前節では、技術革新に伴う負の社会変動の側面を考察してきた。だが、その社会変動も自動的な過程ではなく、人間自身によって選択や修正が可能である。そう考えると、負の社会変動への「抵抗」として、人文社会科学の研究教育を再強化すべし、と主張することはできる。

民主主義の空洞化を食い止めるためには、大学の知が果たすべき役割は大きいはずである。個人のプライバシーや自由、社会連帯の問題への対応を、一部のエリートに任せてしまうのではなく、社会科学的な知識をもった市民が社会の仕組みについて議論し、民主主義を活性化させることで、技術革新が生み出す社会がいびつなものになってしまうのを防ぐ、ということである。確かに、市民は専門家の知を十分には理解できない。科学技術の専門家や社会統御の専門家の知と同レベルの知の生産を期待するのは困難かもしれない。しかし、専門家の議論を理解し、判断するためのメタ専門知をもつことはできる（コリンズ 二〇一七）。どの分野であれ、大学教育で特定の分野をきちんと学んだ者が、一定数の市民として発言したり行動したりすることで、技術革新が生み出す社会的緊張や矛盾を、民主主義の過程の中に置いていくことが可能になる。雇用の空洞化に対して社会がどう対応するのかという問題に関しても、この民主主義の活性化は欠かせない。大学の知を「市民のための大学」として考え直す視点は、重要な問題提起をしてくれている（Santos 2010）。

また、「人間の生にとって、文化が何よりも重要だ」と主張して、大学における人文学の意義を強く訴えることも、「抵抗」として必要だろう。休日に読書をしたり、歴史ドラマを観たり、コンサートや博物館に出かけたりする。そういう文化の享受が人生に意味を与えることになる。親密圏における知的な会話や教養豊かな会話は、お互いの人生に意味を与える。ロボットが代替することが不可能なのは、人生に意味を見出すことである。人文学を中心にした知は、そのためのかけがえのないものとして、再認識される必要がある。

しかしながら、人文社会科学は単に「抵抗」の役割だけをもつのではない。これからの社会変動は、人文社会科学の新たな意義を活性化させるものになるかもしれない。技術革新によって生まれる大きな諸問題は、民主主義的な公共空間に人を呼び戻す契機になるかもしれない。技術革新によって生まれる余暇は、人に生のより高次の意味を追求したいという欲求をはぐくむかもしれない。

もしも労働の必要性が減少し、人間の生存がそれ以外の制度（ベーシック・インカム制度など）で保障されるようになれば、学校教育は別の意味をもつことになる。ＡＩやロボットに苦役労働や雑用を任せることで、人間には大きな余暇時間が生まれる。そこでは、人間の生の意味を充填するツールとして、人文社会科学の有用性が大きくなる。ロボットには任せられない人間固有の活動として、公共空間への参加が重視される。親密圏での教養あふれる対話や活動が重視される。民主主義のための教育、文化の享受者の育成のための教育、という社会的有用性を大学が担うことになる。

未来には二つのシナリオがある。第四次産業革命、Society 5.0は、人文社会科学不要論をさらに強めて、人文社会科学の危機を促進するかもしれない。多くの人の仕事と快楽追求には人文社会科学が不要だからである。しかし、逆に、人文社会科学にとってチャンスになるかもしれない。人文社会科学は、ロボットやＡＩにはできない、人間にしかできないことをするための知だからである。

これからどうなるのか？　それは社会の決定に関与し、大学に何を期待するかに関する、われわれの集合的な判断にかかっている。そう考えると、知それ自体を目的とした人文社会科学は、自らのたどるその分かれ道での選択を左右する要因の一つだといえるだろう。

注

（1）なお、すでに学校を卒業した人たちの職業訓練を管轄するのは厚生労働省である。厚生労働省では、リカレント教育を充実させて第四次産業革命に対応しようとしている（資料省略）。社会人のスキルアップのための高度なＩＴ・データスキル講座の拡充や、非正規雇用にある若者や子育て中の女性を対象にしたリカレント教育の拡充、ｅラーニングの拡充等を提案している。あらゆる人が産業界のニーズに沿って、一生涯学び続ける仕組みを作ろうとしているのである。

（2）隠岐さや香（二〇一七）は、「科学技術とイノベーション政策」に巨額の資金が投じられる時代になった歴史的な変化を考察した論考の中で、「イノベーションが社会貢献などの文脈で言及される場合、過度にユートピア的な言説に傾き、現実の社会問題に長期的に取り組む姿勢からかけ離れがちな傾向がある」（八七頁）と、過度のユートピア性を指摘している。

文　献

井上智洋　二〇一六『人工知能と経済の未来――二〇三〇年雇用大崩壊』文春新書。
尾木蔵人　二〇一五『決定版　インダストリー4.0――第四次産業革命の全貌』東洋経済新報社。
隠岐さや香　二〇一七「「有用な科学」とイノベーションの概念史」中島秀人編『岩波講座現代２　ポスト冷戦時代の科学／技術』岩波書店。
コリンズ、ハリー　二〇一七『我々みんなが科学の専門家なのか？』鈴木俊洋訳、法政大学出版局。
竹中平蔵　二〇一七『第四次産業革命！　日本経済をこう変える』ＰＨＰビジネス新書。
永野博　二〇一六「インダストリー4.0は何の革命か――ビッグデータ、オープンデータの動きと軌を一にする社会システム革命の始まり」『情報管理』第五九巻第三号。
ツーケル、ケネス　二〇一七「プライバシーは富裕層だけの贅沢品に」英『エコノミスト』編集部編『二〇五〇年の技術――英『エコノミスト』誌は予測する』土方奈美訳、文藝春秋。

平川秀幸 二〇一七「科学／技術への民主的参加の条件」中島秀人編『岩波講座現代2 ポスト冷戦時代の科学／技術』岩波書店。
広田照幸 二〇一三a「日本の大学とグローバリゼーション」吉田文編『シリーズ大学1 グローバリゼーション、社会変動と大学』岩波書店。
広田照幸 二〇一三b「序論 大学という組織をどう見るか」広田他編『シリーズ大学6 組織としての大学——役割や機能をどうみるか』岩波書店。
広田照幸 二〇一三c「序論 大学教育の改革をどう考えるか」広田他編『シリーズ大学5 教育する大学——何が求められているのか』岩波書店。
ブラウン、ウェンディ 二〇一七『いかにして民主主義は失われていくのか——新自由主義の見えざる攻撃』中井亜佐子訳、みすず書房。
未来投資会議 二〇一七「未来投資戦略二〇一七——Society 5.0 の実現に向けた改革」（平成二九年六月九日）（http://www.kantei.go.jp/jp/singi/keizaisaisei/pdf/miraitousi2017_t.pdf）
盛山和夫 二〇一七「公共社会学は何をめざすか——グローバル化する世界の中で」『社会学評論』第六八巻第一号。
Cowan, Robin 2006, "Universities and the Knowledge Economy", in Brian Kahn & Dominique Foray (eds.), *Advancing Knowledge and the Knowledge Economy*, The MIT Press.
Santos, Boaventura de Sousa 2010, "The University in the Twenty-first Century : Toward a Democratic and Emancipatory University Reform", in Michael W. Apple, Stephen J. Ball & Luis Armando Gandion (eds.), *The Routledge International Handbook of the Sociology of Education*, Routledge.

あとがき

本書各章の初出は次の通りである。アステリスク（＊）を付けたものは、今回大幅に加筆修正を加えたが、それ以外の章も少し手を入れた。

はじめに【書きおろし】
第1章「日本の大学とグローバリゼーション」吉田文編『シリーズ大学1　グローバリゼーション、社会変動と大学』岩波書店、二〇一三年。
第2章＊「序論――大学という組織をどう見るか」広田照幸他編『シリーズ大学6　組織としての大学――役割や機能をどうみるか』岩波書店、二〇一三年。
第3章＊「序論――大学教育の改革をどう考えるか」広田照幸他編『シリーズ大学5　教育する大学――何が求められているのか』岩波書店、二〇一三年。
第4章【書きおろし】（二〇一九年三月に都内の某私立大学で行った講演記録に加筆した）
第5章＊「第一線大学教員はなぜ改革を拒むのか――分野別参照基準の活用について考える」『大学評価研究』第一五号、大学基準協会、二〇一六年及び「大学教育の分野別質保証と参照基準」『ＩＤＥ 現代の高等教育』第六〇五号、ＩＤＥ大学協会、二〇一八年。

第6章　「教育研究の評価をどう考えるか」『大学における教育研究活動の評価に関する調査研究』（文部科学省平成二三年度先導的大学改革推進委託事業・研究成果報告書：研究代表者・北原和夫）二〇一二年。

第7章　「評価に関する議論の整理と今後の課題」同右『大学における教育研究活動の評価に関する調査研究』。

第8章＊「ポスト「教授会自治」時代における大学自治」『世界』第九二〇号、岩波書店、二〇一九年。

第9章＊「はじめに」「学問の自由の危機」広田照幸・石川健治・橋本伸也・山口二郎『学問の自由と教育の危機』岩波書店、二〇一六年及び「政府と大学との関係――歴史の曲がり角になるか否か」『月刊社会民主』第七二一号、社会民主党全国連合機関誌宣伝局、二〇一五年。

第10章　「技術革新が描く社会と大学――その性格を問い直す」（日本社会学会大会シンポジウム〔二〇一七年一一月五日〕で報告した原稿に加筆したもの）

それぞれの章をまとめるにあたってお世話になったたくさんの方々に心よりお礼を申し上げたい。もともと共著論文だったものから、私が執筆した部分を独立させて加筆した形で本書に収録することを快くお許しいただいた、北原和夫先生（第6章）と二宮祐さん（第7章）には、それぞれ感謝の言葉を述べたい。私が書いた大学関係のものにたまたま目をとめてくださり、「うちで出しませんか」と声をかけてくださった、名古屋大学出版会の橘宗吾さんに心より感謝したい。私は他の研究テーマであれこれ忙しくしてきていた（いる）ので、橘さんからの誘いがなかったら、いつまでも大学について本をまとめようという気にはならなかっただろう。
最後になったが、病気の娘の世話で心身ともに疲れ切っている妻・淳子に、これまでダメ夫であったこと、子どもたちに対しても情けない父であったことを深く深く詫びつつ、本書をささげたい。

著　者

二〇一九年八月二五日

図表一覧

ラ　行

ハ　行

マ　行

ヤ　行

タ　行

ナ　行

サ　行

索　　引

ア　行

カ　行

《著者略歴》

広田《ひろた》 照幸《てるゆき》

1959 年生まれ
1988 年　東京大学大学院教育学研究科修了
南山大学文学部助教授，東京大学大学院教育学研究科教授などを経て
現　在　日本大学文理学部教授，日本教育学会会長
著　書　『陸軍将校の教育社会史』（世織書房，1997 年，サントリー学芸賞）
『教育言説の歴史社会学』（名古屋大学出版会，2000 年）
『ヒューマニティーズ　教育学』（岩波書店，2009 年）
『教育は何をなすべきか』（岩波書店，2015 年）
『士族の歴史社会学的研究』（共著，名古屋大学出版会，1995 年）
『現代日本の少年院教育』（共編著，名古屋大学出版会，2012 年）など

大学論を組み替える

2019 年 10 月 25 日　初版第 1 刷発行

定価はカバーに
表示しています

著　者　広　田　照　幸
発行者　金　山　弥　平

発行所　一般財団法人　名古屋大学出版会
〒 464-0814　名古屋市千種区不老町 1 名古屋大学構内
電話(052)781-5027/FAX(052)781-0697

Printed in Japan
印刷・製本 ㈱太洋社
ISBN978-4-8158-0967-6
乱丁・落丁はお取替えいたします。